科学家精神丛书

科学家精神
SPIRIT OF SCIENTISTS

育人篇

科学家精神丛书编写组 ◎ 编

·北京·

图书在版编目（CIP）数据

科学家精神.育人篇 / 科学家精神丛书编写组编. —北京：科学技术文献出版社，2020.12（2023.5重印）
（科学家精神丛书）
ISBN 978–7–5189–7550–1

Ⅰ.①科… Ⅱ.①科… Ⅲ.①科学家—列传—中国 Ⅳ.① K826.1

中国版本图书馆 CIP 数据核字（2020）第 266225 号

科学家精神·育人篇

策划编辑：丁坤善 李 蕊 责任编辑：李 晴 责任校对：张永霞 责任出版：张志平

出 版 者	科学技术文献出版社
地　　 址	北京市复兴路15号　邮编　100038
编 务 部	（010）58882938，58882087（传真）
发 行 部	（010）58882868，58882870（传真）
邮 购 部	（010）58882873
官方网址	www.stdp.com.cn
发 行 者	科学技术文献出版社发行　全国各地新华书店经销
印 刷 者	北京时尚印佳彩色印刷有限公司
版　　 次	2020年12月第1版　2023年5月第2次印刷
开　　 本	710×1000　1/16
字　　 数	218千
印　　 张	17.75
书　　 号	ISBN 978–7–5189–7550–1
定　　 价	86.00元

版权所有　违法必究

购买本社图书，凡字迹不清、缺页、倒页、脱页者，本社发行部负责调换

编审委员会名单

主　任：王志刚
副主任：李　萌
委　员：戴国庆　李桂华　苗　鸿　高　翔
　　　　戴国强　赵志耘　李　普　许志龙

序 言
PREFACE

我国科学家是充满理想和献身精神、具有优良传统的群体。长期以来，一代又一代科学家怀着深厚的爱国主义情怀，以忠诚和担当、智慧和才能、奉献和牺牲，为祖国和人民作出了彪炳史册的重大贡献，铸就了"两弹一星""载人航天"等光照千秋的精神丰碑，展现了高尚人格风范和优良作风学风。

进入新时代，世界正经历百年未有之大变局，我国正处于实现中华民族伟大复兴的关键时期，以习近平同志为核心的党中央审时度势、高瞻远瞩，提出创新是引领发展的第一动力，把科技创新放在国家发展的核心位置，开启了建设世界科技强国的伟大征程。伟大的事业需要伟大的精神。面对新形势、新挑战，党中央、国务院及时决策部署，中办国办印发《关于进一步弘扬科学家精神加强作风和学风建设的意见》，在继承发扬我国科技界优秀传统和进一步凝练升华宝贵精神基础上，以爱国、创新、求实、奉献、协同、育人为核心，系统概括阐释新时代科学家精神，全面提出加强作风和学风建设的工作部署，对筑牢科技界共同的价值观念和思想基础，激励和引导广大科技工作者接力精神火炬，奋进新的长征具有重要意义。

科学家精神 育人篇
SPIRIT OF SCIENTISTS

弘扬科学家精神，要坚持党的领导。要深入学习贯彻习近平新时代中国特色社会主义思想，特别是关于科技创新的重要论述、关于学风建设的重要批示指示，引导广大科技工作者提高政治站位，牢固树立"四个意识"，坚定"四个自信"，做到"两个维护"，把党的领导贯穿到科技工作全过程，确保沿着正确方向砥砺前行。

弘扬科学家精神，要深刻理解和准确把握其内涵实质。新时代科学家精神内涵丰富，汲取了世界科技文明的精髓，吸收了中华优秀传统文化的精华和社会主义核心价值观的要义，把胸怀祖国、服务人民的爱国精神，勇攀高峰、敢为人先的创新精神，追求真理、严谨治学的求实精神，淡泊名利、潜心研究的奉献精神，集智攻关、团结协作的协同精神，甘为人梯、奖掖后学的育人精神融为一体，既传承精神血脉，又蕴涵时代特点，构成了中国科学家独特的精神内核。发之于中，必行于外。科学家精神是我国科学家创新进取的内在动力，优良的科研作风学风是率先垂范的外在表现。要把弘扬科学家精神与作风学风建设有机结合起来，统筹推进。

弘扬科学家精神，要突出价值引领。要大力宣传科学家榜样典范，把握主基调，唱响主旋律，倡导科技报国，倡导严谨求实，倡导潜心钻研，倡导理性质疑，倡导学术民主，发挥示范带动作用，激励和引导广大科研人员争做"重大科研成果的创造者、建设科技强国的奉献者、崇高思想品格的践行者、良好社会风尚的引领者"，引领全社会尊重科学、投身科学，凝聚起建设世界科技强国的强大动力。

弘扬科学家精神，要坚持久久为功。要进一步深化科技体制机制改革，突破不符合科技创新规律和人才成长规律的制度藩篱，正确发挥评价引导作用，为科技工作者潜心科研、拼搏创新提供良好政策保障。要坚守诚信底线，严守科研伦理规范，反对浮夸浮躁、投机取巧和"圈子"文化，营造风清气正的科研环境。要加大科学家精神宣传力度，创新宣传方式，讲好科技工作者科学报国故事，让科学家成为年青一代的偶像，在全社会形成热爱科学、尊崇创新的氛围。

为大力弘扬科学家精神，推动科技界树立优良作风学风，做好《关于进一步弘扬科学家精神加强作风和学风建设的意见》的贯彻落实工作，科技部组织编辑出版了《科学家精神》丛书，从爱国、创新、求实、奉献、协同、育人等方面，讲述新中国成立 70 年来为国家富强、民族振兴、人民幸福作出突出贡献的优秀科学家先进事迹，生动展示他们科学报国、甘于奉献、勇于创新的崇高精神和优良作风学风。希望这套丛书能够帮助广大科技工作者、社会公众、青少年进一步理解新时代科学家精神深刻内涵，激励大家以这些科学家为楷模，为建设世界科技强国、实现中华民族伟大复兴作出更大贡献。

科技部党组书记、部长

2020 年 4 月

前 言
FOREWORD

创新是引领发展的第一动力，人才是我国经济社会发展的第一资源。党的十八大以来，以习近平同志为核心的党中央高度重视科技事业，对广大科学家群体寄予深切厚望。2019年6月，中共中央办公厅、国务院办公厅印发《关于进一步弘扬科学家精神加强作风和学风建设的意见》，明确提出"以塑形铸魂科学家精神为抓手，切实加强作风和学风建设，积极营造良好科研生态和舆论氛围"。2020年9月11日，习近平总书记在科学家座谈会上特别强调要大力弘扬科学家精神，为我们弘扬科学家精神树立优良学风作风提供了根本遵循。党的十九届五中全会提出，坚持创新在我国现代化建设全局中的核心地位，把科技自立自强作为国家发展的战略支撑，明确提出要弘扬科学精神，营造崇尚创新的社会氛围。

为贯彻习近平总书记重要指示精神和党中央国务院决策部署，科技部决定组织编辑出版宣传新时代科学家精神、倡导优良作风学风的《科学家精神》丛书。丛书结合当前科研作风学风建设实际，面向广大科技工作者、社会公众、青少年等读者对象，在《人民日报》《光明日报》《科技日报》等权威媒体科学家事迹相关宣传报道的基础上，以新中国成立70年来不同时期受到表彰宣传的科学家为主，通过一系列科学家的故事，力求深刻诠释、生动展示科学家精神的实质和内涵，以期在全社会深入弘扬新时代科学家精神，持续加强科研作风和学风建设，助力创新驱动发展战

科学家精神 育人篇
SPIRIT OF SCIENTISTS

略深入实施，为加快推进世界科技强国建设提供支撑。

新时代科学家精神是胸怀祖国、服务人民的爱国精神，是勇攀高峰、敢为人先的创新精神，是追求真理、严谨治学的求实精神，是淡泊名利、潜心研究的奉献精神，是集智攻关、团结协作的协同精神，是甘为人梯、奖掖后学的育人精神。这些精神特质，既有在科学技术发展过程中积淀的品格、方法和规训，又强调社会责任、价值观念等伦理维度，是仰望星空对真理的追求和脚踏实地创新探索的统一。

本丛书以此为依据，分为爱国篇、创新篇、求实篇、奉献篇、协同篇、育人篇共 6 册。每册围绕主题，以科学家出生年月、重大科技工程立项或实施时间为序，精选若干科学家和科学家群体的相应事迹。同时，每篇文章还设有科学家、科学家团队或重大科技工程简介，以便读者更好地了解科学家在相关领域取得的成就。《科学家精神·爱国篇》《科学家精神·创新篇》已分别于 2020 年 5 月和 9 月出版。

我们在《科学家精神·育人篇》编写过程中，围绕"大力弘扬甘为人梯、奖掖后学的育人精神"主题，在中国科技史学会、"老科学家学术成长资料采集工程"项目办公室和科学家所在单位、传记作者、身边工作人员等帮助下，突出科学家事迹专业深度的挖掘，努力增强科学性，记述了 33 位科学家为我国科技事业发展教书育人的生动事迹。他们面向世界科技前沿、面向经济主战场、面向国家重大需求、面向人民生命健康，以慧眼识才用才的伯乐之能，传帮带的育才之举，甘当"铺路石"的助才之情，以及在创办高校、科研院所和开拓新学科等方面的坚实行动，展现我国科学家育人聚智、薪火相传的优秀品质。激励广大科技工作者肩负起培养青年科技人才的责任，破除论资排辈的陈旧观念，打破各种利益纽带和裙带关系，营造人尽其才、人才辈出的环境，为各类人才施展创新才华提供更加广阔的天地。

科技部领导高度重视丛书编辑出版工作，王志刚部长亲自为丛书作序，并和李萌副部长指导确定编写原则和编辑出版方案。科技部科技监督与诚信建设司会同办公厅、中国科学技术信息研究所、科技日报社、科学技术文献出版社等单位具体组织了丛书编辑出版工作，资源配置与管理司给予了大力支持。戴国庆、冯楚建、吕静、陈如标、汤孝军、刘琦岩等同志带领团队研究确定丛书定位、框架提纲、实施进度等整体方案，对丛书内容进行审核把关。赵为、冷文生、王中阳、王小龙等同志做了大量协调工作。科学技术文献出版社胡红亮、丁坤善、李蕊、丁芳宇、郝迎聪、崔静、刘伶、崔灵菲、赵斌、魏宗梅、张闫、刘英等同志组成工作专班，收集筛选大量资料，围绕本册主题遴选具有代表性的科学家事迹，整理改编相关内容，组织专家团队开展编写工作。特别是部分科学家所在单位对本书编写给予了大力支持。书稿形成后，我们邀请相关领域专家进行了审稿。

因时间紧迫、能力和水平有限，书中错误和不足在所难免，敬请批评指正。

编写组
2020 年 12 月

目 录
CONTENTS
（按科学家出生年月排序）

1	梁　希	中国林业教育的奠基人
8	熊庆来	学术救国　恭敬桑梓
16	金善宝	一"麦"相承的金色人生
25	杨石先	学者楷模　人之师表
33	潘承孝	世纪学人　一代师表
42	吴有训	重才善教　以德服众
50	叶企孙	培育大师的大师
60	严济慈	严慈相济　育创新英才
68	赵忠尧	课堂学习和科研实践并举
77	周培源	立德树人　孜孜不倦
84	苏步青	数学丰碑　教育巨擘
92	魏寿昆	一生最爱的称谓：教师
100	华罗庚	数学大师的治学瑰宝
107	钱学森	集大成得智慧
116	钱伟长	丹心热血沃新苗
123	李国豪	矢志桥梁　心系教育
133	钱三强	两弹元勋　育人巨匠
141	范绪箕	百岁大家的航空报国梦
149	裘法祖	中国外科大师的三会三知

156	**唐敖庆**	诲人不倦的化学人生
165	**沈　元**	乐栽大木擎蓝天
172	**史绍熙**	兴学强国振科工，产学研用开拓者
183	**申泮文**	老骥伏枥　躬耕教育
191	**徐光宪**	桃李满天下，师德传四方
199	**谢希德**	大音希声，德育英才
207	**谷超豪**	乐育英才是夙愿
215	**周尧和**	"从严、重导、求新"的治学者
222	**童秉纲**	教书育人是我毕生的追求
231	**涂铭旌**	科教报国　精勤育人
240	**金国藩**	清华一甲子　桃李天下芳
246	**宁津生**	大地之星　育才不倦
254	**张一伟**	呕心沥血育英才　兴油报国终无悔
262	**朱英国**	"水稻院士"的农田课堂

梁 希
中国林业教育的奠基人

梁希（1883年12月—1958年12月），林学家、林业教育家、社会活动家，中国科学院学部委员。中国近现代林学和林业事业的杰出开拓者，提出了全面发展林业、发挥森林多种效益、为国民经济建设服务的思想，亲自深入调研，领导制定了新中国成立初期的林业工作方针和建设规划，在全国范围内初步建立了林业行政、科研、教育及生产体系，促进了新中国林业的蓬勃发展。长期从事松树采脂、樟脑制造、桐油抽提、木材干馏等方面的试验研究，创立了中国林产制造化学学科。

梁希从事林业教育与科研工作30余年，坚持教育与科研结合，科研与育人结合，在林业人才培养、林业科学研究、推动林产化工学科建设和发展、研究生教育及领导新中国林业教育事业等方面作出了突出贡献，是我国林业科技界的一面旗帜、林业教育界德高望重的一代师表，永远值得尊敬。

从武备救国到科学救国，走上教书育人之路

1883年，梁希出生于浙江湖州。梁家是湖州望族，梁希的祖父、父亲、兄长在科举考试中均有建树。在家学的熏陶下，梁希自幼就有"神童""两浙才子"的美誉，16岁即考中秀才。如果岁月静好，梁希的人生大致是沿着读书—科举—做官的途径发展。但是，19世纪末，是中华的多事之秋，帝国主义的坚船利炮轰开了中国的大门，清政府丧权辱国的应对政策让局势越来越恶化。梁希不再安心于书斋，少年常在心头的思考是："国家如此，我该怎么办？"

1905年，梁希告别家乡，考上了浙江武备学堂。他的目的是用枪杆子拯救这个多灾多难的祖国。在武备学堂，梁希视野大开，他感受到了时代的巨变。1906年，因成绩优秀，梁希被清政府资送到日本留学。经过一年的预科学习，1907年，梁希考入日本士官学校学习海军。这一年，梁希在东京加入了同盟会，驱逐鞑虏，恢复中华，创立民国，平均地权……成为他的追求。

1911年，革命党人在中华大地上频频起义，1912年，中华民国成立。梁希毅然中断在日本的学业，回国成为革命军军官，从事新军训练，不料袁世凯窃取了辛亥革命的胜利果实，梁希所在的新军被裁编，一夜间他武备救国的理想破灭。1912年年底，梁希再次赴日，1913年进入东京帝国大学农学部

林科，选择攻读林产制造学和森林利用学。1916年毕业回国，就职于国立北京农业专门学校，从此开始了为林业教育和科研事业奉献一切的壮丽人生。

国立北京农业专门学校是我国最早设立林科的高等院校，梁希在农专教学7年，讲授"森林利用""林产制造""森林工学"等课程，培养了一批早期的林业人才。梁希渴求新知，当他了解到德国在林产化学和木材研究方面的先进性之后，于1923年自费赴德国留学，在萨克逊森林学院研究林产化学和木材防腐学，历时4年。回国后，他先后任国立北京农业大学教授兼森林系主任、浙江大学农学院森林系主任，1933—1949年任国立中央大学森林系教授、系主任，新中国成立后任首任林垦部部长。

潜心教学　致力于林业科技人才的培养

作为教育家，梁希非常重视教材编写，根据时代的发展和科学的进步，不断更新教材内容，提高教学水平。为了便于教学更新，他不愿将教材出版发行，总是一次次修改补充，使其日臻完善。他所编写的《林产制造化学讲义》内容丰富，突出论述了以森林副产物为原料，用化学方法制成各种物质的工艺技术。当时经费困难，学生不能到生产现场参观学习，他所编写的《林产制造化学讲义》《森林利用学讲义》，附上了很多示意图，让学生读讲义时就如临现场，对生产实践的全过程有了较好的了解。

梁希的授课方式严谨细致，处处从学生的接受效果出发。他不仅先让学生预习讲义，而且自己在每次讲课前都进行备课。为了少占课堂授课时间，他经常把较复杂的化学构造式、生产流程或设备示意图等先在黑板上画好，而且力求准确和逼真。时隔多年，学生们都还记得梁希工整的板书，一笔一画，如同毛笔楷书。梁希上课从不照本宣科，总是提纲挈领地讲解主要内容和基本精神，让学生掌握要领后自修领会。

梁希对学生的学习、实验要求十分严格。作业必须按时完成，上课迟到必问缘由，要求学生养成按时学习工作和珍惜时间的习惯。他特别注重以身作则。学校本不要求教授坐班，梁希却总是按时上下班，或工作或学习，从不迟到和早退。经他培养的学生和助教，养成了严格认真的好习惯。

我国大学的林学研究生培养，是从梁希先生在国立中央大学森林系任职开始的。1941年，国立中央大学农业科研所增设了森林学部，由梁希负责，这是我国首个招收和培养林科研究生的单位。1942年，鉴于梁希的教学、学术成就和社会威望，经国民政府教育部学术委员会批准梁希为"部聘教授"。

梁希还十分强调基础教育和思想教育，经常和同学们探讨求学之道。他常说："人生学习求知，好比建高楼大厦，必须先坚实地基，然后博览群书，集思广益。"他的学生周汝沆回忆，梁希谈到人生处事之道时强调：要以人民利益为重，切戒利欲熏心。这个教诲深深地印在他的脑海。因为当时林业不景气，学林的学生毕业后有的另谋职业，梁希叮嘱他们："千万不要忘记宣传林业，能如此，就算尽到学林的责任了。"

科研育人　推动林业科学和学科的发展

梁希既注重教学，又坚持结合教学开展科学研究。他认为科研是教学之本，否则就不能接触实际探索新鲜事物而有所创新。无论是在浙江大学农学院还是在国立中央大学农学院，他都坚持搞好科研。梁希坚持教学和科研相结合的原则，创办了林产化学学科，使我国20世纪30年代的林产化学学科有了较大的发展，达到了一个新的水平。

1929年，梁希在浙江大学任森林系主任时，筹创了森林化学实验室，这被看作是林产化工学科的雏形。1933年到国立中央大学森林系任教后，又在国立中央大学筹建森林化学室。1942年，国民政府农林部决定成立中央林业实验所，梁希谢绝了担任所长的邀请，提出愿意兼任中央林业实验所的林产利用组主任，不领报酬，条件是要将林产利用组设在国立中央大学，拨发经费，调派人员和国立中央大学森林化学室合作进行研究，研究成果用双方合作名义发表。梁希的意见被完全接受。

梁希坚持在科研中育人。他的学生南京林业大学教授程芝记忆中，"先生身教重于言教，常于细微处见精神"。为梁希当实验助手时，如果递给老师的烧杯上有水迹，老师就会把烧杯放到一边，她另取几个杯子递上，老师只挑选合格的使用，把其余的放在一边。在梁希严格要求和潜移默化的影响下，程芝受到了良好的科学训练，养成了按时工作、珍惜时间、严谨认真的好习惯。学生做木刨花通氧制取纸浆的实验，怕被氯气熏着，做得不认真，梁希言传身教，一边说怕什么，一边有意识地探头到观察口张望，表示不用怕，要认真观察。

梁希在科研中特别注重从实际需要出发，每项试验都密切围绕这一中心来进行。例如，研究川西木材物理力学性质，其主要目的是满足当时国内军工和民用之急需；研究桐油提取及其以皂化法裂化生产代汽油，主要目的是解决当时桐油出油率低和汽油短缺的问题。梁希在科研方面取得的这些成绩，不但有利于教学质量的提高，而且填补了中国当时林业科研方面的空白。例如，在提取桐油方面，中国旧法榨油有25%~50%的桐油残留在桐饼（粕）内，十分可惜。梁希采用溶液浸出法，可获得桐籽中桐油含量的99%以上，大大提高了桐油得率，并获得了较好的油质指标，其溶剂还可以回收。这项试验成果，在当时达到了国际先进水平。

梁希科学试验的丰硕成果，大大丰富了他的教学内容。他所编写的《林产制造化学讲义》，到20世纪40年代已达到很高的学术水平。他将西方国家的科技成果运用到中国的实践中来，其中包括中国的林特产品，也包括世界各国主要的林副产品，堪称一部内容充实、体例严密、立论精辟、中西交融、图文并茂的林产化学著作。该讲义分为总论、木材之热分解、木材用化学药品分解、树体中之特殊成分、林产化学实验等 5 篇，是中国近代第一部内容丰富的林产制造学讲义，为形成中国的林产制造化学作出了重要贡献。梁希是中国林产制造化学的先驱和奠基人。

鞠躬尽瘁　谋划中国林业高等教育

20 世纪四五十年代，中国林业人才严重短缺。梁希对中国的高级林业人才做了一个估算："从 1931 年到 1946 年这 16 年间，平均每年全国高级林学毕业生仅 51 人。"1950 年，全国的林业专业机构达 550 多处，但全国高校森林系毕业生只有 102 人，1951 年甚至不到 100 人，高校森林系人才短缺的问题亟须解决。

1950 年秋，林垦部开办了全国第一届林业干部培训班。初步将培训班的学习期限定为一年或半年，学习的课程以造林和森林经营为主。学员毕业后被分配到全国各地，从事与林业技术有关的工作。随后，各地的培训班陆续开展起来，成员们多为当地林业建设的骨干。

"林业要想赶上去，必须从教育入手。"梁希在《两年来的中国林业建设》中提出，要结合教育部门多方训练干部，培养新一代的林业青年。

经林垦部申请，教育部指示 7 所院校将原有的森林系扩大招生，并且设立了专修科。但是这还远远不够，梁希认为中华人民共和国将林垦部从农业部中划分出来成为独立的部门，那么，林业就应该有自己的大学。这一想法正好与林垦部副部长李范五的想法不谋而合。经过多方努力，1952 年 7 月上旬，全国农学院院长会议决定在华北、东北、华东 3 个大区成立北京、东北、南京 3 所林学院，在新疆八一农学院增设森林系。这样，在全国各大区都有了林学院或森林系，为培养林业高级技术人才奠定了基础。

由于当时高中毕业生很少，各林业院校生源不足。为使学生更深入地了解林业的重要性，1956年临近高考时，梁希亲自撰文《向高中应届毕业生介绍林业和林学》，介绍了林业和林学在国家建设事业中的重要地位，并且鼓励他们报考林学院。通过宣传，选择林业专业的人逐渐多了起来。为了扩大人才来源，梁希先生甚至还跑到中学去做报告，殷切地对中学毕业生说："希望你们勇敢地、果断地、愉快地加入我们的林业队伍，学会绿化荒山、征服黄河，为祖国改造大自然。"

林学院建立后，梁希认为在专业设置布局上要更为合理。中国幅员辽阔，每个地区的林业生产方式和森林植被都不尽相同，林业院校不仅要设置基础课，还要根据当地的林业特色设置不同的专业课程，培养特色的林业人才。到1958年，全国独立的高等林业院校达11所，设在农学院中的森林系有19个，专业有12种，在校生3万多人。

梁希在林业教育上的努力，促进我国在林业教育形式及层次上取得了突破性的进展，使我国林业教育体系的形成有了一个良好的开端。

（撰稿：南京林业大学　谌红桃　沈惠）

参考文献

[1] 中华人民共和国林业部. 中国林业的杰出开拓者梁希[M]. 北京：中国林业出版社，1997.

[2]《梁希纪念集》编辑组. 梁希纪念集[M]. 北京：中国林业出版社，1983.

熊庆来
学术救国　恭敬桑梓

熊庆来（1893年10月—1969年2月），数学家、教育家。研究领域是分析函数论，对无穷级整函数的研究成果被国际上称为"熊氏无穷级"。创办了清华大学算学研究部，以及东南大学、清华大学、云南大学3所大学的数学系，是我国传播西方近代数学、开拓近代数学教学与研究的先驱之一。

慧眼识珠，提携年青学者

熊庆来在东南大学时期培养的学生中，优秀者不少，如严济慈、胡坤升、蒋士彰、余介石、赵忠尧、周雪欧、唐培经、周绍廉、陈传璋等。这些学生日后多有造诣，成就良多，成为中国数学界与物理学界的栋梁。其中，尤以严济慈与熊庆来之间的师生情义最为深厚。严济慈于东南大学毕业时，因为他天资聪慧、勤奋努力、成绩优异，熊庆来和何鲁、胡

熊庆来　学术救国　恭敬桑梓

刚复等先生商议，应当鼓励严济慈这样优秀的人才到国外进一步深造。严济慈家庭贫困，熊庆来和几位老师就共同资助他到法国深造，后来严济慈成为著名的物理学家，法国也因严济慈的优异表现从此承认了中国大学的文凭。他们在半个多世纪的交往中，彼此肝胆相照、竭诚相见，由师生情进而发展为手足情。熊庆来称严济慈为"慕光（严的字）兄"，严济慈称熊庆来始终为"熊先生"。从1921年开始，直到1969年熊庆来逝世那一天，严济慈始终是熊庆来最信任的学生和挚友。在1990年云南大学颁发第二届熊庆来奖学金仪式上，严济慈在贺文中如此深情地说道："二十年代初我在南京高等师范学校读书时，曾受教于熊庆来先生。抗日战争期间，先生返故里出任云南大学校长，我也把北平研究院搬迁昆明主持物理研究所工作。1957年先生从法国回到祖国工作在北京，我也一直工作在中国科学院。我从大学生时代起到先生的晚年，与先生交往甚密，情同手足，对先生一生，了解良深。"

熊庆来在清华大学时，于1930年春从《科学》杂志上看到华罗庚的论文《苏家驹之代数的五次方程式解法不能成立的理由》后，又从数学系的教员、华罗庚的同乡唐培经那里得知华罗庚家庭贫困，中学都未毕业，全靠自学成长，看出华罗庚既勤奋努力又具有数学天赋，是个难得的人才，便打破陈规，不拘一格设法让他到清华大学作为算学系的助理员，以获得深造的机会，使华罗庚得以成为著名的数学家。

1957年回国在数学所工作时，熊庆来以病残之体，不遗余力地培养杨乐、张广厚两名研究生，使他们很快地走上了函数论研究的世界前沿，后来都成为著名的数学家。其间，又曾函云南大学选送滇籍青年到数学研究所深造，之后又推荐研究生杨乐到云南大学讲学。这期间还有一件不大为人所知的事：有一个青年叫韩念国，因为他的家庭出身关系，尽管他的成绩非常优异，在他报考大学时，本来可以被北大录取的，却只能去上郑州大学，而且入学才3个月，学校发现他的家庭出身后，就让他退学了。

科学家精神 育人篇
SPIRIT OF SCIENTISTS

后来他到中国科学院北京天文台当了一名实验员。他坚持自学数学,表现出很高的天分,被天文台台长、熊庆来在法国时的老朋友陈茂兰先生看重并介绍给熊庆来。熊庆来见到他后非常高兴,经常对他的学习进行指导。1963年又推荐他到北大数学系,使他破格成为北大数学系的研究生。"文化大革命"后,韩念国又回到天文台,仍然努力不懈地学习。1972年,中美关系解冻,美国的华裔科学家林家翘等回国访问,并提出合作研究工作。经过"文化大革命",许多科技人员已经对国际上的研究毫无了解,所以接受这项合作有很大的困难,而韩念国一直没有放弃研究工作,所以很顺利地和另外一位研究人员完成了这项高水平的课题任务,他们的成果发表在《中国科学》这本中国最高学术水平的杂志上。此外,他还通过研究计算找到了一颗丢失的卫星的轨道。1978年,他成为中国科学院第一批破格提升的12名青年副研究员之一。可惜的是,后来他到美国去做访问学者,因为车祸,几乎完全失明,影响了以后的发展。

实际上,许多著名科学家都曾受教于熊庆来,除了上面提到的严济慈、华罗庚外,还有赵忠尧、胡坤升、余介石、唐培经、庄圻泰、陈省身、林家翘、曾远荣、赵诏熊、许宝騄、段学复、徐贤修、柯召、施祥林、郑曾同、朱德祥、杨宗磐、彭桓武、赵九章、钱三强、钱伟长等。著名社会学家费孝通先生在提到熊庆来时说:"我怀念爱才如渴的熊庆来先生。早在30年代,他就突破了科举残余、论资升级的陋俗,把初露锋芒的一个中学教员，引进了当时的最高学府……伯乐不过是从群马中挑选骏马，而熊老却春风沐雨，谆谆善诱，不愧是个树人的园丁。举目近世，能有几人？"而熊庆来总是谦虚地说道："平生引以为幸者，每得与当时英才聚于一堂，因之我的教学工作颇受其鼓舞。"

践行教育家的理念

1937年7月，熊庆来接受龙云的聘请担任云南大学校长。这是他人生中的一次重要抉择。他放弃了在清华大学已有的优良教研条件和舒适生活，皆因其深深眷念着养育他的故土，为了"敬恭桑梓"而从乔木下幽谷。他总结在东南大学、清华大学的办系经验，既以清华为蓝本，又从云南实际出发，大刀阔斧地实行改革，同时提出"慎选师资""严格考试""整顿校纪""充实设备""培养研究风气"5条提高学校教育质量的措施。

熊庆来的目标，是要"把云大办成小清华"。要办好一所大学，主要靠什么？熊庆来有一个极清醒的看法——"靠教授，靠好教授！"他明确地说过："学校成绩之良窳，过半由教授负责。"这个观点与清华大学校长梅贻琦的观点——"一个大学之所以为大学全在于有没有好教授""所谓大学者，非谓有大楼之谓也，有大师之谓也"完全一致。他认为，要办好大学首先要有一支学术水平高、教学经验丰富的优秀师资队伍，才能保证学校教育质量，有利于提高学校的学术地位，也有利于学生的培养，"俾学生得善诱之誉"，因而他把"慎选师资"作为改进学校、办好大学的首要措施。云南大学改为国立大学之后，经费有所增加，熊庆来毫不犹豫地马上用相当一部分经费来聘请优秀师资。

熊庆来"慎选师资"时，有6个特点：一是注重学术名气和学术地位；二是着重从云南的条件和地方需要考虑；三是兼收并容，不拘一格；四是坚持"重质不重量""讲求效率"的原则；五是严格要求教师；六是注意

科学家精神 育人篇

罗致新秀。关于第六点，熊庆来在到云南大学第一个学期的开学典礼上，便表明了这个努力的目标——要将"滇中及邻省英俊之少壮学者，尽力罗致襄教，使一方面服务、一方面研究，以成良好学人，为他日学术上之栋梁"。他在聘用师资时，对确有真才实学的青年教师，大胆破格擢用。1934年毕业于清华大学的吴晗，学生时代便潜心从事明史研究，后留校任教员，几年间发表了20多篇卓有见地的明史研究学术论文，成就突出，在国内史学界享有声名，熊庆来经清华大学同意后，1937年9月将吴晗借聘来云南大学，聘为教授。接着，聘到云南大学的还有顾建中、朱德祥、吴征镒、李埏、胡维菁等20多位各学科的优秀青年教师。抗战胜利后，熊庆来又从云南大学和西南联大的毕业生中，选聘了20余位优秀者。这些青年教师几年后都成了各相关学科的骨干教师，多年后都成了知名教授。

正是由于熊庆来的"慎选师资"，使得云南大学的教学水平与其他国立大学差距不大，出现了比过去活跃得多的教学气氛与科研气氛，对学生开阔视野、及时接触世界文化、科学技术新成果很有帮助。

抗战胜利后，聘到云南大学的原西南联大教师和其他学者多数陆续复员返乡。熊庆来抓紧机会，征得国民政府教育部和省教育厅同意，提高留滇的外省学者待遇，通过多条措施和不同途径，争取优秀教师来云南大学执教，并着力培养本校青年教师和优秀生。因此，直至1949年，云南大学仍有140多位教授，为新中国成立后云南的高等教育奠定了坚实的师资基础。

严格要求学生，提高学生素质

熊庆来一贯认为，严格要求是使学生成为有用人才的必要条件。他多次强调说，"要努力把云大办成小清华，最重要的有两条：一条是慎选师资，一条是严格要求学生。"熊庆来在清华大学时，受校长梅贻琦主张的"通才"教育思想的影响,在法国留学多年中,又受法国注重专门学科领域的广泛基础训练的影响。因此,他一再强调云南大学要培养的学生是基础广泛厚实的某一学科领域的普通专门人才。熊庆来的这一办学思想也符合当时国民政府提出的"大学教育应为研究高深学术,培养能治学、治事、治人、创业之通才与专才之教育"的宗旨。

为了达到这样的目标,使云南大学毕业生"其造就不在一般国立大学生之下",熊庆来厘定学则,严格加以施行;整顿学风,整饬校纪;严格考试制度,严惩考试作弊行为,实行淘汰制。他注重学生的平时成绩,规定平时成绩占总成绩的2/3,学期考试成绩仅占总成绩的1/3。通过这些措施,提高学生的素质和教学质量。

熊庆来认为,在学习中不能只是局限于书本上的东西,要独立思考和钻研。他在清华大学教学时曾说过:"对学生的培养我们强调'学与思并重',注意学生独立钻研,学而不思是不行的,学与思要结合。我们出题目都是出大题目,有启发性的题目。只读教科书,如Klac、Shiky的教科书,写得天衣无缝,不能启发学生思考,故要在习题上多启发他们看得开阔些。但太广也不行,必须使学生逐步接受经典。"王志符先生曾回忆熊庆来在云南大学担任校长时还亲自上课的情形道:"课程是三年级的高等数学分析,尽管他在东南大学和清华大学已讲过若干遍,可每次课前他仍认真准备,在课堂上一般不照本宣科地讲解教材内容,板书也不是很多,而是着重分析对一个个问题的处理解决思路。对同学不是要求他们死记硬背公式或定理,而是要求他们掌握分析求解方法的能力。他常告诫我们说:'有的人学习研究不得法,以致连要研究什么问题都找不到。要注意发现问题、思考问题,在脑子里随时有几个问题在思考'。"在指导研究生时,他"重视基本理论学习及基础训练,常指定学生自学一两本经典著作,先生随时指出其中基本定理之起源及发展情况,阐述其背景与各种理论之间的联系"。徐贤修先生在回忆中还提到:"熊先生常说教学最重要的是带学生上路。一个人能有自己的判断，认清方向，孜孜不倦，终能发挥他的创造能力。"

在培养学生的实际工作能力方面，熊庆来千方百计地让学生有机会实习，以巩固和扩大专业基础。为此，除充实设备、建立各种实验室外，还依靠各系教授与各界建立联系，争取他们为学生提供实习场所，如矿冶系师生通过合同、合作等方式到资源委员会炼铜厂实习，参与滇西企业局移卤就煤改革及滇北矿务局铜矿浮游精选研究；医学院师生除在附属医院实习外，还可到甘美医院、慈群医院、省昆华医院实践；农学院师生除在校农场实习外，还参加资源委员会酒精厂提炼酒精、省企业局烟草栽培、中国农民银行支持下的作物栽培及农村调查等实习；社会系师生也在中国农民银行、罗氏基金资助下进行过农村、农村经济、乡镇行政工区、工厂、劳工的调查研究，在龙氏讲座费资助下进行过边疆教育、社会、民族调查等活动。这些实践使学生的专业知识得到巩固，开阔了视野，培养了实际工作能力，素质也不断提高。

大学不仅是培养学生的教育机构，而且要利用自身在专业、技术上的优势直接为社会服务，还应当办成学术中心。大学必须进行学术研究，要有浓厚的学术空气。熊庆来曾说过："大学的生命在于教学和研究及各种高尚的活动。""大学的重要不在于其存在，而在于其学术的生命与精神。"他曾提到国外名校"对于学术本身有重要贡献，于学校之精神上，增加无上之价值。盖学校不仅是一培植人才之机关，而同时是一学术之源泉。"大学里必须开展学术研究，活跃学术思想与交流活动。他还引述过巴黎著名教授亚贝尔的话："大学而无思想之供给，其所传授必枯燥而寡味。"

在云南大学任校长时，熊庆来更是积极提倡和努力支持学者、教师开展学术研究，建立各种学科的研究机构，出版学术杂志，以培养学校浓厚的学术空气。

吴文藻先生任社会系主任时，熊庆来支持该系成立"云南大学—燕京大学社会学实地调查工作站",后改称社会学研究室。这个研究室的主任是著名的社会学家费孝通。抗战胜利后,许多著名教授离开云南,研究室工作实际上停顿了。1948年,聘请到杨望先生任系主任,又恢复了研究室工作,并设立了若干工作站。1938—1949年社会系教师出版的专著达12种,论文等近90篇。其中,有些调查报告得到国际上的重视,被译为英文编入《太平洋学会报告》和哈佛大学《社会学丛书》中。此外,西南文化研究室和文史研究室在方国瑜先生的主持下,开展了云南民族史、边疆问题的研究,出版了许多丛书、专著。这些论文、专著中有许多是针对云南社会、民族和文化研究的重要成果,是对中国社会学、民族学和民族文化的重要贡献。

（撰稿：云南大学）

参考文献

[1]《云南大学志》编审委员会.云南大学志：第十卷 人物志·人物卷（一）[M].昆明：云南大学出版社，2000.

[2] 雷文斌，卫魏.云南大学校史简明读本[M].昆明：云南大学出版社，2015.

[3] 刘兴育.熊庆来教育思想与实践探究[M].昆明：云南大学出版社，2010.

[4] 张维.熊庆来传[M].昆明：云南教育出版社，2003.

金善宝
一"麦"相承的金色人生

金善宝(1895年7月—1997年6月),农业教育家、小麦专家,中国科学院院士(1955年当选为中国科学院学部委员)。献身农业教育与科研70余年,团结引领一大批科技工作者;带领团队选育"南大2419"等优秀小麦品种,率先采用异地加代的方法加速小麦育种进程;鉴定了全国5544个小麦品种,发现并定名了我国独有的小麦亚种"云南小麦";主编出版《中国小麦品种及其系谱》《中国小麦学》等经典著作。2009年入选新中国成立60周年"三农"模范人物。

他百岁的人生经历了新旧两个时代,他几十年如一日,宵衣旰食,呕心沥血,推动我国传统农学向现代农学转型。他深知,用人之道当其壮,科研事业需要一代代有志青年的传承,要不拘一格、唯才是举。他深知,"十年树木,百年树人",寒门学子更是求学不易,因此他乐于助人,努力识人,善于用人,敢于放手。他爱学生,提携无数后学,深受学生们爱戴,却从不恋栈贪位。正如他接受《人民日报》采访时所说："长江后浪推前浪，这是历史发展的规律，老年人要为新一代着想，让位给新人，新陈代谢在科技界也不例外。"

救亡图存　师生情深

1937 年抗日战争全面爆发，中央大学农艺系教授金善宝将妻小安顿回老家后，毅然随校西迁，在重庆沙坪坝讲授作物学和麦作学等多门课程。当时，中央大学是日本战机轰炸的重点目标，一个月最多曾轰炸 28 次，即便教室被炸，师生们也在废墟上坚持上课。

在民不聊生的年代，"教授教授，越教越瘦"。尽管待遇一落千丈，但他仍坚守讲台，与著名林学家梁希合住在不足 9 平方米的宿舍。学生们的情况则更加凄惨，买不起钢笔，只能用蘸水笔尖；买不起墨水，就自制染料水。艰难困苦，玉汝于成，国难激发了金善宝抗日救国的爱国情怀，他更加潜心教学，师生们的心也贴得更近了。

在课堂上，除了传授农学知识，金善宝总是将前方抗战的消息讲给同学们听。东北农业大学余友泰教授回忆说："金老师在讲话中从不用稿子，也不用鼓动性的辞藻，而是用极其朴素的语言讲出自己的感受和对学生们的要求，他不讲什么大道理，而是用实际生活中的具体事例来教育学生，他的讲话很激动人心，至今还历历在目。"

1938 年 10 月，中国共产党主办的《新华日报》从武汉迁到重庆，金善宝在学校聆听了演讲后感叹："共产党里真有能人呀！中国有希望了！"身教胜于言传，"七七事变"一周年时，金善宝为八路军捐款 100 元，到了秋天，又捐赠寒衣款 100 元，这 200 元的"巨款"震撼了很多学生的心灵，两年后在物价飞涨的情况下，他给自家买的房子才花了 150 元。著名昆虫学家曹诚一回忆："1939 年，中央大学地下党通过学生救亡组织义卖《新华日报》，第一个用高价义买的，就是我们的金先生。"

中央大学里有很多爱国青年，他们从沦陷区穿过重重封锁，颠沛流离到重庆求学，希望学有所长、报效祖国，金善宝总是想方设法为他们提供半工半读的机会。原安徽农学院院长黎洪模回忆说："农艺系常有学生偷偷离校前往解放区，金老师总是不露声色地默许。我们在紧急情况下，常到金老师等有名望的进步教师家中躲避，金老师总是热情接待，关怀备至。"金善宝自己也曾计划去延安，但由于突发事件未能成行，得知延安开展大生产运动，他立即筛选出最好的小麦品种送去。在新华日报馆的茶话会上，邓颖超当面对他讲："延安收到了您送的小麦种子，同志们都很感谢您。"

在重庆，金善宝的课排得很满，除了校内课程还免费为四川省教育学院授课。由于没有教科书和讲义，他白天讲课，晚上在油灯下备课，长此辛劳，身体一天天垮了，背也渐渐驼了，虽然还不到50岁，却因为头发花白、走路拄拐而被称为学校的"五老"之一。有一次课前，他因胃病和营养不良严重便血，走出教室就一头昏倒在地，同学们赶紧将他抬回宿舍，还省吃俭用凑钱买了慰问品。养病期间，即将离校的毕业生邀请他演讲，他带病回到讲台，含泪嘱咐学生们："不管今后的生活道路如何崎岖、如何坎坷，千万不要荒疏自己的专业知识，更不要放弃或改行！"世道多艰，字字铿锵，学生们流下了感动的热泪。日后，他们果然不负重托，相继成为农业科技和教育战线上的带头人，为新中国的成立和发展作出卓越贡献。

惜才如金　不拘一格

金善宝一生求贤若渴，为寻"千里马"不惜三顾茅庐。1939年6月，中央大学农艺系的大四毕业生鲍文奎还没有找到工作，正犯难时，从川北

金善宝 一"麦"相承的金色人生

归来的金善宝对他说:"你去成都的农业改进所吧,那边小麦育种研究缺人。"原来,金善宝早就认定他是可用之材,为他四处奔走找工作了。1978年,中国农科院恢复建制,但很多人因为一穷二白的实验条件不愿回来。金善宝首先想到因创造八倍体小黑麦获得全国科学大会奖的爱徒,说,"文奎不回来,我用绳子绑也要把

他绑回来",并写信劝说。鲍文奎接信后说:"金老叫我回来,那我一定得回来!"他的回归也带动了一大批下放的科技人员返院。1979年,鲍文奎被评为全国劳动模范,1980年当选为中国科学院学部委员。每当谈及恩师,鲍文奎总是深情地说:"是金先生引导我走上了小麦育种研究的道路,如果说我有什么成就,那都同金老的指导密不可分。"

浙江大学蒋次升教授在回忆录中写道:"1949年夏我留学回国,正值新中国成立前夕,战火未已。我回到家乡后即陷入困境,不知所措,迨湖南解放,忽得金老师来信,使我惊喜交集。他邀我即返母校任教,并附寄通行证、聘书和旅费,真是雪中送炭。更难忘的是当我抵达南京时,学校告诉我,金老师已亲自给我安排了住房,还买好了大米、煤球,这使我深感不安,内心的感戴激起我奋发工作的热情。"

中国农科院赵广才研究员在1983年的研究生考试中成绩名列第三,却因为没有大学文凭而落榜。金善宝了解到这件事后,认为录取研究生不能只看学历,还要看实际水平,不能以"学历不符合要求"简单处理。他在该生的材料上批道"自学成才,应优先录取"。后来,研究生院不拘

科学家精神 育人篇

一格录取了赵广才,他果然不负众望,相继取得硕士、博士学位,成为全国知名的小麦专家,被国务院授予全国粮食生产突出贡献先进个人。

宋槐兴 1955 年响应党的号召,自愿支援西藏,1978 年才回到中国农科院。1982 年评职称时,他未能晋升。金善宝了解情况后说:"他虽然是农业中专毕业,但在西藏那样困难的条件下,深入实际搞农业技术推广,有苏武牧羊那么长时间,很不容易!他还选育出'拉萨 1 号'蚕豆品种,有一定技术水平,不能只看学历,要重视实际工作能力。"宋槐兴最终晋升高级农艺师。

中国科学院院士李振声曾说:"在我从事小麦远缘杂交刚刚取得一些成绩的时候,在'文化大革命'中受到批判的时候,在工作走向深入、开始小麦染色体工程研究的时候,都得到过金老亲切的指导、鼓励和教育。我虽然不是金老的正统学生,也没有跟随金老做过研究工作,但在我心目中,金老师是我最尊敬的恩师、学习的楷模。"

异地加代　引路辟径

小麦的育种周期一般需要 7~8 年,甚至 10 年。"小麦育种周期太长了,一个人的生命有几个 10 年?"带着这样的感叹,金善宝根据我国地跨热带、温带和寒带的自然条件,提出了小麦异地加代繁育的大胆设想。

1958 年,金善宝调任中国农科院后开始了在北方繁殖春小麦的研究。1964 年,中国农科院在南京农学院成立小麦品种室,他带领研究人员开展试验,但前两年并没有成功。他又提出利用低纬度高海拔夏季冷凉气候的思路,并跋山涉水亲自考察,取得了初步的成功。又经过 3 年努力,他和助手们终于实现了一年三繁的夙愿。1972 年,金善宝在《春小麦育种计划》报告中写道:几年来的实践证明,春性小麦,在北京春播,高山夏播(井冈山或庐山),南方秋播(海南岛或湛江),一年繁殖三代,基本上获得了成功。

杜振华 1963 年被分配当金善宝的秘书，两个人的办公桌面对面放着。见他每天都到办公室来，金善宝便说："这里的事我自己会做，你不用天天到我这里来，年轻人还是到科研第一线为好，有事我会叫你。"此后的 30 多年里，金善宝对东奔西走的杜振华予以亲人般的关怀。一年冬天，在云南南繁的杜振华接到妻子疑患乳腺癌的电报却无法及时赶回，皓首苍髯的金善宝亲自探望，杜妻感动得热泪盈眶。通过加速世代，杜振华团结春麦组的成员，在金善宝的带领下育成多个"京红号"小麦良种，并获得 1978 年全国科学大会奖。

陈佩度大学毕业后进入金善宝的小麦品种研究室，被派往广东湛江南繁一线，那时候的湛江农村生活十分艰苦，在物资十分匮乏的状况下，他披星戴月，边观察、边探索。远在北京的金善宝通过一封封书信鼓励、支持他的工作，最终他和小麦品种室的成员一起育成了"宁麦 3 号"，成为江苏省麦区的主栽品种，获得 1983 年农牧渔业部技术改进奖一等奖，并成长为农业科技界有名望的教授、小麦专家。

在"文化大革命"期间，金善宝的助手们也没有虚度年华。他们分析气象资料，驰而不息地奔走在祖国的大江南北，把春小麦新品种的选育时间从 10 年缩短为 3~4 年，育成多个良种的同时，也培养了一大批具有丰富实践经验的小麦专家，实现了"早出成果、早出人才"的愿望。

搭桥铺路　筑巢引凤

金善宝深知，要发展现代农业，首先要建立一支过硬的科研队伍。在担任领导职务期间，他倾心培养教师队伍，选派教师到国内外交流学习。为广罗人才，他经常给在国外留学的学生、亲友写信，动员他们尽快回国。他在信中热情宣传新中国取得的伟大成就及欣欣向荣的景象，满怀激

科学家精神 育人篇

情地写道："回来吧，祖国需要你们，新中国的建设需要你们，祖国人民等待你们归来！只有在祖国的怀抱，你们所学的专长才能大有作为！"一批批远在海外的莘莘学子在他的召唤下回国，并经他的力荐走上了重要的工作岗位。

1956年，在美国明尼苏达大学从事核农学研究的徐冠仁决定回到自己的祖国。回国时，他冒着极大风险把亲自参加育成的高粱雄性不育配套种子带回祖国，经过几年的努力，首次育成了杂交高粱，并在1973年取得推广达2000多万亩的好成绩。金善宝积极向农业部部长沙风写信介绍其感人事迹，在上级组织的关怀下，徐冠仁多次参加国际学术会议和考察，并于1980年当选为中国科学院学部委员，对我国原子能在农业上的应用作出了重要贡献。徐冠仁回顾往事时深情地说："金先生执教数十年，桃李满天下，为我国育才作出了卓越贡献。不仅如此，金先生在尊重人才和使用人才方面，也是大公无私，忠诚地执行了党的知识分子政策。"

20世纪60年代末，科学界纷纷利用杂交优势培育玉米、水稻等作物，然而小麦的杂交研究却成效甚微。1978年，致力于小麦不育系研究的越南华侨邓景扬博士向金善宝汇报了自己的研究进展，几次实地考察过后，金善宝认定这是一项世界一流的研究，对邓景扬鼎力相助，力荐他的论文发表在一流刊物，特批了6个研究生指标，并积极向副总理方毅汇报。凭借金善宝的"火眼金睛"，经过邓景扬、刘秉华等几代科学家的不懈努力，矮败小麦技术于2010年与"三峡大坝""大庆石油"等成果一起获得国家科学技术进步奖一等奖，通过这项技术培育的小麦也已在中华大地结出硕果。

1977—1978年，金善宝为南京农学院的复校两次致信邓小平同志，在他的积极奔走下，南京农学院于1979年1月恢复重建，在1984年更名为南京农业大学，并走上蓬勃发展的道路。1978年，恢复建制的中国农科院作物育种栽培研究所一贫如洗，金善宝拜会副总理王震，并多方协调，终于通过世界银行的贷款征购了 1000 亩试验地，并兴建 5000 平方米办公楼。随后，又陆续购置一大批先进仪器，培养一大批人才出国深造，为这支全国农业科研单位综合科研能力排名第一的"王牌部队"打下了坚实的"家底"。

功成身退　著史立传

1982 年，87 岁的金善宝多次向中央组织部、农牧渔业部申请，希望推荐年轻同志担任中国农科院院长。同年 12 月，他接到了国务院任命他为中国农科院名誉院长的任命书及中央组织部同意他退居二线的复信。

卸任后，金善宝就提携后学专门接受了《人民日报》的采访，他说："科技界年龄老化的现象很严重，老人下不来，新人也上不去，势必给四化建设带来不良的影响。因此，我主张老专家也要有个正规的行政退休制度。我退休很晚，是不足取的。"谈到选拔人才时，他说："退是为了工作，不能一退了之，首先要选好接班人。不仅要选拔中青年科技人员当领导，还要给他们以应有的学术地位。特别对那些基层科技人员，不能光看论文、外语水平，应根据他们的实际工作能力和贡献授予职称。"

"用人之道当其壮，这是古人留下的金箴宝训。"金善宝对科技界存在的论资排辈现象深感不安，他说："必须革除这个弊端，老专家也不应恋栈贪位。年轻人说'大树底下好乘凉'，我们可不能让'大树底下不长草'啊！现在正当用人之秋，不能叫千里马老死于槽枥之间。"

1978 年全国科学大会以后，金善宝经常收到一些青年来信，询问老一代农学家的经历和成就等，有些刊物也常送来一些农学家"小传"的文稿请他审阅。他认为，趁着一些老科学家还健在，应该"抢救"这类资料。他的这一想法与湖南科学技术出版社的提议不谋而合，并在 87 岁高龄担任了《中国现代农学家传》的主编工作，并明确了两点入选条件：

一是爱祖国、爱人民；二是在科学上有卓越建树、治学严谨、联系实际。审阅文稿是一项细致严谨的工作，而且许多被列传人是他早年的同学或学生，作为见证人，一些史实也需要他慎重审定，工作量很大。耄耋之年的他为此倾注了大量心血。1985年和1989年先后出版两卷《中国现代农学家传》，较系统、完整地介绍了百余名农学家的生平和贡献，为继承和发展老一辈科学家的科学精神、研究方法和科技成果发挥了重要作用。

1987年，92岁的金善宝借《神州学人》杂志的一角之地向年轻学子吐露心声："积60多年之经验，深知农业科学的天地最广阔。'四个现代化'的关键是农业现代化，但是老夫耄矣，我寄希望于广大中青年农业科学工作者！目前国内的科研条件和生活条件都还比不上国外，但比我们当年已好上千倍！纵观几千年历史，你们的确是生逢盛世！振兴中华这个极其艰巨而光荣的历史责任落在你们肩上，你们能不感到骄傲和光荣吗？"

（撰稿：中国农业科学院　李明轩；资料整理：谭光万）

参考文献

[1] 金作怡. 金善宝 [M]. 北京：中国农业科学技术出版社，2015.

[2] 任志高，史锁达. 著名农学家教育家金善宝 [M]. 北京：农业出版社，1985.

[3] 金善宝，吴景锋. 中国现代农学家传（第一卷）[M]. 长沙：湖南科学技术出版社，1985.

[4] 金善宝. 他山之石，可以攻玉 [J]. 神州学人，1987（9）.

杨石先
学者楷模　人之师表

杨石先（1897年1月—1985年2月），教育家、化学家，中国科学院学部委员。1962年创办了我国高校中第一个化学研究机构——南开大学元素有机化学研究所，是我国农药化学和元素有机化学的奠基人与开拓者。主要研究农药和元素有机化学，并长期从事化学教育。系统研究了有机磷杀虫剂、杀菌剂、除草剂及植物生长调节剂等高效农药，1978年该研究所有10项成果获全国科学大会奖。他毕生致力于科教兴国、陶铸英才，为南开大学和中国科教事业的发展作出重大贡献，被聂荣臻元帅誉为"学者楷模，人之师表"。

言传身教　为国育才

杨石先从青年时代起就抱有教育救国的坚定志向。他三渡重洋，到国外进修，获耶鲁大学化学博士学位，并因成绩出色，屡次获得美国、德国的世界一流大学或研究机构的聘任邀请。面对优越的工作和生活条件，杨石先始终不改初心。他说："我们国家更需要人，我要把我的知识奉献给我的祖国。"他毅然回到祖国的怀抱，为我国科学和教育事业的发展奋斗终生。

杨石先以自己的言行深深地影响着身边的学生们。为掌握世界上先进的科学技术知识，杨石先对青年学子留学深造极为重视，常常亲自联系，写的推荐信和材料更是不计其数。但他对每个要出国的青年人都会殷殷嘱托："美国搞科研有独特的、优越的条件，但那不是我们的祖国，你们不能在那里待一辈子，学成之后，要赶快回来，为贫穷的祖国出力。"新中国成立后，党对知识分子的关怀和支持使杨石先倍感振奋。他欣喜万分地写信给留学海外的学生们，告诉他们报效祖国的时机来到了。在他的召唤下，陈天池、唐敖庆、王积涛、胡秉方、何炳林、陈茹玉等人，冲破层层阻挠，先后回国，成为新中国化学队伍中的一分子。

新中国成立后，根据国家的现实需要，通过对国际农药研究的长期观察，杨石先提出了有机农药的发展方向。他告诉学生们：中央号召把农药搞上去，农药研究还是个空白点，我们要尽心竭力，把科研成果奉献给国家，在农业化学领域，打基础、填空白、开拓新路。为此，杨石先将自己从事多年的药物化学研究方向转到农药化学，并在1956年召开的我国第一个"12年科学技术发展规划"会议上，响应周恩来总理号召，代表南开大学接受了农药研制的任务。

回校后，杨石先立即召集学生们开会，确定了由他带头，以陈茹玉、陈天池等年轻教师为骨干，以研究生和青年助教为辅助的队伍，在一穷二白的条件下，开始了有机农药的科研攻关。在杨石先的引领下，陈茹玉放弃了在国外从事的新偶氮染料的合成及将其应用于蛋白质结构分析的研究，以"化学为国家经济建设服务"为目标，孜孜不倦地投入有机农药研究。1953年回国师从杨石先的研究生李正名，亦听从导师安排，将自己的研究方向主动与国家需要对接，把农药创制作为毕生的事业追求。

杨石先 学者楷模 人之师表

在杨石先的带领下，这支农药科研小组于1958年即合成出对人畜危害不大但对害虫有很好防治效果的"敌百虫""马拉硫磷"等有机磷杀虫剂，并在校内建成生产车间，协助天津农药厂进行生产，填补了我国农药领域的一项空白。毛泽东主席当年亲莅视察时，曾给予很高评价。

1962年元素所创办后，杨石先亲自担任所长，有组织地相继开展了有机磷、有机氟、有机硅、有机硼、金属有机化学等领域的研究工作，填补了我国化学学科中一个又一个空白，研制出久效磷、螟蛉畏、灭锈一号和除草剂一号等农药品种，为国家粮食安全和农药事业的发展作出贡献。

我国是水稻的主要产区，水稻种植中最大的危害当属白叶枯病。20世纪五六十年代时，全国水稻每年因此减产10%左右，个别地区减产高达四五成。至70年代初，世界上只有日本的一个厂家可以生产防治白叶枯病的农药，而我国每年都要花费大量外汇进口。1971年，元素所接受了国家交给的研制白叶枯病防治药剂的任务。杨石先得知消息后十分振奋，立即把当时世界杀菌剂农药的发展状况向大家做了详细介绍，并把他多年收集的有关杀菌部分的一沓沓手写资料卡片全部拿到元素所，提供给大家做参考。杨石先鼓励研究人员说："我们要走自己的科学发展道路，但是我们也要借鉴外国一些有益的东西。我们不买他们的专利，根据我国国情，自己摸索，发挥社会主义大协作的精神搞出来，给国家节省人力、物力、财力，有什么不好？"听了杨石先的话，科研人员备受鼓舞，他们顶住巨大压力，克服重重困难，在天津农药实验厂的协助下，用两年半的时间，分析了 30 多条不同的合成路线，摸索了 14 条合成路线，终于在 1974 年成功研制出农药叶枯净。

在杨石先的引领和影响下，一代代南开化学学人在农药研究的道路上奋勇前进，为实现杨石先提出的"走中国自己的农药发展道路，赶上和超过国际先进水平，创制我国所需要的更多更好的新农药"目标而不懈努力。

治学严谨　大匠诲人

杨石先一生学而有成、教而有方，为国家培养了众多优秀的科学、教育人才。在其执教生涯中，以治学严谨为人称颂。

杨石先十分重视基础理论教学，直到晚年仍坚持在基础课教学第一线。他备课认真，讲课条理清晰，语言生动，富于启发性，并注意结合教学将科学发现的新进展、新动向介绍给大家，备受学生欢迎。在昆明办学的艰苦岁月中，尽管承担了繁忙的行政工作，但杨石先仍全身心地投入教学中，带头讲授基础课。当时西南联大理学院和工学院异地而设，相距 5 公里之遥，没有交通工具，他每周两次徒步到工学院上课，不以为苦，且从不迟到、从不误课，为全校教师起到表率作用。

20 世纪 60 年代，为提高教学质量，在杨石先的主持下，南开大学明确制定了基础课质量标准，并规定各系有丰富教学经验的中老年教师都走上讲台讲授基础课。年过花甲的杨石先更是率先垂范、带头执行。他反复对学生强调：只有把基础课学好，才能为将来攀登科学尖端打下更坚实的基础。同学们不仅要重视理论学习，还要提高实验、运算、画图的能力，做到理论与实践密切结合，并扎扎实实地掌握一至两门外文，为将来攀登科学技术高峰创造更好的条件。

杨石先特别重视培养学生的实验技能。在南开大学化学系创办之初，经费和仪器、药品都很困难的情况下，仍然坚持把实验列为化学系学生的一门主课。为此，他亲自从国外订购仪器，不断充实完善实验设备，并经常深入实验室，指导学生做实验，检查学生的实验记录。一次一年级学生上普通化学实验课，做滴定实验，杨石先到实验室检查学生实验情况。当走到一位同学身旁时，他正在用移液管吸取稀盐酸标准溶液，因为紧张一下子把盐酸吸入口中呛入喉咙。这一违反操作规程的行为使同学顿感尴尬无措。这时，杨石先却莞尔一笑，说："吃一点稀盐酸到胃里没什么害处，倒是可以帮助消化呢。"顿时活跃了局面，解除了大家的紧张情绪，顺利地完成了当天的实验。

为帮助同学们练好扎实的基本功，杨石先对学生的课业要求十分严格。每堂课后，他都会布置预习和复习任务，在下次课时先抽出5分钟进行小测验。他把题目念两遍后，便掏出怀表开始计时，此时，教室里只有"沙沙"的写字声和怀表的"滴答"声。5分钟一到，他便从前排缓步走到最后一排，同学们自觉地把考卷交到他的手里。所以，每当上化学课，同学们最怕两件事：一怕杨石先搞小测验，二怕杨石先掏怀表。但久而久之，同学们发现这样的训练对于帮助他们牢固地掌握知识大有裨益。

严师出高徒。我国著名半导体专家伉铁儁于20世纪30年代在南开大学化学系读书，杨石先治学的严谨态度及对学生的严格要求，给他留下了终生难忘的深刻印象。忆及那段跟随杨石先的求学经历，伉铁儁曾深情而言："没有他在实验上的精湛培育，我就不能掌握半导体晶体的生长技术；没有他在考试时的严格要求，我就不能在科学研究中更好地搞清变化的规律。他虽然教的是有机化学，但对学生的英语要求极严。我没有忘记，在我们的有机化学试卷上由于英语语法错误所扣的分；我没有忘记，在我的有机化学实验报告上的批语，它激励着我十分重视化学实验的基本功。"

著名化学家何炳林是杨石先1942级研究生，杨石先对他的学习、工作严格教导与督促。每逢何炳林提交阶段性汇报、年终总结等书面材料，杨石先不仅从学术角度进行专业指导，在文字修辞上也动笔修改，凡是用英文撰写的内容，还要为之修正语法。后来，何炳林回忆说："通过严格要求和训练，为我们步入现代化学科研之门奠定了基础。"

正是在杨石先等老一辈南开人的努力倡导和躬亲示范下，南开大学化学系形成了重视学生基础理论教育和实验技术训练的风气和传统，历经百年，传承至今。

春风化雨　诲人不倦

杨石先将每一个青年都视作可造之才，对青年充满了无尽的热情与责任感。他十分关心学生的成长，对青年人学业发展道路上的困惑，总是不吝赐教，给予真诚无私的指导和帮助。

我国化学家蒋明谦于1941年考取了清华大学第五届公费留美生，学校指定了3位国内导师负责指导，其中一人就是杨石先。蒋明谦给3位导师写信求教，只得到杨石先的回信，而且是10多页的长信。在信中，杨石先对如何选择学校、导师、课程，乃至行装、旅途及国外礼节等，都进行了详尽的指导，其中最重要的是关于学业方面的指导。杨石先建议他先到较小的大学学习一年，那里接触导师的机会多，便于学好英文，熟悉美国大学教育风尚，打好深造的基础；然后再到规模宏大的著名大学学习两年，那里知名教授多，学术水平高，接触的人多，可以开阔眼界，对于提高业务水平很有帮助。

蒋明谦对杨石先的来信充满感激。他完全遵照杨石先的中肯建议，留学期间，先到马里兰大学药学院师从哈同教授学习药物化学，后到伊利诺伊大学化学系跟随阿丹姆斯教授学习有机化学，为自己的专业发展打下了良好基础。回忆起这段毕生难忘的经历，蒋明谦曾深情而言："是杨先生的指导和帮助，给我铺平了通向专业的道路，使我能够在学术思想上有一定的见解。我认为,我所取得的点滴成就都是与当年杨先生的指导、教育分不开的。当我担当培养下一代的任务的时候,更难忘当年的这些情景,并愿将杨先生诲人不倦的精神世代相传。"

事实上,凡是慕名向杨石先求教的人,无论他是学校师生,还是工人、农民、工程技术人员,杨石先都会认真对待、热情帮助。

1973年,杨石先收到鞍山市第五十七中学农村女青年教师高丽敏的来信。高丽敏在信中讲述她在教学中遇到的困难,她要教初中、高一、高二年级的化学课,但由于知识所限,有些课感到非常吃力,尤其是中草药、生物碱等内容,自己也弄不懂。正走投无路时,她刚好在《人民日报》上看到一张杨石先的照片,便抱着试一试的态度写信求教。谁知信寄出10余天后,高丽敏竟收到了杨石先的复信,以及《有机化学》和《基础化学》两本教材。

杨石先在信中不仅详尽地回答了高丽敏提出的所有问题,而且鼓励她尽可能全面地掌握知识,还特别指出改变学校图书资料缺乏状况的重要性。这封珍贵的来信对高丽敏而言如同及时雨。捧着这封信,她激动得热泪盈眶、彻夜难眠。她把杨石先的事迹讲给学生和周围的人听,用杨石先的高尚品德和精神鞭策自己,在认真搞好教学的同时,奋发图强,自学完成了大学一年级化学课程,并考入了鞍山教育学院化学系。杨石先成为她的人生榜样和前进动力。

20世纪70年代末,天津津北制药厂的技术员彭海卿,编写了《〈美国化学文摘〉查阅法》一书。当时,世界上有关化学化工专业的期刊约有14 000种,再加上图书、会议论文集、专利等,数量极大,通过查阅《美国化学文摘》,能迅速找到所需要的资料。杨石先从学生处得到书稿后,立即认真研读,认为这本书可以帮助青年学习国外文献,很有意义,对这位肯钻研、有见地的年轻人十分赏识。本着对青年科技工作者的关怀,以及对国家科技事业的高度责任感,杨石先亲自帮彭海卿修改书稿,并为之作序，推荐出版。杨石先在序言中写道："我衷心希望广大化学化工专业工作人员，通过熟练地使用《美国化学文摘》，能够及时了解世界上这方面的最新进展，并结合我国具体情况加以运用……为在本世纪内实现四个现代化的宏伟目标作出贡献。"

这样的例子可以说不胜枚举……

1981年，南开大学为杨石先举办了隆重的执教业绩庆祝会，副总理方毅敬献题词"桃李满天下，为国育英才"。杨石先一生道德文章，皆为楷模。他用崇高理想激励人、用扎实学识教育人、用仁爱之心滋润人，是当之无愧的"学者楷模，人之师表"。

（撰稿：南开大学校史研究室　徐悦）

参考文献

[1] 何炳林，陈茹玉. 对先师杨石先的怀念[M]// 南开大学办公室. 杨石先纪念文集. 天津：南开大学出版社，1999.

[2] 杨光伟. 杨石先传[M]. 天津：南开大学出版社，1991.

[3] 南开大学校史研究室. 杨石先文选[M]. 天津：南开大学出版社，2017.

[4] 伉铁儁. 悼石先师[M]// 南开大学办公室. 杨石先纪念文集. 天津：南开大学出版社，1999.

潘承孝
世纪学人　一代师表

潘承孝(1897年3月—2003年12月)，汽车和内燃机专家，中国内燃机和汽车工程教育的奠基人之一。从事教育70余年，培养出一大批国内外知名的内燃机专家、学者；他主张理工结合，强调基础理论、基本知识和基本技能的综合能力培养，开创了教学、科研、生产三结合的办学道路。1997年被中国老教授协会授予"老教授科教兴国贡献奖"。

岁跨3个世纪，从教70余年。他的一生不可谓不坎坷，但他始终怀抱一颗爱国之心，鞠躬尽瘁，务实创新，把毕生的精力都奉献给了祖国的高等教育事业。他被称为"河北工业大学的一面旗帜"，也被尊为"所有知识分子的一代楷模"。

他，就是潘承孝。

青年立志　求学中外

1915年夏天，中学尚未毕业的潘承孝，怀着求学为国的梦想，以优异成绩考入唐山工业专门学校(即唐山交通大学，今西南交通大学)。

那一年，潘承孝刚满18岁。

经过2年预科学习，潘承孝成为该校第一届机械系大学生。随后4年，他如饥似渴，孜孜为学，1921年暑假，以机械系第一名的优异成绩毕业，被保送留学美国。

机会来之不易，到国外要学什么？怎么学？

"希望你到美国后，多学点在中国学不到的知识，多看点在中国看不到的大工业。"他的外教E.G.Young先生语重心长地叮嘱他。

当时的美国，作为新兴工业的汽车制造业已经成为其快速发展的重要支柱产业。"研习国内无法学到的内燃机、汽车学，兴办我们自己的汽车交通业不正是祖国所需要的吗？"如梦初醒的潘承孝带着"学不成名誓不还"的信念，于1922年7月，踏上了求学美国之路。

为了能够从头学起，潘承孝放弃了直接攻读研究生学位的机会，自愿进入康奈尔大学机械系动力专业四年级。他恶补自己实验课程和动手能力

差的短板，认真研习汽车学和内燃机这两门新课程。一年后，他以优异成绩通过了考试，在取得毕业证书的同时，还收获了一张"工程师"职位证书。

汽车制造工业绝非纸上谈兵——潘承

孝深知这一点。为此，他再度推迟攻读硕士学位，而是来到一家美国著名的汽车工厂——阿列斯-查尔默汽车工厂当了一名一线工人，亲自体验一辆汽车如何从图纸变成整机的过程。

又过了一年，潘承孝才重新回到课堂，在威斯康星大学研究院开始攻读他的研究生学位，他所选择的研究主课题——蒸汽发电场和副课题——金相学(热处理)恰恰是他在阿列斯-查尔默汽车工厂实习时确定的。惜时如金的他仅用了一年时间，便完成了别人两三年的学习任务，顺利通过论文答辩，获得动力学硕士学位。

学业已有成，但潘承孝依旧没有满足。在以后的一年多时间里，他先到位于汽车城底特律的赫普汽车厂实习打工，同时参加了一个以锻炼动手能力为主的工人培训班。在世界最大的汽车图书馆他"博览群书"，在全美有名的各大工厂他"博采众长"。最后半年，他利用打工积攒下来的3000美元，到欧洲各国参观学习现代工业，当他取道法国、比利时、波兰、苏联经西伯利亚回国时，曾经空空的行囊已经装满了知识和志向。

愤世忧国　投身教育

因为是官费留学，所以潘承孝回国后必须向北洋政府申报，等待安排任用。当他兴致勃勃地来到直隶交通部报到时，得到的竟是"无可任用"的答复！

正当他因为报国无门而痛苦郁闷时，他遇到了一位唐山工业专门学校的同学——当时在直隶公立工业专门学校（今河北工业大学的前身）任教的刘金声。

"永言兄，我知道，你志存高远，欲工业救国，建立中国自己的新工业。然而现在时局动荡，我倒认为，于今之计，发展工业还在其次，启迪民智倒是确实可为、切实能为的事情。"

刘金声的一席话，让潘承孝茅塞顿开。

1927年春风吹遍津沽大地的时候，潘承孝已经站在直隶公立工业专门学校的讲台之上了。此时此刻，潘承孝无论如何也不会想到，这讲坛，他一站就是70余年。

在随后的几年间，他曾先后在冯庸大学、东北大学、北平大学任教，无论是在沈阳还是北平，无论任教授还是做系主任，他都倾心尽力，忘我工作。

在北平大学，他每周授课多达12节，即使是在系务繁忙时，也未减少，有时因教师不济，还要教授其他课。作为当时国内屈指可数的汽车内燃机专家之一，他讲授的汽车学和内燃机课程在中国大学尚属首次开设，中国从此有了自己培养的汽车学人才。

1937年7月7日，日军发动全面侵华战争，一时间"华北之大已经容不下一张平静的书桌"。为了保存中国高等教育事业的火种，广大爱国师生纷纷内迁，到大后方继续学业。潘承孝身怀报国之志，毅然抛家别子，深入大西北，从而开始了他10年漫漫西北办学生涯。

励精图治　为国储才

1937年11月中旬，潘承孝一行抵达西安。此时，西安临时大学已经开学。刚到学校征尘未洗，他便又走上讲坛。

后来，南京政府下令将西安临时大学改为西北联合大学，未过几月（1938年7月），又命令成立西北工学院。潘承孝先后担任机械系主任、教务主任等职。

尽管潘承孝身兼数职，但他始终以机械系教授身份担当着汽车学、内燃机和蒸汽轮机3门主课。即便因公务出差，每次回来之后，他总是一丝不苟地把落下的课全部补上，有时一讲就是一天，星期日也不休息。

为了不断获取新知识，补充教材内容，他常年坚持每天读2小时书，所以他的课才能够新意长存，学生百听不厌。

1944年3月1日，南京政府教育部正式任命潘承孝为西北工学院院长，这可以说是众望所归。同日的《西京日报》还专发文章报道说："国立西北工学院院长潘承孝……从事教育有年，成绩卓著，早已蜚声国内，今后西北工学院之前途当可发扬光大。"

经过多年的教学实践和不懈探索，在潘承孝心中，"矢志教育、为国储才"的思想日渐成熟。在担任教授期间，他就以"严格治学"而闻名，此时，他将这一理念提升到"严格治校"。他会同训导处一起制定了《整饬学风具体方案》，通过改良"点名"、严格监考、集中阅卷等措施，将学生精力集中于学业。每次新生入学考试，都是他请专业老师出题，刻印和分发试卷他都亲自监督，并要求在第二天考试发卷之前，所有参与的人员都不得离开，以防漏题之虞。

为保证教师将全部精力投入本职工作，学院制定了《组织大纲》，明确规定教师必须为"专任"，未经院长许可不得在院外兼任其他职位；在《教师服务细则》中，对教师做好教学工作提出了全面具体的要求。

严格的治学制度让师倾心于教、生专心于学，教学质量突飞猛进。1945年，在南京政府教育部组织的全国高校四年级学生专业考试中，西北工学院一举夺得数项全国第一，一时间轰动整个教育界。

"德为水之源，才为水之波。"潘承孝一直将爱国教育作为"育人之本"。他曾在学生毕业纪念册的序言中写道："诸君献身工程界，于此时步入社会，效忠国家，荣幸何似！深盼诸君发挥'公诚勇毅'之精神，克服当前之千万困难，为母校争光荣。"简短的几句话，是潘承孝自己爱国之心的完整体现，更是对学生的谆谆教诲与殷殷希望。

兴学重教　津门建功

1948年9月，在新中国黎明到来之前，动荡的时局把西北工学院带入风雨飘摇的境地。心有不甘的潘承孝愤然辞去院长职务，回到天津。同年10月，他受聘于国立北洋大学，在机械系任教授。

1951年，国立北洋大学与原河北工学院合并，定名为天津大学，潘承孝任校务委员会副主任委员，主管教务。1958年，中共河北省委、河北省人民政府决定恢复重建河北工学院，天津大学教务长潘承孝教授又被委以重任，担任重建的河北工学院首任院长。

追根溯源，河北工学院的前身——直隶公立工业专门学校，正是潘承孝从教生涯开始的地方。30年以后，可谓"老来得志"的他又重新回到这片故土，他决心要亲手在这里开辟出一块繁茂的桃李园。

说是重建，其实跟新建一所院校差不多，当时已愈花甲的潘承孝并没有被困难所吓倒，而是欣然领命。从办学规模到专业设置，从一砖一瓦到一草一木，他带领3个系主任共同描绘河北工学院蓝图。

在潘承孝心中，学校发展的方向应当与祖国前进的脉搏合拍。他全面分析国内外科学技术的发展形势，确立了工学院应重点发展机械系、化工系、电力系等。看到我国工业技术力量的严重短缺，便结合工学院特点，确立了重视"三基"（基础理论、基本知识和基本技能）、理工结合和教学、科研、生产三结合的办学思想，重视培养学生的动手能力，为祖国输送了一批又一批的技术骨干力量。

要想"育好才"必须有"好师资"。刚刚复校的河北工学院，师资严重缺乏，潘承孝就四处求才。他从天津大学、南开大学请来了19名正副教授、讲师任教学骨干，另外，两校还支援了30名青年教师，当年还分配50余名大学生做教学工作。

为了让当时为数较多的青年教师尽早成熟起来，或"送出去"进修，或请名师来校"传经送宝",他还创立了教研室集体备课试讲等教学方法,以老带新,共同提高。尽管校务繁忙,但他还是抽出时间到教学一线,深入了解教师们的备课和授课情况,发现问题及时解决。有一次,潘承孝在旁听一位留苏归来的教师试讲内燃机原理课程时,发现他有些知识点讲解得不够透彻,就亲自做示范讲解,使这位教师受益良多。

潘承孝从严治学,总是从严于律己开始,然后再去要求学生。例如,他在给学生留制图作业时,总是自己先画一张,以便知道画一张图需要多长时间,然后才要求学生按时交上作业。正是这种严谨的治学精神,给更多的教师树立了好的榜样。

1962年,河北工学院与天津工学院(1961年由天津机电学院、天津建筑工程学院、天津化工学院合并成立)合并,改称天津工学院。潘承孝继续担任天津工学院院长。合并后的学校规模比以前扩大了,学校一下子由原来的3个系增加到5个系,专业由8个增加到20个,工作量也一下子增加了许多,担子加重了,而潘承孝那种认真治学的精神并没有松懈,相反他更加努力了。

矢志耕耘　壮心不已

1979年12月8日,在鲜红的党旗前,潘承孝举起饱经沧桑的右手庄严宣誓:我志愿加入中国共产党……时年已经83岁的潘承孝终于实现了多年的夙愿,为党的教育事业奉献一生的信念更加坚定。

为了提高学校的办学水平和教学质量,潘承孝提出要加强"三风"建设。他强调办学要有好的校风、好的学风,学校工作人员和后勤人员要有好的作风。在校风建设上,他提出了"勤奋、严谨、求实、进取"的八字方针;在学风建设上,他强调学生的自觉学习和动手能力的培养;在教职员工的作风问题上,他要求教师要为人师表,真正做合格的灵魂工程师。

科学家精神 育人篇

"校办厂是河北工学院的一个重要特色。"但在潘承孝心中,办厂的最终目的绝不是为了追求经济效益,而是"以教学为主导、科研为关键、生产为基础",最终实现"教学、科研、生产一体化"的目标。在这一理念的指导下,校办工厂不仅成为科研成果的产地,优秀人才的摇篮,其产品还行销全国 29 个省市,出口亚、非、欧、美等 15 个国家和地区,为学校传承百年的"工学并举"办学特色注入了新的内涵。

1983 年,河北省委报经中央批准,潘承孝任河北工学院名誉院长。但他离职未离岗,离休不曾休,以不甘止息的生命活力和不图回报的奉献精神,继续辛勤地工作着。他的身影几乎天天出现在河北工学院的校园,他的办公室经常有师生出入,宾朋来访。

1992 年 9 月 11 日,在欢庆教师节之际,河北工学院 6000 名师生隆重集会,庆祝潘承孝从教 65 周年。河北省委、省政府发来了贺电,赞扬他"不仅是人民教师的楷模,而且也是广大科技人员乃至所有知识分子的楷模"。

潘承孝即席作了答谢讲话。他满怀激情地说:"今天学院举办这样隆重的庆祝大会,祝贺我从教 65 周年,我的心情非常激动,这是党赋予我们从事教育的知识分子的巨大荣誉,我谨向党表示衷心感谢。教育是立国之本,教书是光荣的事业。我从教 65 年,34 年在河北工学院工作,可以说,学校的成长、壮大和前途,与我的思想感情早已融在一起了,我衷心地热爱工学院。"

"同志们,我今年 96 岁了,身体尚健,还有余热可释,愿与全体师生员工一起,团结一致,为把我校建成一所国内外一流的工业大学而努力奋斗!"

3 年后的 1995 年,经国家教委批准,河北工学院更名为河北工业大学,国家主席江泽民亲笔题写了"河北工业大学"校名,1996 年,河北工业大学首批进入国家"211 工程"建设行列……这是潘老数十年的夙愿，也是献给他百岁寿辰最好的生日礼物。

"七十年化雨春风得天下英才而教,千万里飞觞上寿居国中人瑞之尊。"短短 28 个字，可以说是对潘承孝一生最恰当的评价和最真实的写照。

（撰稿：河北工业大学　霍占良）

参考文献

[1] 刘志明，林金铭. 一代师表：著名教育家潘承孝百岁华诞专辑 [M]. 天津：天津人民出版社，1996.

[2] 陈德第. 百年回眸 [M]. 哈尔滨：黑龙江人民出版社，2004.

[3] 陈德第. 代代风流 [M]. 哈尔滨：黑龙江人民出版社，2004.

[4] 贺立军，陈鸿雁，霍占良，等. 河北工业大学文化传承与创新 [M]. 石家庄：河北人民出版社，2017.

[5] 霍占良，曹旭冉. 河北工业大学史话 [M]. 北京：社会科学文献出版社，2018.

吴有训
重才善教　以德服众

吴有训（1897年4月—1977年11月），物理学家、教育家，中国科学院学部委员。20世纪20年代在X射线散射研究中以系统、精湛的实验和精辟的理论分析为康普顿效应的确立和公认作出了重要贡献。回国后开创X射线散射光谱等方面的实验和理论研究，创造性地发展了多原子气体散射X射线的普遍理论。在培养大批优秀科学人才、发展中国科教事业等方面作出了重要贡献。

吴有训是中国近代物理研究的开拓者和奠基人之一，开创了"中国物理学研究的先河"，是中国大学"以高水平科研支撑的高质量大学教育体系"的创建者和实践者。他有着踏实严谨的处事风格，讲求实际，言传身教，认真地给学生讲授近代物理学，积极倡导、组织并参加近代物理学的科研工作，创建了国内第一个近代物理实验室，组织起我国第一支既是教师又是科学家的教师队伍，真正做到了用科学拯救强大中国，为中国理科培养了大批优秀科学人才,在发展中国科教事业等方面作出了重要贡献。

物理拓荒者　启发式教学

1926年,吴有训应邀回国参与建设江西大学。半年后,吴有训的办学计划就因战乱而"流产"。他辗转在上海大同大学、国立第四中山大学短暂任教。在这期间,吴有训结识了清华大学物理系主任叶企孙,同样的芝加哥大学留学经历,一样的物理、教育、科学救国的主张,这些共同点让他们走到一起、密切合作。

1928年8月,叶企孙聘请吴有训前往清华大学出任物理系教授。当时还是清华学堂的大学部,才成立3年,第一期物理系的本科生只有4人,他来的时候正好是第四期本科招生。吴有训同时开设了一年级的普通物理课程和四年级的近代物理学课程。后来又开设光学、X射线学、实验技术、近代物理实验等多门课程。在那个时期,他的一堂课同时有4个年级的学生一起上。他充分的课前准备,干练的语言,极强的科学性、逻辑性,深入浅出、生活化的讲解,精练简要的选材,经常通过一些大科学家的生平事迹,把经典物理实验和所得结果的意义展现给学生,借此启发学生,与学生互动。

吴有训在青年时期就展现了对于物理实验的热情和很强的动手能力,这也切实体现在他的教育理念之中。在清华大学工作期间,他经常身穿粗布工服,亲手制作仪器,从X光装置制作栏杆到火焰拔制石英丝,再到安装康普顿静电计,他的谆谆教诲和身体力行的身影成了那一代清华学子的深刻回忆。吴有训极其注重学生对基础概念的理解和基本问题的解决,致力于让学生知行合一、手脑并用,启发学生从简单的事实中悟出深刻的道理来。在他开设的物理类课程中,实验课基本上占了一半学时,

科学家精神 育人篇

就是让同学们亲手实操，让他们了解物理学的最新进展和重要的物理实验研究。吴有训说："科学工作，在精细与有恒。"在清华的第一堂物理实验课上，吴有训会让学生用2厘米的短尺去量3米的距离。差之毫厘，失之千里，这种简单的操作稍有不慎便会出错，让学生们感受到科学实验中细节的重要性。

吴有训曾经让王淦昌独立完成一项实验工作：测量清华大学周围氡气浓度和每日变化。这项实验的内容、报告也是王淦昌的毕业论文。此时，距离王淦昌毕业只有半年的时间，但当时国内艰苦的科研条件难以支撑实验。为了让王淦昌顺利完成实验，吴有训带着他翻遍书籍，自己动手搭建实验装置，以创建完美又节约开支的实验方法。当时出现了一个问题：如何在极其有限的条件下得到一个免费的可以提供一两万伏电压的高压电源。经历多方搜集与查询资料，最后吴有训采用了另一位实验研究者的建议，修废立旧，将一台闲置的静电发生器改造成高压电源，在一个月的时间内就将实验装置搭建出来。王淦昌终于能够开始实验，记录实时数据。4个月后，王淦昌成功完成了实验工作，写出了优秀的毕业论文。

吴有训将他扎实的实验动手能力，对实验耐心、认真的态度和坚持的精神传授给了清华大学的学生们。钱三强是吴有训带的清华大学第八级毕业生，早前便在他开设的"实验技术"课中，掌握了烧玻璃的火候和吹玻璃技术的关键要点。钱三强当时的毕业论文主题是需要利用吹制玻璃技术的"试验金属钠对改善真空程度的影响"，为此，吴有训亲自带领钱三强制作真空系统。在吴有训的教导之下，钱三强养成了动手实践的习惯，奠定了之后到法国巴黎居里实验室做物理和化学研究工作的基础，帮助他出色完成原子核研究。

吴有训的儿子吴再生回忆说：他父亲就是带着成熟的学术思想、明确的学术目标"加盟"清华的。在留美读博期间，他没有只埋头苦学和实验，同时也在留意观察和总结美国大学教育学术思想，这形成了他对于中国大学教育的基础构思——"大学教育与科研发展共进,教师不脱离科研前沿"。他倡导教学与科研并重,教师不脱离科学前沿,并要注意将科研成果运用在教学中,促使科研融入教学。吴有训坚持科研与教学并重,也缘于他的"学术独立"思想。在吴有训看来,中国大学实现学术

上的独立,培养合格专门人才和成就国际同行所公认的研究成果二者缺一不可,因而教学和科研应并驾齐驱,同为大学工作的重心。

教育救中国　耕耘中国科学

在新中国成立前,朋友间的问候都是称呼字的,吴有训的字便是"正之"。

吴有训是坚定教育救国、科学救国的想法的。1926年秋天,康普顿怎么也没想明白,为什么已经获得博士学位并留校任教的爱徒吴有训执意要回国,放弃留在科研条件最好的美国。"毕竟我是个中国人。"吴有训说。在吴有训的研究渐入佳境的时候,毅然选择建设祖国教育事业,他谢绝了导师康普顿的挽留,坚定地选择回到自己的祖国。

1931年,钱伟长考入清华大学。他回忆说,当时的青年教授吴有训在全校师生心目中已然是一个声望很高的人。"九一八"事变后,钱伟长决心要科学救国,就请求进入物理系。吴有训拿出他的全部考卷,劝他去

科学家精神 育人篇

中文系或历史系,并告诉他即便是物理系学生,每届都有一半同学承受不了学习负担而转系,这对个人和学校都是损失。但钱伟长弃文学理的决心不变,连续找了吴有训一周。钱伟长回忆说,事后才知道,吴有训曾访问他北京大学的叔父和清华大学理学院高年级的同学,详细分析了他的情况,最后认为钱伟长是一个有些潜力和执着的人,才同意他有条件地进入物理系。后来,吴有训也指导钱伟长掌握适应理科学习的科学方法,培养了他有效的自学能力。学年结束时,钱伟长各科的成绩都超过80分,4年后以优异成绩毕业。

张文裕是我国宇宙线研究和高能实验物理的开创人之一,他回忆说,他虽然不是吴老师真正的学生,但是吴有训对他的教诲和关心不亚于对自己的学生。张文裕在燕京大学教书时,经常去听吴有训的课,吴有训便对他留下了印象。1938年,张文裕从英国留学归来,原本想着会受到吴老师的热烈欢迎,没想到一见面,吴有训就批评他:"在外面做研究做得好好的,回国你能做什么?"当时正值抗日战争时期,张文裕想着国难当头,哪里还安得下心搞物理!人还在英国的时候就托同学介绍,想去国民党防空学校,希望能用国外学到的防空技术支持抗战。没想到回国后在贵阳等了40多天,只等到了一封"另谋高就"。吴有训知道后,立即介绍张文裕去四川大学教书,之后又推荐他去西南联大物理系。1961年,张文裕接替王淦昌的工作。吴有训敏锐地注意到这个研究所对于培养我国物理人才和高能物理研究的重要作用,警示张文裕要积极学习党的方针政策,了解斗争情况,多向党组织请示。在临行前,吴有训鼓励他说:"你一定要有勇气!"正是有了吴有训打下的思想准备,张文裕优秀地完成了党组织交给他的工作,为中国高能物理研究培养了一批骨干力量。

1962年,吴有训受中央派遣前往苏联,就继续交流科学家问题与苏联科学院进行谈判。吴有训对张文裕感慨地说:"兄弟国家,兄弟国家,除了'兄弟'，还有国家呢，他有他更高的利益。"这对张文裕后来的外事交流工作有着指导作用。吴有训深深知道科学对于国家发展的重要作用。科学是没有国界的，但科学家是有国界的，无论什么时候，中国科学家都要为自己的国家服务。吴有训对张文裕说的话，时刻提醒着张文裕：在国际合作和技术交流中，要学习和充分利用国外的先进技术，在争取外援的同时，又要坚持独立、自力更生的原则，处处维护中国的利益和尊严。对张文裕来说，吴有训是他的良师益友。

桃李满天下　筑梦原子弹

1945年，美国向日本广岛和长崎投下两颗原子弹，第二次世界大战宣告结束。这个消息传到了吴有训耳朵里，作为一位核物理专家，原子弹的出现引起了他的高度关注。

1946年，吴有训在昆明西南联大和重庆中央大学校园内，先后作了两场有关原子弹基本原理的科普报告讲座，数千名师生争相参加。

吴有训出任中央大学校长的第一件事，就是在校内建设一个原子核研究室，并"借"来西南联大的赵忠尧，让其出任研究室主任。吴有训和中央研究院总干事萨本栋共同研究制订了一个中国原子能预研计划——数理化中山计划：由中央大学与中央研究院合作建立一个核研究机构；聚集全国核物理科学人才；培养核物理学科学生并派遣出国学习；准备好研究和考查课题的清单；等等。但由于种种原因，这一计划最后没有实现。

原子弹、氢弹成功的必要条件之一就是理论物理基础科学研究。新中国成立后，吴有训请出钱三强、王淦昌和张文裕，组成中国原子弹研发团队的基础。在吴有训的强烈要求下，中国科学院及早重视了基础理论的研究，这才为我国原子弹之梦打下了牢固的基础。

科学家精神 育人篇

1964年，我国第一颗原子弹试爆成功。在人民大会堂，周恩来、邓小平、陈毅、聂荣臻等党和国家领导同志接见了中国原子弹工程的主要科研人员，周恩来总理让身为中科院副院长的吴有训陪同出席并发表讲话。吴有训望着台上那些熟悉的面孔：钱三强、王淦昌、邓稼先、朱光亚、王大珩、陈芳允等。"同学们！"当他突然意识到在这个场合如此称呼似乎有些不妥，于是停顿了一下，改口道："同志们！"周恩来总理说："吴先生你不必改口，还是称'同学们'更好，这里只有你才有这个资格使用这个称呼。今天，也是你们师生之间的一次特殊盛会。"

这是中国乃至世界科学史上少有的盛会，试问哪个国家有像原子弹工程这样一项倾全国之力去完成的尖端科技工程，几乎是由同一位老师教出的学生们聚集在一起合力完成的？

吴有训坚持"重学术、做实事、轻名利"的学术精神，以"以德服众"作为办学的学术道德支撑，他从"学校是教授与学生自己的，一所理想的大学，应以培养人才和研究学术为唯一目标"的价值取向出发，结合"教育救国"不断践行他的教育理念。

他这一生，也一直严肃履行着"重学术、做实事"的人生目标。在中国大学的物理学教育中，吴有训是开眼看世界的人，他强调要培养学生的自学能力，不仅让学生在教室里学习基础物理学知识，及时了解科学前沿，同时还将国内外最新的科研成果引入课堂。在他眼中，学生不能只去学专业相关课程，也要去看一看相关的科目，甚至是人文课程，要全方面开阔眼界和思想，才能得到全面的发展。

几十年前种下的一颗种子，已结出累累硕果；辛苦栽培的幼苗已经长成参天大树，发展成了大片森林。在吴有训内心沉淀的原子弹之梦，由他的学生们在新中国的蓬勃发展下得以实现。

（撰稿：张丹丹）

参考文献

[1] 温才妃. 吴有训：要留正气在人间 [N]. 中国科学报，2019-11-22（4）.

[2] 魏永康. 我国核事业之先驱吴有训：纪念物理学家吴有训先生诞辰110周年 [J]. 物理，2008，37（10）：740-745.

[3] 姚立澄. 条件愈苦，意志愈坚：记王淦昌早年的科研活动 [J]. 中国学术期刊文摘，2006，12（11）：37.

[4] 我国科学事业的杰出领导人和组织者：吴有训 [N]. 光明日报，2005-11-21.

[5] 定国. 吴有训：中国近代物理学研究的拓荒者 [N]. 深圳特区报，2019-12-03（C4）.

[6] 高慧敏，王坚. 吴有训大学教学思想初探 [J]. 中国大学教学，2015（7）：77-80.

[7] 吴再生. 吴有训大学教育思想及其在清华的实践：以高水平科学研究支撑的高质量大学教育 [J]. 清华大学教育研究，2012，33（3）：112-118.

[8] 程陶庵. 从吴有训教授给学生判卷说起 [J]. 教师博览，2015（12）：13-14.

[9] 汪凯凡. 一代宗师的半生浮沉 吴有训 [J]. 科技与生活，2014（4）：28-36.

叶企孙
培育大师的大师

叶企孙(1898年7月—1977年1月),物理学家、科学教育家,中国科学院学部委员。20世纪20年代与合作者对普朗克常数做了精确测定,其值被国际物理学界沿用16年之久。对液体静压强下铁、镍、钴的磁导率进行了系统的研究,是高压磁学的开创性工作。创办了清华大学物理系、北京大学磁学专门组,是我国当代物理学的先驱和奠基人。在培养科技人才、发展中国教育事业方面作出了重要贡献。

在我国早期物理学高等教育中,清华物理系不是最早建立的,然而,无论人才培养还是科研成果,绝大多数物理界人士都认为,清华大学物理系是1952年以前中国最好的物理系。

叶企孙是清华大学物理系的首任系主任,对于培育清华大学和西南联合大学一大批杰出人才起了关键作用。

叶企孙　培育大师的大师

1929—1938年，清华大学物理系共毕业本科生69位，研究生1位，其中22位后来成为中国科学院院士或美国国家科学院院士，此外还有多位因种种原因没有当选院士、但实际贡献丝毫不亚于院士的中国某个领域的开创者和奠基人，如冯秉铨、王天眷等，成才比率极高。1938—1946年，清华大学、北京大学、南开大学三校物理系在昆明组成西南联大物理系。西南联大物理系的教授一多半来自清华大学，其教学和人才培养体系与"七七事变"前的清华物理系基本相同。在十分艰苦的战乱环境中培养了包括诺贝尔物理学奖获得者、国家最高科学技术奖获得者、"两弹一星"元勋等在内的一大批杰出人才，在中国教育史上开出一朵绚丽的奇葩。抗日战争胜利后，清华大学物理系复员从昆明回到北京，自强不息，继续为我国培养了众多科技英才。

清华大学物理系从1926年建立至今，一共有86位中国科学院院士和中国工程院院士系友，其中1952年以前清华物理系的中国两院院士系友74位，美国国家科学院院士4位（林家翘、杨振宁、李政道、周光召），美国国家工程院院士1位（戴振铎）。1999年我国授予的23位"两弹一星"元勋中，叶企孙亲自教授过10位（包括王淦昌、彭桓武、钱三强、王大珩、邓稼先、朱光亚、周光召、赵九章、陈芳允9名清华大学物理系毕业生，1名清华大学机械系毕业生王希季）。叶企孙不是简单地教授一门课，而是多门课，像王淦昌大学本科前3年所有物理课都是叶企孙亲自教授的。此外，清华大学物理系还培育了一

科学家精神 育人篇

大批扎扎实实在教育第一线辛勤耕耘的园丁、在企业部门建功立业的工程技术人员。李政道先生曾在一篇文章中写道，"当时的清华大学物理系虽不能跟加州理工学院物理系相比，但当时中国的具体条件比美国差多了，在不到十年的时间里，能把一个新创办的物理系，办成全国第一流的系，现在看来，在发展的速度上，在办系的成功上，叶先生（叶企孙）的创业成就是可以跟20世纪初的加州理工学院相媲美的。"

叶企孙先生还是清华大学理学院首任院长，3次临难受命主持清华大学校务，抗日战争期间为抗战主持过清华大学的5个特种技术研究所。他不仅对清华大学物理系、对清华大学理学院乃至清华大学杰出人才的培养，以及对清华大学的治校体制，都做出了不可磨灭的贡献。他曾任中央研究院总干事两年，长期主管清华庚款留学基金，精心安排钱学森、龚祖同、赵九章、王大珩、马大猷、冯德培等一批有潜质的优秀人才选择中国最需要的专业去留学。他的许多学生、学生的学生，都是中国现代科技各领域的开创者。叶企孙是一位培养大师的大师，对中国的科学技术发展，对中国各个领域科技领军人才的培养，居功甚伟。

"科学救国、教育救国"的使命感

清华学堂是用美国庚子赔款退回的部分款项开办的，被师生称为"国耻纪念碑"。叶企孙属于清华学堂最早的一批学生，他深受"科学救国、教育救国"思想的熏陶，直至晚年，他依然记得他在学堂的一位老师徐志诚课上所言"庚子赔款虽为美国退还，实乃中国人之血汗"。在赴美留学两年多前他就立下誓愿："牢记我辈留学耗祖国万金巨款，一言一行必当谋祖国之福。"他也以科学救国的使命教育学生。王淦昌曾回忆道，"叶师曾说过，'一个国家，一个民族，为什么挨打？为什么落后？你们明白吗？如果我们的国家有大唐帝国那般的强盛，这个世界上有谁敢欺侮我们？一个国家与一个人一样，弱肉强食，是亘古不变的法则，要想我们的国家不遭到外国人的凌辱，就只有靠科学！科学，只有科学才能拯救我们的民族……'说罢泪如雨下。叶师的爱国激情，他的科学救国这种远见卓识，他对青年学生所寄托的厚望深情，深深地感染了我。爱国与科学紧密相关，从此成为我生命中最最重要的东西，决定了我毕生的道路。"这也是1961年当祖国需要王淦昌从事核武器研制时，他不惜中断自己当时正在国际上领先的粒子物理实验研究，甘愿隐姓埋名，发出"我愿以身许国"时代最强音的思想根源。

1929年，清华大学理学院成立，叶企孙出任第一任院长。他提出成立理学院的目的，除造就科学人才外，"尚谋一研究科学之中心，以求中国学术独立"。同年11月22日，叶企孙在清华校刊上发表的《中国科学界之过去、现在及将来》一文中指出，"纯粹科学和应用科学须两者并重""没有自然科学的民族，决不能在现代立得住脚！"叶企孙在《情怀清华》一文中回忆，"龚祖同在毕业后留系研究核物理，1933年我主持招考清华大学留美公费生时设了应用光学这个名额，根据他的长处，我找他谈心，他一听我说这个领域是国防急需而又是空白时，立刻决定改变专业方向来报考这一名额，果然他以优异成绩考取，到德国深造，成绩非常好。1937年夏他做完博士论文正在答辩时，'七七事变'发生，他顾不上答辩，舍弃即将到手的博士学位，匆忙赶回祖国，创办起中国第一个光学工厂，为抗日生产大批军用望远镜。"

今天，我们除了增强学生对基础科学的兴趣外，还要像叶企孙先生那样，增强学生的使命感，帮助他们树立为中华民族攀登世界科学技术高峰、做出杰出贡献的历史责任感和使命感，引导学生选择一个合适的研究领域，有利于他们的持续发展。

重视学生人格和品德的培养

要培育一流的杰出创新人才,必须要有一支一流的师资队伍。清华大学物理系成立时只有梅贻琦和叶企孙两位教授。建系初始,叶企孙就不遗余力地加强师资队伍建设。他先后聘请了吴有训、萨本栋、周培源、任之恭、赵忠尧、霍秉权等一批当时中国最优秀的物理学家为教授,另外,他有针对性地挑选一批有潜质的年轻教师,如赵忠尧、陆学善、余瑞璜、龚祖同、赵九章、傅承义等,加以精心培养。

叶企孙具有开阔的胸怀和崇高的人格魅力。1928年,叶企孙招聘吴有训到清华大学物理系担任教授,他默默地把吴有训的工资定得比自己高;他一手开创清华大学物理系,却在吴有训应聘到清华大学的第二年主动让吴有训担任系主任;叶企孙亲自创立的理学院初具规模后,他又主动让吴有训做理学院院长,自己则去创建清华大学特种研究所,以适应抗日战争的需要。叶企孙回忆:"1930年6月物理系二级3位毕业生请我在工字厅吃饭,酒后曾对他们道出心情。事过40余载,他们却还记得,1974年12月28日冯秉铨来信说我酒后之言:'我教书不好对不住你们,可是有一点对得住你们的,就是我请来教你们的先生个个都比我强。'令我高兴的是这位任华南工学院副院长的学生'青出于蓝而胜于蓝'。这位学生说:'这些话成了我自从清华毕业之后40多年来的工作指南。40多年来,我可能犯过不少错误,但有一点可以告慰于您,那就是,我从来不搞文人相轻,从来不嫉妒比我强的人。此外,对年轻一代也比较关心和爱护。'"

名师出高徒,在一批良师的指导下,清华大学物理系很快就在人才培养和科学研究上成为国内最好的物理系。在研究方面,20世纪30年代吴有训X射线研究、赵忠尧关于硬γ射线与原子核相互作用的研究、40年代余瑞璜关于从X光衍射相对强度测定绝对强度的研究,都已达到当时的国际先进水平，引起了国际学术界的高度重视。王竹溪与汤佩松首次提出水分化学势（如今植物生理学界称为水势）的基本概念，"已远远超越其时代"。据统计，1949年以前，中国物理学家在国内完成、发表在英国 Nature 上的论文共19篇，全部是实验论文，其中10篇第一完成单位署名为清华大学物理系或清华大学金属研究所（金属研究所是叶企孙主持下创办的5个特种研究所之一，所长吴有训、教授余瑞璜皆为清华大学物理系教授），其他7篇分别由王淦昌、施士元、陆学善、何增禄这些清华大学物理系的系友完成，只有两篇与清华大学无关。这在当时的国内大环境下是独树一帜的，十分难能可贵。

在叶企孙的带领下，清华大学物理系重视学生人格和品德的培养，视之甚至重于传授知识。他提倡宽松的追求知识和真理的学风，实施"通才教育"与学生自由转系。在他的带动下，清华大学物理系里荡漾着正气。留美公派考试，竞争十分激烈。有一年，任之恭是主考，他的学生戴传曾比外校的吕保维低0.5分而未能入选。这种"亲者严，疏者宽"的作风令今人何等羡慕！学风是培育世界一流人才的基石，要培育出世界一流的杰出人才，务必要让他们一开始就要走正道，教师的身教是最为重要的。

"只授学生以基本知识，理论与实验并重，重质不重量"

叶企孙主持下的清华大学物理系，最主要的教学理念反映在两处：一是1927年，叶企孙在《清华物理学系发展之计划》一文中提出："我们的课程方针及训练方针，是要学生想得透；是要学生对于工具方面预备的根底很好；是要学生逐渐地同我们一同想、一同做；是要学生个个有自动研究的能力，个个在物理学里边有一种专门的范围，在他们专业范围内，他应该比先生还懂得多、想得透。倘若不如此，科学如何能进步？"二

科学家精神 育人篇

是叶企孙先后于 1931 年 9 月、1934 年 6 月、1936 年 6 月三次在《清华周刊》撰文介绍物理系:"在教课方面,本系只授学生以基本知识,使能于毕业后,或从事于研究,或从事于应用,或从事于中等教育,各得门径,以求上进。科目之分配,则理论与实验并重,重质而不重量。每班专修物理学者,其人数务求限制之,使不超过约十四人,其用意在不使青年徒废光阴于彼所不能学者。"

"只授学生以基本知识"。在课程设置和教学内容方面,教授学生比较基本的知识,有利于学习一般的学生不致负担过重,还有利于保护他们的自信心。然而,"只授学生以基本知识"还有更深刻和更重要的一层含义。除了传授知识,一流大学教育重要的是还要培养学生的能力和价值观。就培养能力而言,最重要的是培养学生自主学习和独立研究的能力,特别是创造力。我国历来重视因材施教,习惯上对学习好的学生,"多教一些,教深一些,教早一些",然而这只是从传授学生知识的角度出发;而叶企孙提倡的"只授学生以基本知识",实质上是为学生提供更宽松的空间,这不仅有利于学生个性化培养,使各类学生各得其所,而且使优秀学生有更多的时间和精力主动去"多学一些,学深一些,学早一些",在这个过程中培养自己的思考力和创造力。这里变"教"为"学"是关键,使学生在教学过程中从被动接受知识转变为主动学习知识。清华大学和西南联大的许多教师在课堂上讲授的内容不算深也不算多,但他们特别鼓励一些优秀学生课余自学。例如,叶企孙讲授的电磁学这门课程所采用的教材是 Page 和 Adam 编写的《电磁学》,比较简明,他又推荐另外两本参考书,供有余力的学生课外自学。一本是 Abraham 写的教科书,偏重物理概念阐述,另一本 Jeans 写的教科书则偏重数学推导。叶企孙讲授"物性论"课程,涉及范围很广,如物质的弹性、物质的磁性、气体分子运动论、引力常数的测量等。每个部分叶企孙都只介绍一两个典型实验,借此引进一些关键的物理学常数,然后推荐有关名著供学生阅读。例如,他在讲分子运动论时，只根据 Kennard 的书讲授了分子速度的麦克斯韦分布、分子平均自由程、平均热速率等基本概念，然后就介绍了两本介绍气体分子运动论的经典著作。据黄祖洽回忆，他在课余扎扎实实地读了玻尔兹曼的德语经典著作，对其输运研究受益终生。

"理论与实验并重"。中国传统教育比较重书本知识而轻实践，更缺乏奠定近代科学的基石之一——科学实验的基本概念。叶企孙反其道而行之，追求教学和育人全过程中理论与实验并重。在课程设置上，叶企孙和其他几位物理学前辈要求除力学外，其他各门物理课程（包括大一的普通物理，大二、大三的分子物理及热学、电磁学、光学，大四的应用物理、近代物理）均同时设有实验课程；基于当时许多中学没有开设学生自做的物理实验课，叶企孙在清华大学还专门为这批学生开设高中物理班，补其不足，为此还编写了《初等物理实验》教材；叶企孙特别强调学生动手能力和实验本领的培养，对低年级学生增加木工及金工训练，对高年级学生通过课外科学研究和毕业论文培养学生的实践能力。

"重质不重量"。叶企孙的"重质不重量"有三重含义：一是所开设的课程质量重于数量，鉴于当时许多高校的物理教育不达标，叶企孙和饶毓泰、吴有训、王守竞等曾"拟定大学物理课程最低标准草案提请公决案"，规范大学物理专业所须开设的基本课程，明确课程必须满足的最低标准；二是教与学上的高标准严要求，虽然只授以学生基本知识，但叶企孙等人追求教师讲授基本知识的准确性、学生掌握基本知识的扎实程度，以及要求学生以实验为基础，从理论与实践结合角度来学习物理；三是人才培养上不重数量，限定培养学生人数，培养人才的优秀程度远比数量重要。

在叶企孙育人思想的指引下，1998年清华大学物理系设立了基础科学班，2009年又在教育部拔尖计划下成立了清华学堂物理班，并始终秉持以下理念：①一流的基础研究人才，最重要的是其创造性。创造性不是在课堂上教出来的，关键要为这些人提供一个良好的环境，营造良好的氛围，使得一流创新人才容易"冒出来"。②一个有益于基础科学人才脱颖而出的学校环境主要包含：优秀学生荟萃；追求真理和献身科学的学术氛围，师生对所研究的学术问题有强烈兴趣；良师指导下的个性化教学以至于一对一的培养模式；学生拥有自主学习知识和创造知识的空间；国际化的视野；学生安心学习研究和教师安心教学科研的软硬件条件。③对一流拔尖学生不要"圈养"，应该"放养"。区别于优秀学生"多学一点，早学一点，学深一点"这种传统的因材施教，清华学堂物理班的因材施教表现为：越优秀的学生，给予越多的自主空间，让他们充分发挥自己的主动性，主动学习、主动研究，培养自动研究的能力。

基础学科世界一流杰出人才的成长需要兴趣、使命感和适当的领域选择。培养基础学科世界一流杰出人才是历史赋予我们这代教师的使命，也是叶企孙先生给予我们的神圣和艰巨的任务，任重而道远。为了中华民族的伟大复兴，我们必须以叶企孙先生为榜样，尽我们之力，培育世界一流的科技人才。

（撰稿：清华大学高等研究院　朱邦芬）

参考文献

[1] 钱伟长. 一代师表叶企孙 [M]. 上海：上海科学技术出版社，1995.

[2] 朱邦芬. 清华物理 80 年 [M]. 北京：清华大学出版社，2006.

[3] 李政道. 纪念叶企孙老师 [M]// 朱邦芬. 清华物理 80 年. 北京: 清华大学出版社，2006.

[4] 叶企孙. 情系清华 [M]// 叶铭汉，戴念祖，李艳平. 叶企孙文存（增订本）. 北京: 科学出版社，2018.

[5] 王淦昌. 见物理系之筚路蓝缕　思叶老师之春风化雨 [J]. 物理通报，1993（2）：1-5.

[6] 叶企孙. 物理学系概况 [M] // 清华大学校史研究室. 清华大学史料选编·第二

卷（上）. 北京：清华大学出版社，1991：396.

[7] 黄祖洽. 三杂集[M]. 北京：北京师范大学出版社，2004.

[8] 朱邦芬. 继承叶企孙先生教学理念培养世界一流杰出科学研究人才：纪念叶企孙先生120周年诞辰[J]. 现代物理知识，2018，30（3）：16-20.

严济慈
严慈相济　育创新英才

> 严济慈（1901年1月—1996年11月），物理学家、教育家，中国科学院院士。中国现代物理学研究的开创人之一。在压电晶体学、光谱学、大气物理学、应用光学与光学仪器研制等方面取得多项重要成果。精确测定了压电效应反现象并发现光双折射效应，发现石英扭电定律，发现压力减弱乳胶感光性能的现象。

倾心教育　矢志不渝

1927年，严济慈在巴黎大学获得法国国家博士学位，回国后在上海大同大学、中国公学、暨南大学和国立第四中山大学任职授课，历时一年。后再度出国留学及归国，一直从事科学研究。

离开讲台后，他一直对中国的教育事业念念不忘。大学读书期间，他曾编著了《初中算术》《几何证题法》，20世纪40年代又编著出版了《普

严济慈 严慈相济 育创新英才

通物理学》《高中物理学》《初中物理学》《初中理化课本》等一系列被广泛使用的教科书,哺育了几代中国知识青年。

出于对教育事业的责任心和为新中国培养科技人才的渴望,严济慈积极倡议和参与创办中国科学技术大学(简称中国科大)。1958年6月8日,中国科大筹备委员会成立,严济慈任筹备委员会委员。他参加学校系主任会议,与华罗庚、钱学森等老一辈科学家一起亲自为学校制订了教学计划、教学大纲等重要纲领性文件,商定招生、勤工俭学、仪器设备、召集教师等实际问题。

1958年9月20日学校正式开学之后,为培养青年学生,年近六旬的严济慈欣然走上中国科大讲台,亲自为学生讲授"普通物理学""电动力学"课程,他这一讲就讲了6年之久。他渊博的知识,对科学的透彻理解,精辟的论述,高超的讲课艺术,生动传神的语言,加上训练有素的助教们所做的高水平演示实验,像磁石一样强烈地吸引了青年学生。每逢他讲课,大阶梯教室都会坐满,甚至还会站着许多人,连外校的学生和助教也慕名赶来听课,他曾经在学校的大礼堂为8个系的700多名学生上课,盛况空前,传为一时美谈。严济慈每次上课都经过充分备课,收集和物理学基础知识相关的生产一线资料,纳入教学内容之中,他的"三遍备课法"作为经验在中国科大推广,影响了一大批青年物理教师。严济慈备课时,第一遍快速浏览教材及参考书;第二遍逐章细看之后反复揣摩,

61

形成自己的教学系统,然后再动手写教案;第三遍是在上课的前一天再次阅读自己撰写的教案,把书本上的符号、名词和教案中的个性化表达统一起来。他亲自撰写的电磁学课程讲义如今还完好无损地保存在中国科大校史馆里,书写极其工整,少有改动之处,由此可见他在教学方面对自己的严格要求。严济慈还亲自给学生上习题课,解答学生们学习中的疑难问题。他的教学工作获得了校方和学生们的一致好评。在中国科大档案馆保存着这样一份档案——1961年《关于讲课教师队伍情况的报告》。在这份报告中,学校对严济慈教学工作的评价是:"严济慈每次上课都能充分备课,写好详细讲稿,讲课重点突出、概念清楚,同学们反映效果良好。3年来曾经组织介绍过严济慈的教学经验。"严济慈讲课还有一个显著的特点,每次课必拖堂一二十分钟,而他的课又是上午第三、第四节课,所以上严济慈课的学生们也都有打持久战的心理准备。久而久之,中国科大食堂的大师傅们也掌握了这种规律,只要碰上严济慈上课的中午,他们就会预留一部分饭菜,保持温热状态,保证学生们在享受了知识大餐之后还能吃上热乎的饭菜。

对于教学,严济慈有自己独到的见解。20世纪80年代,严济慈主要根据自己在中国科大上台执教的经历和思考,写了《谈谈读书、教学和做科学研究》一文。他在书中告诉学生们读书时要会听课、找到重点,要会看书查书,找到适合自己的学习方式,要会联系实际、融会贯通;告诉青年教师要搞好教学工作,除了有真才实学以外,还必须要大胆,教学内容要少而精,要善于启发学生和识别人才;告诉有志于科学研究的青年学生,科研工作最大的特点在于探索未知,必须有所创新,做科学研究在学术上要能够提出问题和解决问题。他提倡大学的教学和科研要结合起来,做科研的人要教书,教书不仅能够传授给学生知识,也能促使自己学习更多的知识,教与学可以相得益彰。他鼓励教师在自己的教学与科研基础上编写教科书,推陈出新,写出独具风格的教材。1981年10月,严济慈给中国科大师生题词："教书要深入浅出，学习要浅入深出。"他认为，教书要深入浅出，要求老师授课前必须具备深厚的学养基础，有化繁为简的表达能力；学习要浅入深出，要求学生学习时必须领会要点从而融会贯通。这些是严济慈在几十年学习和教学过程中的宝贵心得。

科学布阵　高屋建瓴

1961年，严济慈与华罗庚一起出任中国科大副校长，他负责领导全校的教学工作，以及4个系和3个教研室、处。同年，严济慈出任中国科大校务委员会副主任，主持校务工作。这段时间，学校认真贯彻中国科学院"全院办校，所系结合"的办校方针及教学与科研、理论与实践相结合的办学思想，打破理工分家的学科建设模式，提出了培养具有坚实的理论基础、熟练的实验技能、科学的创新意识和外语能力等综合素质专门人才的教学目标，确立了中国科大的教学工作方向。

严济慈积极探索建设学校发展的新思路。他认为中国科大必须办出特色，要有显著的不同于其他大学的标志。1963年，他提出要办一个国际上没有的"〇〇"班，入学不分专业，培养一批具有广泛、坚实科学基础的科学技术研究人才。他认为中国科大的入学新生必须是高质量的，要经过严格挑选，在学习过程中还要有所淘汰。中国科大要多聘请研究所的专职研究员来兼职授课。中国科大的课程安排必须重视实验，重视联系科学研究的实际。中国科大高年级学生要有到研究所参与科研的机会。中国科大的毕业生要基础宽厚，而不是仅仅面向个别研究所的窄口径。中国科大应该探索因材施教、培养顶尖人才的教育模式……

严济慈不赞成一味地给学生施加学习的压力，他了解到一些系的老师将课程内容讲得太深、太广，给学生学习造成了很大困难，很多同学都觉得学习负担重得难以承受。他立即布置教师在课程讲授上给学生们减负，

科学家精神 育人篇

不能让学生成为书本的俘虏，而是要引起他们学习的兴趣，成为知识的主人。在严济慈的主持下，中国科大的教学工作走上了快速、有序的发展道路，为国家培养了大量尖端科学技术研究人才，也使学校在成立之初短短几年内就成为国内最负盛名的几所大学之一。

1970年，中国科大南迁合肥，过程曲折，损失惨重。"文化大革命"结束后，1977年8月，中国科学院在北京召开第一次中国科大工作会议，决定全面建设中国科大。严济慈副校长在开幕式上赞扬中国科大在困难时期做得很好，比其他名校还要好，说他听到很多人说中国科大的毕业生好，就非常高兴。他对此津津乐道、不厌其烦。

此后，严济慈积极投入中国科大的第二次创业之中。他担任中国科大研究生院筹建小组主任，领导一班人开始筹划在北京玉泉路原中国科大旧址创建我国第一所研究生院。中国科学院于1977年9月向党中央、国务院呈送了《关于恢复招收研究生的请示报告》，报告中提出要在北京创办中国科大研究生院。这份请示报告5天后即获批准。严济慈于1977年10月21日在《人民日报》发表了题为《为办好研究生院而竭尽全力》的文章。1978年3月1日，严济慈出任中国科大研究生院首任院长。面对当年883名研究生的招生规模，在专职教师不足、校舍不够、课程体系尚未建立的极端困难条件下，严济慈带领全院师生迈出了坚实的步伐。首先是确定了培养目标——"政治觉悟高，知识面广，专业训练好，进取心强，敢于攻难关、攀高峰、开拓新方向的新一代生力军"。其次是坚持"全院办校、所系结合"的优良传统，聘请中国科学院各研究所的著名科学家担任兼课教师。中国科大的研究生们能很快接触到科学研究的前沿，并注意与社会科学的兼修与并用。中国科大研究生院面向世界，开放办学，聘请了李政道、杨振宁、陈省身、李远哲等世界级大师来校讲课、做学术报告。其中，尤以李政道和杨振宁授课时间最长、影响最大。

1979年，严济慈与李政道联合发起、共同组织了中美联合招考赴美物理研究生项目——CUSPEA，严济慈担任中方招考委员会主席，负责在国内招考与物理有关专业的大学毕业生赴美攻读博士学位。这个项目争取到美国几十所大学的全额资助，历经9届，共选拔了915人。中国科大在这项培养计划中受益匪浅，共有200多名学生经由此通道赴美留学。

汲取精华　打造英才

1980年2月，严济慈继郭沫若之后出任中国科大第二任校长。他为此夙兴夜寐、呕心沥血，作出了卓著贡献。1980年7月，严济慈与中国科学院副院长、中国科大第一副校长李昌在北京共同主持召开了中国科学院第二次中国科大工作会议，会议确定了培养高水平的学士、硕士、博士学位完整体系的培养目标；继续贯彻和发展"全院办校、所系结合"的方针，推动学校与研究所的进一步结合；增设一些国家急需的新兴技术方面的系科、专业；加强教学与科研的联系；尽快送中青年教师出国培养等一系列重要决策。

此前，严济慈就提出学校要多送青年教师出国进修，学校规模要小一点，条件要好一点，要加强基础课教学，为国家培养出一流的科学家。此后，严济慈又提出中国科大的发展不要求多求全，不要包办一切，要有自己的特色。从这里，我们依稀能够看到中国科大今天办精品大学、育精英人才的办学目标和规模适度、结构合理、质量优异的办学特色之渊源。

在担任校长的5年中，严济慈虽然大部分时间在北京，但是他倾心关注中国科大发展的动向和重大机遇，把握学校发展方向，及时解决遇到的问题，这一时期中国科大处理好了战略发展中的几个关键点，为第二次创业奠定了坚实的基础。1983年12月，他上书中央领导同志，得到了他们的支持，力争中国科大进入"七五"期间国家重点建设的10所大学之一。他已届耄耋之年，仍多次到合肥检查指导学校工作，将学校当作自己的第二个家。他前往拜访安徽省和合肥市领导，力争得到当地政府的大力支持。他对新校区的规划、同步辐射实验装置工程设计上马，以及与日本东京大学的合作交流等重大事项，对抓好教学质量、加强科学研究和中青年师资培养及加强思想政治工作等，都提出了明确要求。在这5年里，中国科大在全国教育战线率先拨乱反正，选派一批优秀中青年教师出国进修，提出并实施了一系列改革开放办学的新举措，逐步建立起培养学士、硕士、博士学位的完整教育体系，调整了学科结构，增设了一些新兴技术方面的系科和专业，创建了我国高校中第一个大科学工程——国家同步辐射实验室，成功创办了我国高校中第一个少年班，为我国改革开放后培养出了第一批博士，学校各方面工作得到迅速恢复和发展，在国内外声名鹊起，被英国 Nature 誉为中国教育界一颗"招风的大树"。

拳拳之心　日月可鉴

严济慈关心、牵挂中国科大的发展，在中国科学院系统是人所共知的事情，中国科大的师生们对此深为感动。早在1980年严济慈甫任中国科大校长之初，他就在学校干部、教师大会上自我提问："我对中国科大的感情为什么这样深？"随后自己说出答案。他说第一是中国科大的学生素质好，高考成绩全国第一，很有雄心壮志，男的要做爱因斯坦，女的要做居里夫人；第二是中国科大的青年教师无论教学还是研究方面成绩都很突出，很多人都说中国科大教师的工作好。拳拳之心，溢于言表。

1983年，国家遴选"七五"期间重点建设高校，开始时中国科大未能列入其中。在得知中国科大没有入选初步名单后，严济慈上书邓小平、万里、方毅等党和国家领导同志，介绍中国科大取得的成绩和在国内外的重大影响，建议将中国科大增列为"七五"期间国家重点建设的10所大

严济慈　严慈相济　育创新英才

学之一。邓小平同志在严济慈的来信上批示："据我了解，科技大学办得较好，年轻人才较多，应予扶持。"副总理万里也对此批示："请东昌（时任教育部部长）同志再研究一下，科大应给予应有的支持。请与科学院研究。"此后，中国科大成为"七五"期间国家重点建设的10所大学之一。这也是中国科大后来持续得到国家重点支持，在中部地区成功创办精品大学的重要原因之一。

严济慈把合肥、把中国科大当作自己的第二故乡，中国科大取得一点一滴的发展与进步，或者听别人说到中国科大的好人好事，他都会由衷地感到高兴。他80岁以后很少出门，但是几乎每年都要到中国科大一次，与学校领导、教师、学生进行座谈，察看学校的发展状况。1991年12月，中国科大国家同步辐射实验室在合肥举行国家鉴定和验收仪式，时值大雪，天寒地冻。严济慈时年91岁，行动极为不便，校方本以为他不会亲自来合肥。但严济慈决心启程，在儿子的陪护下，冒着漫天飞雪来到了中国科大。在仪式上，他动情地说："我今年过了90岁，很少出远门，但是我特别喜欢来安徽，回科大。到科大，我就觉得年轻多了，因为中国科大是安徽省和全国人民及中国科学院的骄傲，也是我的掌上明珠，我每次来都看到她放出新的光彩。"

1988年5月，严济慈为学校建校30周年题词："创寰宇学府，育天下英才。"这句话高度凝练，大气磅礴，寄托了老校长的深情厚望，也成为学校发展的宏伟目标。

（撰稿：中国科学技术大学　方黑虎）

参考文献

[1] 方黑虎，丁毅信，万绚. 严慈相济　育天下英才：严济慈与中国科技大学[N]. 中国教育报，2007-04-16（5）.

赵忠尧
课堂学习和科研实践并举

赵忠尧（1902年6月—1998年5月），核物理学家，中国科学院院士。中国核物理研究和加速器建造事业的开拓者。主要从事实验核物理研究，特别是硬γ射线与物质相互作用等方面的研究，主持建成中国第一、第二台质子静电加速器，开创我国原子核科学事业。他首次发现正电子湮灭现象，为正电子的发现作出了开创性贡献。参与创建中国科学院近代物理研究所、高能物理研究所，筹建中国科技大学并主持创办国内第一个近代物理系。

20世纪初，当世界科学发展得如火如荼时，中国却仍饱受战争的侵扰，科技的发展更是远远落后于同时代的西方，尤其是物理学领域。正是在这一背景下，一大批有识之士为发展中国科学而前赴后继，赵忠尧就是其中的杰出代表之一。

赵忠尧首先是一名科学家。他在青年时期就已经作出了相当杰出的成就，在美留学期间首次发现硬γ射线通过重元素时的反常吸收和特殊辐射现象，这为后来正电子的发现奠定了基础。回国后又主持建成我国第一、第二台质子静电加速器，为开创中国原子核科学技术事业作出了重要的贡献。此外，他又是一名教育家。曾先后在清华大学、云南大学、西南联合大学、中央大学任教，期间培养了一大批科技人才。23位"两弹一星"元勋中，有8位是他的学生，包括王淦昌、赵九章、彭桓武、钱三强、王大珩、陈芳允、朱光亚、邓稼先，诺贝尔物理奖得主杨振宁和李政道也曾受业于赵忠尧。更为重要的是，赵忠尧还主持建立核物理研究室、中国科学院近代物理研究所和高能物理研究所，创建中国科技大学第一个近代物理系并任系主任。他让一直以来国内空白的核物理研究领域开启了新的篇章，为中国的核物理事业作出了不可磨灭的贡献。

建立清华大学实验物理之基础

1902年，赵忠尧出生于浙江省诸暨县的一个贫农家庭。自幼就爱好学习，文理并重。1920年中学毕业后，赵忠尧考取了当时学费全免但颇为难考的南京高等师范学校（后扩建为东南大学），进入数理化部继续深造。后来，他由于优异的成绩而应母校东南大学之聘，成为我国近代物理学奠基人之一的叶企孙教授的助教，由此开启了以后几十年的教学生涯。

1925年夏，北京清华学堂（现清华大学）筹办大学本科，邀请叶企孙前往任教，叶企孙便把赵忠尧和施汝为带去当助教。同年秋季，清华大学开始招收本科生，物理系于当年招收了4名学生。起初，赵忠尧只是担任助教，第二年开始担任实验课程的教员。与此同时，清华大学的物理系也成立了，首任系主任便是我国物理学奠基人之一的叶企孙。教授有梅

科学家精神 育人篇

贻琦、叶企孙，教员有赵忠尧、郑涵清，助教有施汝为，教辅人员2人，本科两个年级共7人。当时的中国经济落后，没有足够的资金去完善物理实验设备，此时，负责实验物理的赵忠尧和其他老师迎难而上，全力为物理实验室制备仪器。经过他们的共同努力，清华大学物理实验室的基础一步步建立起来了。赵忠尧在清华工作的这段时间，越来越深刻地认识到国内大学理科水平与西方相比有很大差距，这让他年轻的心灵倍感焦灼，便萌发了去西方学习前沿物理的愿望。

回国建设核物理实验基地

赵忠尧于1927年从清华大学自费赴美深造，考入美国加州理工学院研究生部攻读博士学位，师从1923年诺贝尔奖获得者密里根教授。在国外求学期间，赵忠尧夜以继日地努力学习，做博士课题——硬γ射线通过物质时的吸收系数测量，首次发现了当硬γ射线通过重元素时存在反常吸收和特殊辐射现象。而这其实就是正电子的湮灭现象，后来安德森等人发现正电子正是建立在赵忠尧工作的基础上。

已经在核物理学领域取得一定成果的赵忠尧始终牢记中国实验物理教育的贫瘠，他便着手回国致力于核物理学的发展。1931年，赵忠尧回国后到清华大学担任物理系教授，期间还曾一度接任过物理系主任。在当时中国核物理研究一片空白的情况下，他和物理系的同事们积极组建核物理实验室，在极其简陋的条件下，进行γ射线、中子物理和人工放射性等一系列前沿的、开创性的教学与科研工作。此外，赵忠尧还联系聘请一位国外技工来清华协助制作小型云雾室等科研设备。自己动手制作盖革计数器之类的简单设备，借来协和医院的氡管作为实验用的放射源。至此，中国总算有了自己的核物理实验基地。

从中科院到中科大

赵忠尧将自己的一生都用在了教学与科研上，对于中国科学院高能物理研究所和中国科技大学物理系更是倾注了巨大的心血。1946年6月，赵忠尧作为中国科学家代表，受邀去参观美国在太平洋比基尼岛上进行的原子弹爆炸实验。参观结束后，他由于受萨本栋委托为中央研究院购置核物理实验设备，便辗转于美国的各大科研机构进行筹备工作，最后于1950年11月底回国。

回国后的赵忠尧留在中国科学院，参与创建近代物理研究所的工作。因为其实验物理学的学术背景，赵忠尧决定到实验室，着手做核物理实验方面的具体建设工作。研究所针对所内的研究机构，建立了实验核物理组、放射化学组、宇宙射线组、理论组4个大组，赵忠尧担任实验核物理组的组长。实验核物理组又分为4个小组：加速器组、探测器组、电子学组、核乳胶和云雾室组，赵忠尧具体担任了加速器组的负责人。

1955年，他利用从美国运回来的器材和设备，主持建成了我国第一台加速器——700 keV质子静电加速器；1958年，又建成了2.5 MeV质子静电加速器。这两台加速器的建成，标志着我国加速器事业迈出了重要的第一步，由此推动了我国真空技术、高电压技术、离子源技术等相关技术的发展。至此，赵忠尧利用带回来的这批器材开创了我国近代物理研究所初期的实验工作，并主持建立了我国第一个核物理实验室。

负责中国科技大学的筹建是赵忠尧教育生涯中浓墨重彩的一笔。1958年，中国科技大学成立，其中原子核物理和原子核工程系（01系，后更名为近代物理系）主任由中国科学院原子能研究所副所长赵忠尧兼任。从此，赵忠尧便将大部分时间和精力投入中国科技大学的筹建及主持原子核物理和原子核工程系的建设当中，他参与全校的方针制定并对本系的专业设置、教学计划做出具体安排。

科学家精神 育人篇

在专业设置上,中国科技大学实行理工结合、科学与技术结合。赵忠尧根据此方针,并结合世界物理科学发展的方向,设立了原子核物理与原子核工程两个专业。在办学模式上,赵忠尧参与制定了中国科技大学独具特色的办学方针——全院办校、所系结合。这一方针不仅开创了我国教育史上的一个先例,而且在实践中显示出了强大的生命力。同时,赵忠尧作为01系主任还提出"学生:课堂学习和科研实践并举"的原则,这对01系的迅速成长起到了非常关键的作用。

赵忠尧非常重视教学特色。他聘请了张文裕、关肇直、朱洪元、李正武、彭桓武等知名专家给本系学生授课。还邀请严济慈、钱三强等开设专业讲座。赵忠尧更是亲自在01系开设"原子核反应"课程,同时他还聘请专家开设一些专题课程,如张文裕的"宇宙射线与高能物理"、郑林生的"核谱学"等,不仅极大地开阔了学生视野,而且继承了科技前沿。

一向重视动手能力和实验技能的赵忠尧极为重视加强实验室的建设。他提出教学实验与科研实验室结合的思想,不断发展新的前沿课题。1958年十进制万位定标器的建设、1960年穆斯堡尔谱学实验的开展、1962年百道脉冲分析器的建设等,均是这一思想的实践成果。同时,赵忠尧还主持建设了现代化的实验室,开设了β谱仪、γ共振散射、穆斯堡尔效应、气泡室等一系列先进实验,让学生们同时发展理论和实践。

这种学风一直延续至今，极大地促进了中国科技大学原子核物理与原子核工程系的发展。

赵忠尧任中科大01系主任期间培养的学生中后来有4名成为两院院士，他们是：朱清时、俞昌璇、张肇西（中国科学院院士）、何多慧（中国工程院院士），还有一批在核物理、粒子物理领域做出重要贡献的领军人物。

教书育人　培养青年

甘为孺子育英才，克勤尽力细心裁。从事科研与教学几十载，赵忠尧不仅作出了举世瞩目的科学发现，更为开创我国原子核科学事业作出了巨大的贡献。更重要的是，他还为我国的中子物理、原子核物理、加速器和宇宙线研究培养了一大批优秀人才，他们将中国的核科学事业一代代地传承下去。

赵忠尧自1931年年底结束国外求学生涯后，便回到清华大学担任物理系教授。"七七事变"后，赵忠尧因不愿在日本人占领的地方做事，便率先离开了北京。此时，正巧云南大学校长熊庆来先生聘请他前往云南大学授课。于是，他便在云南大学物理系讲授了一年的物理和数学。他诲人不倦、认真负责的工作作风极大地影响了云南大学的学生。特别是他认为实验是物理学发展的源泉，所以十分强调学习实验技术和培养自己动手能力的重要性，这一点得到了所有师生的极大认同。

同一时期，当时的国立清华大学、国立北京大学和私立南开大学因战争原因南迁至长沙成立临时大学，后又西迁至云南昆明并改名为国立西南联合大学。赵忠尧在云南大学授课一年后便以清华成员的身份回到西南联合大学，任教至1945年。西南联合大学汇聚了包括叶企孙、吴有训、周培源、赵忠尧等一大批国内优秀的科研人员，其"和而不同"的科研

科学家精神 育人篇 SPIRIT OF SCIENTISTS

精神和"自由教学"的鲜明特征让它成为中国教育史上的一朵奇葩。

此时的赵忠尧坚信:"只有知识是唯一的救星……唯有知识才能使我们不至认国运之盛衰国脉之绝续仅系于一城一堡之被外兵占领与否。"他孜孜以求,刻苦钻研于教学和科研之中,生动地诠释了刚毅卓绝的内涵,成为在艰苦环境中支撑起中华民族的脊梁。赵忠尧因其学问精深、备课认真、讲课一丝不苟而给学生留下了深刻的印象。这一时期,他教授了诺贝尔物理奖获得者杨振宁、李政道,"两弹一星"元勋邓稼先、朱光亚、郭永怀,国家最高科学技术奖获得者黄昆等一大批杰出人才,为战时国内的物理教育付出了巨大的心血。后来杨振宁回忆起在西南联合大学学习时说道:"那几年我在昆明学到的物理已能达到当时世界水平。譬如说,我那时念的场论比我后来在芝加哥大学念的场论要高深,而当时美国最好的物理系就在芝加哥大学。"

赵忠尧在教学生涯中一直都非常重视对青年科研人员的教育和培养。在很多重大科研项目中,他更是破除各种论资排辈的陈旧观念,大胆起用青年科技人员,让他们在其中"挑大梁",做他们的"铺路石"和领路人。

在主持核物理研究过程中,他带领年轻助手,从零做起。赵忠尧负责追踪前沿,把握方向,然后放手让青年人大胆去干,充分调动青年人的主动性和积极性,培养青年人独立进行科研工作的能力,以此来锻炼他们。同时,赵忠尧平易近人、谦逊和蔼的态度也给青年科研人员极大的鼓励。每当他们遇到不懂的问题时,赵忠尧总是不厌其烦地给予解答,直到他们全部弄清楚为止。

粒子加速器是人们认识微观物质世界的基础,更是核科学的动力源泉之所在,然而当时的中国并没有一台属于自己的加速器。因此,赵忠尧十分清楚,要推动中国的核科学发展,当务之急就是要建造自己的加速器。于是,从1955年开始,赵忠尧就带领年轻的科研人员着手700 keV加速器（V1）的研制工作。由于赵忠尧十分重视对青年人的培养，所以在这个项目上，他就要求大家分工合作，共同完成设计工作。其中，叶铭汉和叶龙飞负责离子源，金建中做加速管电子光学方面的设计，孙良方和陈志诚负责加速器管的黏结，徐建铭负责高电压的发生装置研制。在此过程中，这些青年研究人员积极思考、通力合作，解决了离子源抽真空的速率问题、金属管的"银焊"问题。在此基础上，赵忠尧又带领他们建设 2.5 MeV 加速器（V2）。此时，赵忠尧"任人唯才"，让叶铭汉和李正武协助领导 V2 的研制工作，更大地发挥了青年科研人员的作用。后来，他们在用 V2 做实验的过程中还发现了 ^{24}Mg 的新能级。

赵忠尧主持研制的 V1、V2 加速器为我国核事业的发展打下了坚实的基础，使我国拥有了自己可以信赖的核试验工具。同时，他在此过程中培养的一大批科研人员也成为我国发展核事业的骨干力量。例如，金建中后来成为我国高真空领域的专家，1980 年当选为中国科学院学部委员，领导了兰州高真空技术研究所的建设；叶铭汉参与领导了正负电子对撞机和北京谱仪的建设，1995 年当选为中国工程院院士。后来，中国的第一颗原子弹爆炸、第一颗氢弹爆炸、第一艘核潜艇下水、第一个核电站动工……这些成果，有一半的技术力量来自赵忠尧的学生们。

赵忠尧将自己的一生都用在了物理学事业上。海外求学时期，首次发现了正电子的湮灭现象，学成归国后，又致力于发展中国实验物理学及核物理学。他开创了中国实验物理学的基础，填补了中国核物理学的空白，更重要的是，他还培养了一大批杰出的科技人才。赵忠尧的学术影响正如中国科学院高能物理研究所沈经研究员所说的那样："风华海外回报故里，桃李不言下自成蹊。"赵忠尧这种忠于科学、兢兢业业的科研精神及甘为人梯、奖掖后学的育人精神将永载史册，亘古长青。

（撰稿：刘诗琪）

参考文献

[1] 段治文，钟学敏. 核物理先驱：赵忠尧传 [M]. 杭州：浙江人民出版社，2007.

[2] 中国科学院高能物理研究所. 我国核物理研究的开拓者赵忠尧 [J]. 中国科学院院刊，2002（4）：292-295.

[3] 丁兆君. 中国核物理事业的先驱者和奠基人：赵忠尧 [J]. 现代物理知识，2016，28（5）：67-72.

[4] 云南大学档案馆. 物理学家：赵忠尧 [EB/OL].（2005-08-03）[2020-12-01]. http://www.archives.ynu.edu.cn/info/1051/1584.htm.

周培源
立德树人　孜孜不倦

> 周培源（1902年8月—1993年11月），流体力学家、理论物理学家、教育家和社会活动家，中国科学院院士。中国近代力学奠基人和理论物理学奠基人之一。主要从事流体力学中的湍流理论和广义相对论中的引力论的研究，并取得突出成果。1982年获国家自然科学奖二等奖。

周培源对湍流理论的研究有两大贡献。一是他在20世纪40年代初期首次提出湍流统计理论需要考虑脉动速度方程。他在1945年发表的"关于速度关联和湍流脉动方程的解"是现代湍流模式理论的基础。周培源早期的工作早在20世纪50年代就已被人公开引用，而真正引起湍流界的重视则是在1968年斯坦福会议上。这次会议被认为是湍流研究的一个转折点。二是他在20世纪50年代初期首次提出"先求解后平均"的湍流动力学途径的想法。

科学家精神 育人篇

在相对论的研究中，在广义相对论方面，他一直致力于求解引力场方程的确定解，并应用于宇宙论的研究。20世纪30年代，他已是知名相对论专家，并曾参加由国际著名物理学家爱因斯坦教授主持的相对论研讨班，亲聆爱因斯坦先生教诲。在晚年，他又提出了谐和条件应当作为严格的物理条件与爱因斯坦的场方程同时并用的理论，还亲自设计了实验，实验结果对澄清广义相对论理解上的混乱有极大的帮助。

周培源以惊人的毅力、终生锲而不舍的精神，在两项基础研究中不断地取得优异的新成就。他对中国近代科学事业发展所作的贡献及对优秀人才的培养是有目共睹的。

培养学生独立钻研精神

周培源在教学上非常重视基础理论，教导学生要把基本规律掌握透彻。他说："只有掌握好自然规律，深入了解客观事物的内部联系，才能提出自己分析问题和解决实际问题的见解。掌握好自然规律的具体要求是：能够正确理解和解释自然规律，运用自然规律，并探索新的自然规律。"

何祚庥在清华大学上的第一节理论力学课，就是周培源所开设的。何祚庥认为普通物理、牛顿力学这两门课自己从初中、高中到大学已经念过3遍了，这里的理论力学课还能讲出什么新内容呢？但没想到的是周培源的理论力学第一课就将他们带到一个全新的境界。周培源直接向学生抛出一个问题："牛顿的三大定律可不可以归结为两大定律？"或者说："牛顿第一定律只是牛顿第二定律的特殊情况，牛顿三大定律是否可以归结为两大定律呢？"虽然之前何祚庥多次读过牛顿力学，但却从未思考过这样的问题，因为这可是挑战经典物理学基石的举动！学生们对此感到非常惊讶，随后周培源向他们解释"牛顿第二定律中所表示的，是在绝对坐标里

周培源 立德树人 孜孜不倦

才具有这样的形式,而牛顿第一定律就定义了绝对坐标。因此,牛顿力学并不是孤立的没有内在联系的三大定律,一切物理理论都有它的内在逻辑"。充分运用启发式的教学方式来启发学生的思维,激发他们对理论物理学的兴趣,这正是周培源一直所倡导的。

周培源的课程十分受学生们欢迎,他讲课认真、起劲,说话频率较快,富有感染力,课堂气氛十分活跃。理论力学这门课比较难学,推理严密,应用灵活,学生一般不容易入门。高年级同学对它的评价是"什么是理论力学呢?就是听明白做题也不会的课"。周培源讲授理论力学课多年,对这一点深有了解。因此,他要求学生上课认真听讲,掌握好基本原理,做题前认真复习。在课堂上鼓励学生随时提问,甚至开展热烈的辩论。他经过多年积累,收集了力学中各种各样的难题,有时就以这些题目作为习题。对于怎样做题,周培源的观点是"题做多了自然就会做了,而且要自己做。做题好比打猎,要自己打,不要学清朝皇帝,在西苑南苑养了鹿,由太监把鹿或猎物赶到自己跟前,再去射"。周培源希望学生在学习过程中逐渐克服一不懂未经思考便发问,一不会做题未经思考就去查题解的坏习惯。学生只有加强遇到问题时独立思考的能力,才能体会到在学习上独立捕获"猎物"时的愉悦心情。

教导学生多听别人意见

1978年8月15日,周培源、武际可等3人撰写的一篇题为《以马克思主义哲学为指导高速发展我国的科学技术》的文章在《光明日报》上发表了，这篇文章在发表之前经过了无数次的修改和征求意见。

参加此稿撰写的人包括周培源和武际可在内共3人，他们经过几个月的努力，数易其稿，每一稿写完周培源都要从头到尾仔细推敲提出修改意见，这才形成一个初稿。原以为可以定稿了，但周培源还是请人民日报社打印了200份，亲自寄给科技界与教育界的朋友们征求意见。这些回信中包括了钱学森先生、裴丽生先生、于光远先生、何祚麻先生、钱三强先生等人提出的宝贵意见。周培源亲自将这些意见逐一进行汇总，再交给武际可他们修改。这样修改后的稿子总该可以发表了吧？周培源却总是回答："多听听别人的意见。"这种认真严谨与虚心求教的精神深深地影响着身边的人。自此以后，武际可每次写文章不论大小，都尽量发送给同事和学生，想多听听他们的意见，然后再认真修改几遍才脱手。

还有关于"湍流"名字的由来。周培源说，过去工程中叫"紊流"，在日本叫"乱流"，他起初用的是"激流"，20世纪40年代在昆明的时候，王竹溪先生查了书，中国古书上曾有过"湍流"和"涡旋"。王先生建议用"湍流"一词，周培源认为这个建议很好，此后就用"湍流"了。

引导学生要有大视野观

1963年春，孙小礼向周培源请教一些著名科学家的哲学思想，他正在阜外医院住院，即使住院期间也还在继续研究湍流问题，病房的桌子上、床上都放着稿纸，写着密密麻麻的公式和算草。孙小礼说明来意后，周培源用了一小时的时间，介绍了他本人自1957年起参加过的4次帕格沃什会议（即国际科学家讨论和平问题会议）的情况，并把会议刊物《原子科学家公报》交给孙小礼，并且告诉他，像玻尔、玻恩、鲍林等大科学家不仅关心哲学问题，还关心各种重要的社会问题，尤其关心世界和平问题。

一下子把他的思想从"科学与哲学"引向"科学与社会""科学与和平"这一广阔的研究领域。

1987年后，周培源对三峡工程的宏观论证非常关心。他虽然年事已高、身体多病，还亲自到现场考察。一谈到三峡问题，周培源一再叮嘱学生："像三峡这样的工程，一定要百年大计、千年大计、慎之又慎。"学生心想："周老这么大年纪了，也不是水利专家，还不如等专家们讨论定了投个赞成票算了，您这样为三峡而忙，还不是瞎操心。"便劝周培源："您年龄大了，要注意身体，有空多打打太极拳。"没想到周培源对学生的劝说不以为然，说这是全国每一个人都应当关心的大事，而且这样大事的决策一定要充分发扬民主，通过三峡工程的论证可以为国家对重大问题的民主决策积累经验。周培源所关心的三峡问题，让学生深深地体会到，在重大问题决策上，有各种不同意见不仅是正常的而且是好事。这些不同意见的存在与充分表达，可以使决策更正确，从而少犯错误。

做事认真细致，不轻易许诺

孟庆国是周培源先生晚年带的最后一位研究生。他于1985年9月考进北京大学力学系，成为周培源的硕士研究生。以周培源的资历，身边肯定有助教，但是周培源还是亲自到学校与学生见面，那时周培源已83岁高龄，虽然满头银发，但神采奕奕，说话依然很有条理。他主要谈了湍流理论的历史、现状和重要性，同时认真布置了接下来的工作。对孟庆国的硕士毕业论文，也是逐字修改，甚至连标点符号也不放过。1991年9月，孟庆国到北京大学力学系继续随周培源攻读博士学位，攻读博士期间，周培源对他的博士论文不论在选题上还是在论文进展上，都提出了很多有益的建议和思想。在用逐级迭代法求解平面湍流混合层问题时，他又提出了"广义Taylor-Green"初始条件。在这期间，孟庆国与他合作的几篇论文周培源都认真、仔细地修改，提出意见和建议。1993年年初，周培源的精力明显不如以前，但他还坚持让孟庆国定期向他汇报科研进展。论文中有不明白的地方就让孟庆国给他讲解。孟庆国担心他的身体，建议他早点休息，他却说："我不要紧，把问题搞清楚。"

1957年11月，中国科学院组织科学家访问苏联，周培源是成员之一。那时王义遒刚到莫斯科大学做研究生，代表团人多翻译少，他临时帮忙当翻译。这次跟周培源见面，王义遒向他反映了自己在莫斯科大学学习方向的问题。波谱学技术比高分辨率光谱在研究原子精细结构上有优势，他想从"高分辨率原子光谱"转学"波谱学"，但是莫斯科大学物理系当时没有这一方向，他打听到列宁格勒大学已开展这方面工作，于是把这个情况向周培源一说，周培源马上表态，"这好办，我将会见苏联高教部官员，要向他们反映，把你转到列宁格勒去。"周培源虽然这么说，王义遒却并未完全当真，觉得他那么忙，未必能如愿以偿，于是继续在莫斯科大学另找出路。没想到一个多月以后，苏联高教部来了"命令"，要他转学到列宁格勒，这时王义遒才真正感觉到，周培源的一个允诺，是会扎扎实实地兑现的。

周培源就是这样一位严肃认真的学者和老师，在大学的教学岗位上一共工作了64个年头。在这60多年中，无论是作为一名普通教授，还是在担任繁重的行政工作之时，他始终没有脱离教育第一线。几十年如一日，他一刻不停地思索着、探讨着，倾尽心血地工作着、奋斗着，为着科学、为着教育、为着世界和平、为着下一代人！

他又是一位和蔼可亲的长辈，时刻关心着他的学生、同事。

他更是一位极其正直负责、一切从国家的利益和前途着想的领路人，还是一位热心于世界和平事业的社会活动家。

周培源先生在教育、科研、对外交流等领域都作出了重大的贡献。他那热爱祖国、酷爱真理、坚持原则、顽强奋斗的精神，使我们深受感动，是我们学习的典范，值得我们永远尊敬和怀念。

（撰稿：张立功）

参考文献

[1] 国际流体力学和理论物理科学讨论会组织委员会.科学巨匠　师表流芳[M].北京：中国科学技术出版社，1992.

[2] 黄永念.周培源教授：湍流研究的先驱者之一[EB/OL].（2009-12-10）[2020-11-01].http：//zpy.cstam.org.cn/templates/jiaoyu_001/second.aspx?nodeid=62&page=ContentPage&contentid=578.

[3] 武际可.善教者，使人继其志：周培源教育思想的探讨[EB/OL].（2009-12-10）[2020-11-01].http：//zpy.cstam.org.cn/templates/jiaoyu_001/second.aspx?nodeid=62&page=ContentPage&contentid=588.

[4] 武际可.重温周老的教诲[EB/OL].（2009-12-10）[2020-11-01].http：//zpy.cstam.org.cn/templates/jiaoyu_001/second.aspx?nodeid=60&page=ContentPage&contentid=592.

[5] 孙小礼.记周老在医院给我"讲课"[EB/OL].（2009-12-10）[2020-11-01].http：//zpy.cstam.org.cn/templates/jiaoyu_001/second.aspx?nodeid=60&page=ContentPage&contentid=582.

[6] 孟庆国.忆我的导师周培源先生[EB/OL].（2009-12-10）[2020-11-01].http：//zpy.cstam.org.cn/templates/jiaoyu_001/second.aspx?nodeid=62&page=ContentPage&contentid=591.

[7] 王义遒.周老和我：纪念周培源教授逝世一周年[EB/OL].（2009-12-10）[2020-11-01].http：//zpy.cstam.org.cn/templates/jiaoyu_001/second.aspx?nodeid=62&page=ContentPage&contentid=595.

苏步青
数学丰碑　教育巨擘

　　苏步青（1902年9月—2003年3月），数学家、教育家、社会活动家，中国科学院院士。他发现了著名的"苏锥"和"苏链"，系统地发展了射影微分几何的理论，是我国微分几何学派的创始人，被誉为"东方第一几何学家"。共发表了160多篇数学论文，出版了《微分几何学》《射影曲线概论》等10多部著作，先后获得国家自然科学奖二等奖、全国科学大会奖、国家科学技术进步奖二等奖、何梁何利基金科学与技术成就奖等荣誉。2003年8月，国际工业与应用数学联合会（ICIAM）设立"ICIAM苏步青奖"，奖励在数学对经济腾飞和人类发展的应用方面作出贡献的个人，这是第一个以中国科学家名字命名的国际数学大奖。

苏步青　数学丰碑　教育巨擘

"要救国就要振兴科学、发展实业，数学是发展科学技术的基础，必须学好数学。"中学数学老师的这句话，影响了苏步青的一生。为家为国，这个信念深深扎根于他的心底。

1931年，获得日本东北帝国大学理学博士学位的苏步青，回到了阔别十二载的祖国，踏上了科学救国、科研兴国的道路。

此后数十年，他在浙江大学、复旦大学创建了多个国内外极具影响力的学科，在高等教育、基础教育、科普教育等方面倾注心血，为推动我国数学事业的发展尽心尽力，为中国文教事业的改革作出了不可磨灭的贡献。

"毕生事业一教鞭"

"作为一位教师，首先要教好书，这不是轻而易举的事。教师的讲解和辅导，既要使学生听懂，又要回答学生提出的各种问题。这说明教学不是简单的复述，而要有创造性。这种创造性的获得，除了教学经验积累之外，主要依靠科学研究，对新学科发展的了解。"苏步青说。

在他看来，坚持教学和科研相结合，是培养优秀人才的一种有效方法。在浙江大学任教期间，苏步青教授微分几何学16年。尽管已形成系统的授课方式与框架，他仍旧坚持每次上课前重新修订讲义，融入最新的学术研究成果，1928年国外的一些新成果，就已写进1931年的讲义中。

1948年，他的授课讲义由正中书局出版，此后多年被用作台湾地区微分几何课程的课本，年轻时的项武义等数学家都受到过这本书的启发。1988年，该书被重新翻成白话文，改成通行符号出版，"生命力"之持久令人惊叹。

苏步青任教初期正值浙江大学草创时期，数学参考书极其匮乏，为了学生研究的需要，他利用暑假去日本，在母校的图书馆里一章一字地抄

科学家精神 育人篇

回 48 篇论文，足有 20 多万字。

获得"新鲜出炉"的学习材料，用不好可不行。自 1931 年起，苏步青和陈建功分别主持微分几何和函数讨论班，让学生和青年教师定期阅读最新研究成果，分享阅读体会，互相质询、答辩，培养他们的独立自学和科研能力。

抗日战争爆发后，苏步青随浙江大学西迁，跋涉五千里，到达贵州省遵义的湄潭。在困难的环境中，他仍坚持教书、做研究：晚上伏在摆菩萨的香案上，就着昏暗的桐油灯光看书、写论文，经常到曙鸡初啼才罢休；白天就在夫子庙里办几何学的讨论班，小小的条桌旁坐着 4 个学生——张素诚、白正国、吴祖基、熊全治。这 4 个人后来的成就不可限量：张素诚任中国科学院数学研究所研究员；白正国曾任杭州大学数学系系主任；吴祖基成为郑州大学数学系系主任；熊全治曾担任美国里海大学数学系系主任，是国际数学杂志《微分几何》的创办人。

1931—1949 年，苏步青带着他的学生在美、日、英、法等国的期刊上共发表 100 多篇论文。在他的精心培育下，夫子庙里小小的讨论班逐渐发展壮大，形成了中国的"微分几何学派"。

1952 年，全国高校院系调整，苏步青带领学生随浙江大学数学系一同进入复旦大学。他在那里继续深耕，撰写了《一般空间微分几何学》《现代微分几何概论》等专著，系统总结研究成果，奠定了微分几何学的发展基础。"微分几何学派"也在复旦大学发扬光大。

1959 年年底，复旦大学数学系从上海各区县中学挑选出 100 名优秀高中生组成"数训班",苏步青为该班开设高等几何课。谷超豪、胡和生、洪家兴、朱传琪……从这个班走出来的青年人,汇聚成中国数学界一股生机磅礴的力量。

"严师出高徒,高徒出名师"

"要多读书,要精读,学了就用,用中再学,使学生尽快超过我。"苏步青说,"这些年来,一批又一批的人才被培养了出来,人家说:'名师出高徒',不,是'严师出高徒'。高徒多起来了,就把我这个老头奉为'名师',那就是:高徒出'名师'。"

苏步青对学生既慈爱又严格,他鼓励学生超越老师,冲破学科界限,开创新领域,走学术新路。这种人才培养方法被他形象地称为"鸡孵鸭"。他还奉行另一种方法,名为"拔一个带一批",就是"选准对象加以培养,在业务成熟后就把他推上学术领导岗位,带领另一些同志搞研究"。

学生的治学态度和独立思考问题的能力,是这位严师格外看重的两点。有一次,他拿了一篇相当艰深的论文,要求谷超豪一个月内读懂。通过观察谷超豪的表现,苏步青发现他吸收能力强,思想敏锐,理解问题有深度,是颗"好苗子"。为了扩大他的知识面,除让他参加微分几何讨论班外,苏步青还"催"着他加入陈建功的函数讨论班,之后还建议他去苏联进修。

胡和生求学时,苏步青让她阅读德文版《黎曼空间曲面论》,每星期汇报一次。有一次,胡和生没来报告,苏步青很生气地去找她,胡和生连忙解释,自己为了准备报告,熬了通宵,直到凌晨才睡,谁想却睡过头了。苏步青看到桌上还亮着的灯与摊开的书本和笔记,知道她没有说谎,但仍要求她把报告做完。之后,胡和生完成了论文《仿射共轭联络的扩充》,苏步青帮她仔细修改。论文发表后,在国内外产生了相当大的影响。

科学家精神 育人篇
SPIRIT OF SCIENTISTS

忻元龙师从苏步青时,有天,苏步青和他说:"有个问题我还没有做完,你能不能把它算好?"忻元龙对仿射微分几何学得不是很多,但在已有框架下,通过大量计算,终于用代数方法得到了正确结论。苏步青则又用几何的方法更为直观地论证了一遍,使得忻元龙对该知识框架有了更深入的理解。"这也使我懂得在培养学生的过程中,老师可以给出科研问题的框架,留一些有一定难度的技术问题让学生去做,这可以促进学生的思考,使他们更快地走到科研的前沿。"忻元龙说。

"他日移山酬壮志,今朝挥笔绘神州。细培精育更扶植,不出人才誓不休。"苏步青曾在诗中如此写道。作为学科带头人,不仅要培养学生,还要鼓励、帮助学生超过自己,真正做到承上启下、继往开来——这是苏步青终生奉行的自我要求。

春风桃李诲人不倦,几十年岁月中,苏步青培养出一位位享誉国际的数学大家。他有 15 位学生曾担任中国大学的数学系主任。在中国数学界的 100 多位数学家中,有 30 余位是他悉心培养过的学生。在美国从事科研及教学工作的著名数学家,如熊全治、杨忠道、夏道行、秦元勋等,都是被他教导过的得意门生。从苏步青到谷超豪,从谷超豪到李大潜,从李大潜到洪家兴,一代接一代,青出于蓝而胜于蓝,不断取得学术新成就,3 代科学院院士、4 代数学博士,桃李芬芳,出类拔萃。

"路线正、方向明","不脱离实际"

"黄忠跃马定军山,能饭廉颇拱满弯。"1977 年 8 月 4 日,75 岁高龄的苏步青应邀参加邓小平主持召开的科学和教育工作座谈会,激动地写下如此豪迈之言。

"接到通知我就想,在去北京的飞机上我还在想,在这个会上我该怎么发言才对得起党和国家,而又有利于推进科学教育事业。"苏步青首先提出，要恢复和发展科学教育事业，必须实事求是地估计教育战线的成绩和知识分子的现状。

"搞基础研究，得有一支队伍，尤其是20～25岁的年轻人。"苏步青又连续反映了3个问题，这是其中之一："复旦大学数学所原有18位科研骨干，号称'十八罗汉'，'文化大革命'把他们打散了，至今尚有16位未归队。"

除此之外，他还反映道：在"文化大革命"期间，爱好数学的青年们依然坚持学习，有60多位寄数学论文给他，其中十几位很有数学才能，可以作为研究生培养；学术刊物出版迟缓，致使研究生论文不能及时发表和出版。

对于这些问题，邓小平当即做出指示，通知那些爱好数学的青年到苏步青那里考研究生，让复旦大学数学所的18位科研骨干也回到学校，办起学术刊物。邓小平的正面回应和积极支持，使苏步青深为感动和激动。

事后谈到这次座谈会的情景，苏步青说，路线问题是根本问题，只有砸碎"四人帮"套在科教战线和知识分子头上的紧箍咒，才能振兴教育科学事业，路线正、方向明，才能成其事。

他又说："路线问题要谈，但又不能脱离实际，所以我又从复旦大学的实际出发提出了3个问题。这3个看上去是具体问题，但也事关全局。比如恢复招收研究生制度，在特殊的历史阶段，破格吸取人才。还有'文化大革命'把科教战线上专业人才队伍打散了，要收拢……小平同志英明，他当机立断要求解决这些问题。"

座谈会结束后，在邓小平的主持下，科教战线即时产生了巨大的变化。苏步青作为杰出的教育家，在消除"文化大革命"破坏、大力恢复教育事业中，发挥了冲锋陷阵的积极作用。

次年，这位古稀之年的老先生勇任校长，带领复旦大学继续向赶超世界先进水平的综合性重点大学前进。

科学家精神 育人篇
SPIRIT OF SCIENTISTS

"人民给了我这么多，我为人民做了什么？"

1982年，苏步青即将退居二线，他却不想享清福，对人民教育事业的一片痴情，使他不愿也不忍卸下一个教育工作者的责任。

"人民给了我这么多，我为人民做了什么？我苏步青剩下的时间都是人民的，没有理由不办好这个讲习班。"1983年年底，经过反复考虑，苏步青向有关单位提出了以高中和初中数学教师为对象举办"讲习班"的打算。

"中学教育是基础，不仅要为高等学校输送新生，更要为社会培养劳动者。所以，中学教育的好坏，不仅关系到高校的教育质量，也直接影响着我国劳动大军的素质。而要搞好中学教育，首先要提高中学师资水平。"经过上海市教育局、上海市科学技术协会和上海市数学会的积极筹备，这个没有先例的"讲习班"终于诞生了。

每期讲授一到两个数学专题，着重介绍数学的思想方法，以提高中学教师的论证能力和数学素养，这是苏步青的计划。为了真正达成目标，从选题、参阅国内外文献到编写讲义，他斟酌再三、缜密考虑，花费了一年的心血。讲义编成后，他在复旦大学数学系本科四年级学生中试讲，课堂效果很好，从而增强了他办好讲习班的信心。

苏步青要为中学教师办讲习班的消息传开，希望参加学习的教师多达千人，最后有63位成为幸运儿，他们十分珍惜这个宝贵的进修机会。这位讲了一辈子课的老先生上课很认真，哪怕一个字、一步推导，全部丁是丁、卯是卯，毫无含糊。他善于抓住问题的实质，高屋建瓴，讲课层次分明、条理清楚，构成了一个严密的整体。每次上课的时间不是很长，讲得也不快，学员们能在课堂上跟上他的思路，课后一复习还会发现内容十分丰富。同时，苏步青的语文功底特别深厚，对学术语言和课堂语言艺术的运用，可谓达到炉火纯青的境界，学员们对他渊博的学问和精湛的讲课艺术钦佩不已。

讲习班即将结束时，苏步青说不久将发给大家结业证书，学员们都很高兴，可他又说："每个人都要把听课笔记交给我看一看，还要写一篇学习小结，我满意了才签名发证。"学员们亲身体验到老一辈教育家兢兢业业的工作态度。这群教育界"新星"说："苏老以言行告诉我们应该怎样做一个好老师，我们只有更加努力地工作，才能接好老一辈的班。"

结束语

"个人的成名成家是次要的，重要的是要根据时代发展的要求，努力使我国的科研教育事业发扬光大。"这句口头禅，是苏步青一生践行的誓言。

2019年11月8日，由国际小行星委员会批准并发布国际公报：中国科学院紫金山天文台2008年2月29日发现的、国际编号为297161号小行星，正式命名为"苏步青星"。

仰望星空，苏星闪烁，仿若还能见到那位目光深邃的老先生，深情凝望着学子后辈。他的言传身教将继续影响一代又一代的青年人，他的志向与未竟的事业将在这些年轻人中传承，在他们的努力下开出璀璨的花……

致敬永远的大师！

（撰稿：复旦大学数学科学学院）

参考文献

[1] 陆士清. 高山仰止　德耀文林：纪念苏步青教授[M]// 复旦大学关心下一代工作委员会. 复旦名师剪影（文理卷）. 上海：复旦大学出版社，2013.

[2] 谷超豪，胡和生，李大潜. 文章道德仰高风：庆贺苏步青教授百岁华诞文集[M]. 上海：复旦大学出版社，2001.

[3] 韩扬眉，黄辛. 苏步青：一生风雨任"几何"[N]. 中国科学报，2019-11-12（04）.

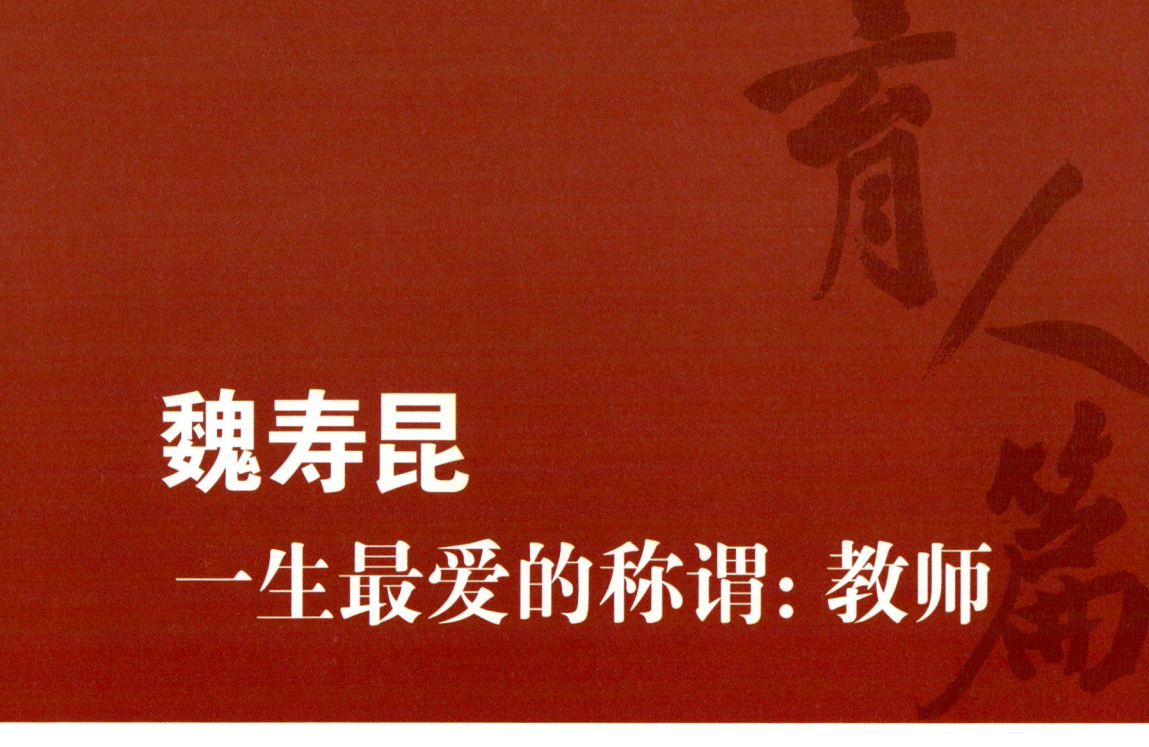

魏寿昆
一生最爱的称谓：教师

魏寿昆（1907年9月—2014年6月），冶金学家、工程教育家，中国科学院院士，我国冶金物理化学的奠基人和中国金属学会创建人之一，北京科技大学（原北京钢铁学院）的建校元老。他在冶金热力学方面取得了重要成果，先后进行过钢铁脱硫、钢液脱磷、活度理论、选择性氧化、固体电解质电池定氧和冶金热力学在我国特有矿产综合提取金属中的应用等研究，并多次获奖。在从事高等教育的80余年中，为中国培养了大量冶金人才，取得了丰硕成果。

魏寿昆院士一生成就累累，头衔众多，而当他在回答记者关于"一生所获得的众多称谓中，最喜欢哪一个"的问题时，脱口而出的是"教师"二字。一生兢兢业业，最钟爱的依旧是三尺讲台，魏寿昆对教学工作的热忱，让人动容。

在北京钢铁学院冶金系曾发生过这样一个感人的故事：那些没有听过

魏寿昆讲课的学生，集体向校领导提出请求，请魏寿昆在他们毕业前做一次专题讲座。因为听过他课的学生都说"听魏先生讲课是一种享受"。所以那些没有听过他讲课的学生，便聚集起来提出了这样的申请——"请先生给我们上一堂课！"魏寿昆讲课条例之清晰，逻辑之严密，科学论证、分析之透彻，让师生深为折服与钦佩。

魏寿昆始终坚持教案与讲义的与时俱进。虽然每堂课的容量只有45分钟，但他却会为了课堂质量而在前期花费大量时间阅读文献材料，根据国内外最新科研成果的更新而修改自己的教学内容。另外，魏寿昆鼓励学生提前预习，同时还会将自己精心准备的教案在课前发给学生。他坚信，让学生带着问题听讲，学生们会更为认真，会更好地理解重点与难点。

授课中，魏寿昆采用通俗生动的讲解方式，多讲述平实的生活事例，来方便学生理解专业名词。例如，他将材料的"活度"与个人在集体中发挥的作用进行类比，这一类比立马令一个晦涩的专业词汇变得生动鲜活，以至于50多年后，魏寿昆的学生林勤教授在回忆其关于"活度"的讲解时，仍记忆犹新。课后，为了解学生学习情况，检验教学效果，魏寿昆会亲自判阅学生的作业、试卷，而不是撒手交给助教。

魏寿昆重视对年轻教师的培养。建校初，物理化学教研组刚成立，当时组内的教师都是刚毕业的年轻人，没有教学经验。当他们去请教魏寿昆，希望得到一些建议时，魏寿昆给予了出乎他们意料的详细指导。他要求对课程分类，制定教学大纲、学时，他还对每一门课讲哪些内容做了全面的阐释。此外，魏寿昆亲自确定了物理化学实验所需要的设备，并在忙碌的教务教学工作中，抽出时间向年轻教师讲授实验方法。在他的指导和帮助下，一批批青年教师迅速成长，成为钢铁学院的中流砥柱。段淑贞老师曾这样评价他："既是恩师，又是慈父。"魏寿昆像一位慈祥的领航人，手把手地带领着年轻教师走上了教学岗位，为他们开启了教书育人这一崇高事业的大门。

魏寿昆从教80余年，任教过的高校有北洋大学、西北联合大学、天津大学、北京钢铁学院等10所大学。他曾多次说过："以做好教师本职工作要求自己，以为祖国培育英才为己任。"80余年间，魏寿昆为我国培育了四五代冶金科技人才。在这些学生中有出类拔萃的两院院士，有著名的科学家和教授，有身居要职的政府官员，还有名声显赫的企业家。

弘德育人，师者如兰。灼灼繁花，唯兰可芳。于魏寿昆而言，从教生涯是他一生所珍，而这份珍视于后人而言，则是受用一生的宝贵财富。

严谨求真　精益求精

对待教学，他不放过任何细小问题；对待学生，他同样严格要求；对待学问，魏寿昆更是一丝不苟。每每提到他的师者风范，他的学生们总是这样说。

魏寿昆治学，从不放过任何细小问题。他曾在北京钢铁学院"平炉热工"考试现场担任主考，在听到学生殷瑞钰对抽取并准备的所有考题做出了条理清晰而又准确无误的回答后，他并没有轻易给出5分（优秀），而是出其不意地考察了"平炉修炉底用不用镁砖"这样一个细节问题。如此细微而又突如其来的问题让并未准备过的殷瑞钰慌了手脚，被难倒的他只好选择随意报出了一个"不用"的答案。而得到错误回答的魏寿昆，也毫不留情地给出了4分（良好）。塞翁失马，焉知非福。一次与满分失之交臂的经历，使日后成为

冶金工业部副部长、总工程师的殷瑞钰院士将老师"要重视细节"的教诲牢记一生，殷瑞钰因而在自己的领域成就卓著。

　　魏寿昆对待学生更是严格要求。一次，有一位研究生为了使曲线更加符合"规律"，擅自把曲线中一个"不理想"的数据点删去了。魏寿昆审阅时发现问题后立刻补上了这个点，同时经过亲自重新计算、绘图，最后得到了更为精准的实验结果。事后，魏寿昆将两份计算结果一同放在这位研究生的面前，学生顿时领悟了老师的良苦用心，深受感动，立刻诚心地向他道了歉。而后，魏寿昆才勉励说："科研工作贵在诚实、严谨，要一丝不苟，来不得半点虚假。"

　　魏寿昆的敬业与负责，感染着身边每一位师生。在他85岁高龄时，虽然身体还健康，但看物体总是重影。学校为了减轻他的负担，委派一些教师作为副导师和他共同指导学生。他的博士完成毕业论文后，副导师又修改过多次。而魏寿昆拿到终稿后，依旧花费了大量时间，演算其中全部内容，找出相应问题，并用满满3页纸写出对副导师与学生呈交论文的修改意见。这种敬业与负责的态度，令副导师与学生又震惊又惭愧。他的言传身教，时时鞭策着身边人前行。

　　"试问天下名冶师，几人不出先生门。"乾坤有四海，寰宇有八荒，泱泱神州地，大国工匠心。魏寿昆门下桃李三千，为祖国建设贡献无数力量，他们身上"严谨求真，精益求精"这一共同的特质，与他的教导密不可分。

用双手丈量科学之路的实践者

　　费尔巴哈说："理论所不能解决的那些疑难，实践会给你解决。"魏寿昆正是以双手为本，以实践为钥，打开了一扇又一扇真理之门。他从真理之门里陶冶出冶金领域中的无数明珠，他躬亲实验的事迹也成为后继人学术之路的鲜活指南。

在北洋大学读书 6 年，魏寿昆深受校内崇尚科学、追求实践气氛的影响，这使他保持了凡事都要"思考"且"试一试"的求知态度。侯德榜、茅以升等他接触到的教授和他在德国留学时的柯尼希导师，更是以身展示"实践"二字，潜移默化地帮助他树立起求实观念。从而，他的研究便紧紧与"实践"二字联系在了一起。

魏寿昆在进入德国亚琛工业大学求学之前，曾经去过莱茵河工业区埃森附近的好旺钢铁公司实习。大概是在 1935 年，有一次，他想要亲眼观察高炉加料与排气，以明确和深入分析高炉的运作过程。他没有犹豫，立马就决定爬上数十米高的工厂的高炉顶，进行全面精确的研究。然而，要想爬上几十米高的高炉顶，需要借助布满了铁锈的铁梯子，梯子还时常摇晃着发出"吱呀"的声音，这对任何身体健壮的炼铁工人都是很大的心理考验，但他却没有丝毫的胆怯。一步，两步……终于，魏寿昆气喘吁吁地爬上了炉顶的最高处，看到了高炉内部的真实情况。热浪挟着灰尘和气流冲着他滚滚袭来，他忍着窒息感和刺鼻的气味，但记录下的高炉加料和排气过程却一点也没有打折。此外，魏寿昆还去过高炉、托马斯转炉、平炉、铸锭、粗轧、型材及冷加工等厂，到过不同的实验室实习。丰富的实习经历给他打下了非常扎实的专业知识基础，善思、多问、勤实践的行事风格也为他的科学研究带来了强劲的推动力。

魏寿昆任教后，又把实践之风传给了他的学生们。他在教授"耐火材料"与"高温测量"两门课程时，每一次上课，他都会把实验室中的器材带到教室，直接在课上向学生演示测量器材的工作原理。很快，课本上一条条抽象的文字纷纷变成了直观的实验现象，枯燥的知识瞬间灵动好记起来。学生们纷纷回应着"看到了看到了"，他的眼里闪出了欣喜的光芒。为了巩固学生们的专业知识，进而更好地胜任未来的工作，魏寿昆带着学生们走进了东北，一行人先后参观了沈阳冶炼厂、鞍山钢铁厂、本溪钢铁厂等工厂。参观中，魏寿昆穿着厚重的车间服，身上的衣服也都被汗水浸湿，但他似乎完全无视了耳边的轰鸣和车间里的高温，依旧十分大声地给学生们讲解机械工作的过程。当他看到墙角布满灰尘的电解槽时，瞬间兴奋不已。其余的设备都已被苏联作为对日作战的战利品拆走，只留下这个厚重的东西丢在原地，可魏寿昆仍如获至宝，兴奋地向学生们解释它的作用。

这种实践教学受到了同学们空前的欢迎和好评。而实际上，无论对魏寿昆还是对同学们，它都有着举足轻重的作用。当魏寿昆的学生钟汉回忆曾经的教学和收获时，他说："魏老对我人生的影响是巨大的，对于我来说，我一辈子都很注重实际的操作。"

所谓传承，不仅是传承生命，还有信念；一代又一代，无数师者虔诚地捧着实践的真理在科学的道路上勇敢地打破窠臼，用实践开启新知，用双手丈量科学之路。

"捧着一颗心来，不带半根草去"

魏寿昆的学生钟汉在回忆老师帮助自己延续大学梦的情景时说："我对魏老的感激之情是很深的，如果没有他，北洋大学不会接受我，我就会失学了，所以魏老在我人生的道路上是起了决定性作用的，我很感谢魏老。"寥寥几句，他道出了自己的感激，也勾勒出魏寿昆对学生的无限关爱。所谓"捧着一颗心来，不带半根草去"，事实上，在魏寿昆任教以后，这句话确能形容他为师的温暖和无私。

在学习上，魏寿昆无微不至地关心学生。他的课程很多，故而认识他的学生众多。其中有一位叫曲英，他与魏先生并没有过多联系，只是听过先生的课。但他偶然得知魏寿昆有一本英文原版书籍对自己的专业学习有很大帮助。作为学生，他当时还无法负担这本书的高昂费用，只能去图书

科学家精神 育人篇

馆寻书。遗憾的是，寻书未果，但在强烈求知欲的驱使下，他只得硬着头皮向魏寿昆借。他说清楚情况后，魏寿昆没有迟疑，直接取下这本书递给了曲英，并且说："很好，你拿走吧。"这让曲英的心里十分温暖。还有一次，在一次例行考试中，一位名叫方华灿的同学散场后在楼道里碰到一位不认识的老师，老师看见他后主动上前与他对话。老师问考试难不难、做得怎样等，还叮嘱方华灿要用功，一年级非常重要，要打好基础……十分亲切，平易近人。他后来向别人打听才知道，这位老师就是魏寿昆。他想：作为系主任的魏先生能够亲临考场一线来监考，了解教学状况和考试情况，这种精神令人十分钦佩。这份殷切期望和深深的关怀伴着数届学子一起成长。

在生活上，他句句如雨露一般深情关怀。某一次，魏寿昆和自己的博士生去重庆参加一次学术交流会。当时的魏老已经79岁了，随行的博士有照顾老先生的义务，魏寿昆也是对学生处处关心。交流会当晚，两人住在当地的一家宾馆。因为舟车劳顿，学生很早就睡着了，半夜时他踢掉了被子，整个人蜷缩在床上。而魏寿昆有看书的习惯，睡觉稍晚，特地在临睡前去学生的房间看了看，发现学生的被子掉在床下，他立马轻轻地上前给学生盖好被子。半梦半醒间，学生看到老师的身影，心里暖暖的。

在人才培养上，他倾囊相授。我国是稀土大国，储量居世界第一，如何有效利用稀土资源是一个亟须解决的问题，北京科技大学方克明教授经过一系列研究写了一篇有关稀土金属夹杂在钢铁中到底会产生怎样作用的文章。方克明找到魏寿昆，恳请他加以指导。当时魏寿昆已是80多岁高龄，和方克明讨论了3个多小时。后来方克明要求署上魏寿昆姓名时，魏寿昆马上拒绝了。1985年，方克明要去德国留学，需要知名导师推荐，于是他找到魏寿昆，魏寿昆爽快地答应了，亲笔写下整整4页A4纸的推荐信，字迹工整清晰。35年过去了，这封4页纸的推荐信至今仍完好无缺，成为方克明终生难忘的记忆。

魏寿昆捧着一颗心来，这颗心便是一份让人安心的人文关怀，是一种道德价值，是为师之道，是生而为人站在轴心文明中应有的守候，他却并不带走半根草去。

（撰稿：北京科技大学　薛浪　邢华超）

参考文献

[1] 石新明. 师者 [M]// 师者如兰编委会. 师者如兰. 北京：冶金工业出版社，2006：57-69.

[2] 吴石忠. 育才树人　人生最大的幸福 [M]// 张牧风. 钢铁绘华章. 北京：北京航空航天大学出版社，2002：18-19.

[3] 吴石忠，姜曦. 师者如兰，人民之香 [M]// 吴石忠，姜曦. 魏寿昆传. 北京：科学出版社，2011：160.

华罗庚
数学大师的治学瑰宝

华罗庚（1910年11月—1985年6月），数学家，中国科学院学部委员。主要从事解析数论、矩阵几何学、典型群、自守函数论、多复变函数论、偏微分方程、高维数值积分等领域的研究并取得突出成就。在解决高斯完整三角和的估计难题、华林和塔里问题改进、一维射影几何基本定理证明、近代数论方法应用研究等方面获得出色成果。代表论著为《堆垒素数论》《多复变数函数论中的典型域的调和分析》。荣获1956年首届国家自然科学奖一等奖。1990年和王元共同获陈嘉庚物质科学奖。入选"庆祝中华人民共和国成立70周年大型成就展"1970—1979年英雄模范人物。

想必每一个在学的青少年都对"华罗庚金杯"这一名词耳熟能详，它是为了纪念和学习我国已故的杰出数学家华罗庚教授而举办的少年数学竞赛。华罗庚是我国现代数学的奠基人，在解析数论、矩阵几何学、典型群、自守函数论等多个方面都进行了深入的研究并获得了诸多享誉国际的学术成果。华罗庚不仅是一位数学家，还是一位教育家。他先后在清华大学、西南联合大学、中国科学院数学研究所、中国科学技术大学任教，无论是在学校里，还是在研究所里，都非常关心青年学生和科技人员的成长，循循善诱地培养人才，不拘一格地选拔人才。他的学生和他带领培养的科技人员，日后大多成了数学领域的佼佼者，如王元、陈景润、万哲先、陆启铿、龚升等。

华罗庚自幼时便爱动脑筋、勤于思考，中学毕业后进入上海中华职业学校就读，但因家贫而中途退学，后开启了自学生涯。20岁时，以论文《苏家驹之代数的五次方程式解法不能成立之理由》轰动数学界，得到熊庆来的赏识而进入清华大学。从此，华罗庚的数学生涯开始步入正轨。他在清华大学边工作边学习，用一年半时间学完了数学系全部课程。此外，他还自学了英文、法文、德文，在国外杂志上发表了3篇论文，后被清华大学破格任用为助教。1936年夏，华罗庚被保送到英国剑桥大学进修。剑桥的两年学习时光是华罗庚学术成果的高产期，他两年发表了10多篇论文，得到了国际数学界的赞赏。此时的华罗庚年仅26岁。年纪轻轻便获得如此成就的数学家在整个数学史上都是少有的，但此时的华罗庚时刻记挂着大洋彼岸战火纷飞的祖国，他想回来建设祖国、培养人才，唯有如此，才能让中国进步起来。

授教于西南联大

抗日战争时期，中国北方3所著名大学——清华大学、北京大学与南开大学全部搬到昆明组成了西南联合大学（简称西南联大）。在剑桥完成学业的华罗庚便是在此背景下受聘于西南联大并被破格提升为教授。这时的西南联大集中了一大批中国知识分子的精英，数学系更是卧虎藏龙

科学家精神 育人篇
SPIRIT OF SCIENTISTS

之地，汇聚了包括陈省身、华罗庚、许宝騄等优秀的科研人员。每学期刚开始，华罗庚就会开设新课，一方面借以扩大自己的数学领域；另一方面也便于给学生传授新知识。例如，华罗庚就开设过"解析数论""连续群论""复变函数论"等课程。当时因为战争的原因导致国内外消息很不灵通，但华罗庚还是尽力跟上研究的前沿方向。《群论》刚出版时，华罗庚就立即组织了群论讨论班加以讨论，参加者有段学复、樊畿等人。同时，华罗庚还和陈省身及物理系的王竹溪一起合开了李群讨论班，这一学术方向不论是在当时的国内还是国外，都是非常先进的。开办讨论班是华罗庚非常重视的一种教学方式，而事实证明这也是一种极其有效的学习方法。

华罗庚除了在西南联大从事教学之外，还辅导年轻的数学家。钟开莱与闵嗣鹤就和华罗庚一起从事解析数论方面的工作。其间，还发生了一个小故事：钟开莱在一次演讲后，提出了一些问题，并说，谁能解决，他将请吃饭，当晚华罗庚就解决了他提的问题。闵嗣鹤在华罗庚的指导下，也合作发表了5篇论文，此外，他们还将莫德尔定理做了推广处理。

筹建中国科学院数学研究所

抗日战争胜利后，华罗庚于1946年启程去美国访问。旅美期间，他在典型群论、体论等领域深入研究，作出了新的成果。1950年，华罗庚从美国返回阔别已久的祖国，重回清华园从事教学与科研工作。他以一个著名数学家的身份登上清华的讲坛向学生们讲授他的研究心得《典型群论》，这实现了他欲培养中国数学家的心愿。这期间，他和万哲先一起解决了狄厄多内几个未解决的典型群问题。

正当华罗庚浸心于清华教学工作时，一个新的任务：重新筹建中国科学院数学研究所的重任降到他身上。

一个机构要想长远发展下去，必须要有优秀的人才，而华罗庚深知此道理。在数学研究所成立时，他便广泛地网罗人才，既注重基础理论研究，也注重应用数学。1953年，数学所最先成立微分方程与数论两个组，数论组组长由华罗庚兼任，包括越民义、吴方、王元等。对于其他的研究人员，华罗庚在充分尊重他们志愿的基础上支持其研究工作。按照每个人的专业背景和兴趣爱好，华罗庚建立了广义函数论、拓扑学、数理逻辑、概率论与数理统计等研究方向。至此，数学研究所的基本架构已初步建立起来。

为了将数学研究所建成一流的研究机构，自建所起，它便向全国开放，这期间来所工作的有李国平、董光昌、梁之顺等研究人员。这种开放式的学术研究机构非常有利于增加科研人员的知识面。同时，华罗庚决定由数学研究所编辑出版两套专刊丛书：甲种专刊和乙种专刊。甲种专刊是由个人系统的研究工作总结而成的专著，乙种专刊则是对某一数学领域系统的介绍，其目的在于使很多后继的研究工作者可以较快地进入这一研究领域。这种出版专刊的方式体现了华罗庚决心将中国数学尽快发展起来的迫切心情。

在数学研究所从事科研与教学期间，华罗庚以完成专著的方式培养青年研究人员。在写作《多复变数函数论中的典型域的调和分析》一书时，他先完成基础书稿部分，然后将它交由陆启铿与龚升阅读与补充，书中的一些恒等式与积分也交给了其他学生作为习题来做。"由于我们在这个方向要综合运用数学方面各种基本功，因此对我们来讲，是一个良好的锻炼园地，青年读者不妨先试一下附录 I 中所提出的练习，然后入手。"这种培养青年学生的方法能够很好地提升他们的数学基础。

"一条龙"教学法

1958 年秋，依托中国科学院而创建的中国科学技术大学正式开学，其办学方针是"全院办校，所系结合"。据此，中国科学院著名的科学家吴有训、严济慈、华罗庚等均到科大任教。中国科学院数学研究所更是给予科大应用数学系（后改名为数学系）以大力支持，华罗庚亲自担任应用数学系主任，吴文俊、越民义、万哲先等均在科大任教。

华罗庚在科大任教期间创导了"一条龙"教学法。因为他认为数学是一门内在紧密联系的学问，而将基础课分成微积分、高等代数等分科讲授的形式其实是人为地将数学割裂开来，所以他决定将所有的基础课放在一起教。因此，华罗庚便制订了一个计划，即写一部六七卷的著作，将所有的大学基础知识都写进去。同时，华罗庚在编写讲义的过程中，还想到要尽量将其他学科用得到的数学知识也写进去。华罗庚希望通过这种教学方法，可以让学生对数学做一个整体而系统的学习。

不拘一格，慧眼识才

华罗庚在教学过程中，还十分注意发现和培养人才，他破除各种论资排辈的陈旧观念，大胆起用青年科技人员，让他们在其中"挑大梁"，做他们的"铺路石"和领路人。陈景润便是其中的典型。

陈景润 1953 年毕业于厦门大学数学系，后在厦门大学从事管理图书资料的工作。在此期间，他系统地研究了华罗庚的《堆垒素数论》一书，终于功夫不负苦心人，陈景润发现《堆垒素数论》中还有可以改进的地方。

他便将其改进的结果寄给了华罗庚，华罗庚当即就审阅了陈景润的手稿，后经数论组的人确认其想法和结果都是正确的。华罗庚很是高兴，他认为陈景润是一个有想法、肯钻研、有培养前途的青年。此后，华罗庚便邀请了陈景润作为代表参加全国数学论文报告会报告这一结果。

华罗庚在见到陈景润后便想着把他调到数学研究所工作。虽然陈景润是一个平时很少与人打交道的人，性格也较为孤僻，但华罗庚并不介意这些。他反而认为："我们不鼓励那种埋头苦干专做嘶鸣的科学工作者，但我们也应当注意到科学研究在深入而又深入的时候，而出现的'怪癖'，必须具体分析，明知而通其意，才是我们热衷于科学事业者的职责，也正是伯乐之所以为伯乐。"

1957年，陈景润被调来数学研究所任研究实习员。虽然他大学毕业，前期有一定程度的数学积累，但毕竟还是刚开始做研究，以后的发展究竟如何，谁都无法预测。但后来事实证明，陈景润并没有辜负华罗庚的栽培与期望，他的后续工作有很大突破。到了20世纪60年代初，就在华林问题、圆内整点问题、球内整点问题上连续取得了好成绩。后来更是将"哥德巴赫猜想"证明到"1+2"，这一结果迄今为止仍是国际数学界的最好结果。由此可见，陈景润的确是一匹"千里马"，但我们无法否认的是，华罗庚更是一位好"伯乐"。他不拘一格、任人唯才的教学态度值得所有的教学工作者学习。

数学竞赛活动

数学这门学科最大的特征便是其具有高度的抽象性和严密的逻辑性，而这些思维能力是需要长期培养的。华罗庚在1956年便倡导在中国举办中学生数学竞赛活动。这一倡导得到了中国数学界的热烈欢迎与支持，陈建功、苏步青、段学复等一大批极具威望的数学家都出面参与了这项活动。

科学家精神 育人篇

竞赛活动的举办形式是利用一个星期天，上午进行笔试，下午集中批改考卷，然后由著名数学家接见名列前茅的参赛选手，并将他们免试送入他们志愿的大学数学系继续深造。这种竞赛活动一开始只在北京、上海等少数地区举办，后来推广到了其他的省市。国家通过举办此数学竞赛，不仅能更好地选拔优秀的数学人才，还能起到在全国普及数学的作用。在举办数学竞赛的过程中，华罗庚始终亲力亲为，没有将竞赛看成不值一提的小事，而是和大家一起想、一起做，共同进步。在教育青少年的过程中，华罗庚经常要他们做到"拳不离手，曲不离口"，抓住机会学习，做到"熟能生巧"。他告诫青年："不轻视点滴工作，才能不畏惧困难，而不畏惧困难才能开始研究工作。"华罗庚的这些学习心得是给青少年们最为宝贵的财富。

华罗庚终生耕耘在数学领域，为中国数学发展与突破作出了伟大贡献。美国著名数学史家贝特曼曾谓：作为中国的爱因斯坦，华罗庚完全有能力、够资格成为世界上任何一所著名科学院的院士。然而更重要的是，华罗庚对现代中国数学的教育也作出了不可磨灭的贡献。从教书育人到筹建数学研究所，从编写教材到创导教学方法，他始终兢兢业业、孜孜以求，为中国的数学事业培养了一大批杰出的科研人员。正是因为华罗庚的存在，中国近现代数学才得以逐步发展起来，并在国际数学科学界占有一席之地。

（撰稿：刘诗琪）

参考文献

[1] 王元. 华罗庚 [M]. 北京：开明出版社，1994.

[2] 华罗庚. 多复变函数论中的典型域的调和分析 [M]. 北京：科学出版社，1957.

[3] 顾迈男. 华罗庚传 [M]. 石家庄：河北人民出版社，1985.

[4] 刘培杰. 从哥德巴赫到陈景润 [M]. 哈尔滨：哈尔滨工业大学出版社，2008.

钱学森
集大成得智慧

  钱学森(1911年12月—2009年10月),空气动力学、火箭专家,系统科学家,中国科学院院士,中国工程院院士。在喷气推进、工程控制论、物理力学等技术科学及系统科学、中国"两弹一星"研制等大规模科研系统工程等领域取得许多创新成就,晚年提出开放的复杂巨系统理论,致力于构建体现中国科技自信的现代科学技术体系。1991年10月获得"国家杰出贡献科学家"荣誉称号。1999年9月荣获"两弹一星"功勋奖章。入选100位新中国成立以来感动中国人物。入选"庆祝中华人民共和国成立70周年大型成就展"1970—1979年英雄模范人物。

科学家精神 育人篇

以马克思主义哲学为指导，按现代科学技术体系培养新型"全才"

1956年年初，钱学森刚刚突破美国重重阻挠回国不久，有记者采访他说："您认为对于一个科学家来说，什么是最重要的？"钱学森略微深思一下说："一个科学家，他首先必须有一个科学的人生观、宇宙观，必须掌握一个研究所学的科学方法！这样，他才能在任何时候都不致迷失道路；这样，他在科学研究上的一切辛勤劳动，才不会白费，才能真正对人类、对自己的祖国作出有益的贡献。"钱学森所说的"科学的人生观、宇宙观和科学的研究方法"集中体现在他建立的现代科学技术体系上。他将以分析为主的西方还原论思维和以综合为主的东方整体论思维辩证统一起来，开创了系统论思维，在此基础上建立的现代科学技术体系是一个不断发展的开放系统，使人类的智慧达到了新的高度。这个体系在横向上包括从各自不同角度研究整个客观世界的11个科学部门：自然科学、社会科学、数学科学、系统科学、思维科学、人体科学、军事科学、行为科学、地理科学、建筑科学及文艺理论等；纵向上打通了每个科学部门从实践经验（钱学森称之为"前科学"）到工程技术、技术科学、基础科学、哲学桥梁直至马克思主义哲学的通道。"这是一个活的体系，是在全人类不断认识并改造客观世界的活动中发展变化的体系"，现代科学技术体系成为一个有着严密结构的有机整体。

这个体系具有以下几个显著特点：第一是深。整个科学技术体系深深地扎根于工程实践，具有明显的"工程特色"。一切来自实践，一切为了实践。所有上一层理论都是从下一层次提炼概括上来的，既对下一层理论进行指导，又要接受其检验，并最终接受工程实践的检验。第二是广。打通了所有科学技术领域之间的分隔，每项科学技术都是从不同角度的不同层次研究整个客观世界，从而在不同科学技术领域及其不同层次之间建立了广泛的联系。第三是高。从哲学上对认识"客观世界的普遍联系性"作出了开创性贡献，将认识客观世界的普遍联系建立在现代科学技术体系的基础上。将马克思主义哲学居于现代科学技术体系之首，是整个现代科学技术体系的最高概括，并将其建立在深厚的科学基础上，使马克思主义哲学成为真正意义上的科学哲学。现代科学技术要接受马克思主义哲学的指导，同时马克思主义哲学也不再是僵化的教条，而是要随着现代科学技术的发展而不断发展。

钱学森认为，我们应该按现代科学技术体系来设计21世纪的教育，并且认为这是我们社会主义中国独有的，是一种创新。钱学森说自己"真正做到触类旁通是在懂得了现代科学技术体系以后"。他特别强调马克思主义哲学在现代科学技术体系中的重要性。他说："马克思主义哲学居于科学技术及知识体系之首，是触类旁通的钥匙。创造力来源于马克思主义哲学。"并说："这又是我们社会主义中国的优越性，我们可以自豪！"钱学森认为，我们以马克思主义哲学为指导，按照现代科学技术体系结构培养的将是21世纪的"全才"。他说："到21世纪我们又回到西方文艺复兴时期的全才了；但又有一个不同：21世纪的全才并不否定专家，只是他，这位全才，大约只需一个星期的学习和锻炼就可以从一个专业转入另一个不同的专业。这是全与专的辩证统一。"这样的全才要做到"一是熟悉科学技术的体系，熟悉马克思主义哲学；二是理、工、文、艺结合，有智慧；三是熟悉信息网络，善于用电子计算机处理知识"。

科学与艺术相结合，注重培养创新型人才

2005年7月29日，总理温家宝看望钱学森时，94岁高龄的钱学森说："我觉得更重要的是要有具有创新思想的人才。问题在于中国还没有一所大学能够按照培养科学技术发明创造人才的模式去办学，都是些人云

科学家精神 育人篇 SPIRIT OF SCIENTISTS

亦云、一般化的,没有自己独特的创新东西,受封建思想的影响,一直是这个样子。我看这是中国当前的一个很大的问题。"钱学森对他的母校美国加州理工学院的创新精神记忆尤深。他说:"我们要向加州理工学院学习,学习它的科学创新精神。我们中国学生到加州理工学院学习的,回国以后都发挥了很好的作用。所有在那学习过的人都受它创新精神的熏陶,知道不创新不行。我们不能人云亦云,这不是科学精神,科学精神最重要的就是创新。"

那么,如何培养创新型人才?钱学森认为很重要的一点就是要做到科学与艺术相结合。钱学森从自己本人的学习经历谈了艺术修养对他在研究问题过程中不断创新所起的重要作用。他说:"我父亲钱均夫很懂得现代教育。他一方面让我学理工,走技术强国的路;另一方面又送我去学音乐、绘画等这些艺术课。我从小不仅对科学感兴趣,也对艺术有兴趣,读过许多艺术理论方面的书,像普列汉诺夫的《艺术论》我在上海交通大学念书时就读过了。这些艺术上的修养不仅加深了我对艺术作品中那些诗情画意和人生哲理的深刻理解,也学会了艺术上大跨度的宏观形象思维。我认为这些东西对启迪一个人在科学上的创新是很重要的。科学上的创新光靠严密的逻辑思维不行,创新的思想往往开始于形象思维,从大跨度的联想中得到启迪,然后再用严密的逻辑加以验证。"钱学森对于艺术有广泛的爱好和相当的天赋,而且具有特殊的家庭环境。钱学森的夫人蒋英教授是中央音乐学院的教授,早年留学德国,专门唱最深刻的德国古典艺术歌曲。在国务院、中央军委授予钱学森"国家杰出贡献科学家"荣誉称号的讲话中,他说:"正是她(指钱学森的夫人蒋英教授—笔者注)给我介绍了这些音乐艺术,对这些艺术里所包含的诗情画意和对于人生的深刻理解,使得我丰富了对世界的认识,学会了艺术的广阔思维方法。或者说,正因为我受到这些艺术方面的熏陶,所以我才能够避免死心眼,避免机械唯物论,想问题能够更宽一点、活一点。"

钱学森把科学与艺术相结合对创新的作用上升到思维科学的高度来认识。他认为思维学有3个部分:逻辑思维——微观法;形象思维——宏观法;创造思维——微观与宏观的结合。创造思维才是智慧的源泉,逻辑思维和形象思维都是手段。钱学森曾说:"科学工作是源于形象思维,终于逻辑思维。形象思维是源于艺术,所以科学工作是先艺术,后才是科学。相反,艺术工作必须对事物有个科学认识,然后才是艺术创作。在过去,人们总是只看到后一半,所以把科学和艺术分了家,而其实是分不了家的。科学需要艺术,艺术也需要科学。"创新型人才的培养既离不开逻辑思维,也离不开形象思维,二者是密切相关的。通过严谨的科学训练,可以培养人的逻辑思维;而形象思维则主要得益于艺术上的修养和熏陶。只有将科学和艺术有机地结合起来,才能培养出具有创造思维能力的创新人才。

倡导开放式的讨论班教学

钱学森的导师——世界空气动力学权威冯·卡门博士就出自德国哥廷根大学,对讨论班教学方式情有独钟。钱学森一直念念不忘冯·卡门博士在加州理工学院倡导的讨论班教学方式和精神。钱学森认为,讨论班教学的精神实质就是科学上的民主集中制。他曾说:"在科学工作中,凡是提倡民主作风,学术民主发扬好的单位,科研成果就多,科学成就就大。相应地,也培养出许多科学人才,出大科学家。"钱学森本人更是在工作中长期坚持科学的民主集中制，并在 20 世纪 80 年代亲自倡导创立了系统科学、思维科学、人体科学 3 个讨论班。其中，系统科学讨论班从 1986 年年初一直持续到 1990 年秋天，每次讨论钱学森不仅都亲自参加，而且还发表自己的看法和观点，与大家平等地讨论问题。当年，参加这 3 个讨论班的人很多都有这样的印象：钱学森先生在听取有关技术问题的汇报时，丝毫没有大科学家的架子，而把自己作为一个普通的科技人员。为了一个技术细节，如一个数据、一条曲线、一个程序或一个操作，他会和你争得面红耳赤，绝不退让，直到水落石出，才肯罢休。钱学森先生在做最后总结时，又表现出一个大科学家的风采。他的总结往往是来自讨论，而又高于讨论，使争论双方心服口服。钱学森本人也常说："在美国，我懂一点导弹、卫星的事儿，但也没有真正发射过导弹、卫星，怎么办？只好和大家商量。每个星期天下午把各个型号的技术负责人请到我宿舍去讨论问题。当时能定下来的，就下去执行，定不下来的，下次再讨论，如果有急办的事就听我的。成功了，功劳是大家的，失败了，责任是我的。" 这就是一位科学帅才发扬科学的民主集中制的风范。钱学森晚年提出的从定性到定量的综合集成研讨厅体系，就是这种既有民主，又有集中的科研方法的升华。其构思是把人集成于系统之中，采取人·机结合、以人为主的技术路线，充分发挥人的作用，使研讨厅的集体在讨论问题时成员间能够互相启发、互相激励，使集体的创见远胜过一个人的智慧。通过研讨厅体系，还可以把今天世界上千百万人的聪明智慧和古人的智慧统统综合集成起来，以得出完备的思想和结论。

人·机结合，开创新型教育模式

曾经有人说，钱学森是一位既有高度，又有深度和广度的三维科学家。高度指的是钱学森对科学发展的远见卓识和前瞻性，指的是创新和智慧。

钱学森 集大成得智慧

早在20世纪70年代末，钱学森就指出电子数字计算机的出现是一项技术革命，将对现代生产产生深远的影响。到了20世纪90年代初期，由于计算机和通信网络的结合，钱学森已经将其上升到产业革命（第五次产业革命）的高度来认识，认为第五次产业革命"正改变着人们的生产方式、工作方式、生活方式和学习方式"。钱学森认为，18世纪下半叶开始的以蒸汽机技术为先导的第三次产业革命推动了近代工业的兴起，开创了人·机结合的物质生产体系；由于高科技的迅猛发展，特别是微电子信息技术革命带来的电子计算机、多媒体、灵境技术、信息网络等技术和设备的使用和普及，第五次产业革命不仅开创了新一代人·机结合的物质生产体系，提高了社会的物质生产力，而且开创了新型的人·机结合的知识生产体系，形成一种无可估量的精神生产力。这两种生产力的相互促进，将使人们的精神和智能迸发出无限的力量。

钱学森认为，计算机与信息网络的出现，为人类智能化水平的提高奠定了物质基础。信息革命与前几次产业革命的一个不同之处在于直接提高了人的智能。教育的根本目的是提高人的智慧。那么在网络信息条件下，可否开创新型的教育模式，极大地提高人的智慧？钱学森认为这是可能的，通过人·机结合，完全可以开创新型的教育模式，从而极大地增强人的智慧。钱学森借鉴我国哲学家熊十力把人的智慧概括为性智和量智两部分的观点，对人·机结合做了解释。性智是一种从定性的、宏观的角度，对总的方面巧妙加以把握的智，与经验的积累、形象思维有着密切的联系，人们通过文学艺术活动、不成文的实践感受得以形成；量智是一种定量的、微观的分析、概括与推理的智，与严格的训练、逻辑思维有着密切的联系，人们通过科学技术领域的实践与训练得以形成。人脑和计算机都是信息处理的工具，人脑通过经验积累和形象思维，擅长于不精确的、定性的把握；而计算机则以极快的速度，擅长精确的、定量的计算。二者充分发挥各自的优势，又相互结合，再加以综合集成法及从定性到定量综合集成研讨厅体系在信息网络上的实现，来提高人的思维效率，从而增强人的智慧。通过互联网，人与整个世界联在一起，利用全球和卫星上各种信息资源将更加便捷，人们的思维空间将大大拓展。信息革命与现代科学技术体系的形成，将会以人·机结合的思维体系取代原来的以个人为主的体系。逻辑思维与创造思维结合起来，量智与性智结合，达到心智的提升。钱学森曾经大胆预言："我想21世纪中国的18岁硕士应该是全才，但又是专才，全与专辩证统一。即全可变专，改一专业只要大约一个星期的锻炼就成了。"他又说，"这能行吗？能！用电子计算机和信息网络，人的智慧不只来源于人脑，还有计算机和信息网络，是人·机结合的智慧。"钱学森认为，具有较高文化素养、拥有广博科学知识的人群，如果经常人·机结合地进行工作，将使人的智能发展到一个新的阶段，大大提高人的创造思维能力，甚至可能出现智能革命。从这个意义上说，第五次产业革命将改造人，造就一代比以往更为聪明的人，开创了培养人的新世纪。人·机结合开创了新型教育模式，它的目标是培养出能掌握马克思主义哲学，一方面有文化艺术修养；另一方面又有科学技术知识，既有"性智"又有"量智"集大成得智慧的新型人才。

（撰稿：李明）

参考文献

[1] 于景元. 钱学森与系统科学 [M]// 上海交通大学. 智慧的钥匙：钱学森论系统科学. 上海：上海交通大学出版社，2005.

[2] 钱学森. 在授奖仪式上的讲话 [N]. 人民日报，1991-10-19（3）.

[3] 涂元季. 钱学森：思考创新的哲理 [N]. 光明日报，2005-11-22（1）.

[4] 王浣尘. 用钱学森综合集成思想推进科学发展观的科学实践 [J]. 科学中国人，2004（10）：18-19.

[5] 李三虎. 近代德国大学"讨论班"制度探源 [J]. 自然辩证法通讯，1992（6）：

35-42.

[6] 黄志澄. 以人为主，人机结合，从定性到定量的综合集成法[J]. 西安交通大学学报（社会科学版），2005，25（2）：55-59,95.

[7] 戴汝为. 钱学森论大成智慧工程[J]. 中国工程科学，2001，3（12）：14-20.

[8] 戴汝为，于景元，钱学敏，等. 我们正面临第五次产业革命[N]. 光明日报，1994-02-23（3）.

钱伟长
丹心热血沃新苗

钱伟长（1912年10月—2010年7月），科学家、教育家、社会活动家，中国科学院院士。我国力学、应用数学、中文信息学的奠基人之一，也是中国科学院力学研究所和自动化研究所的创始人之一。创建了板壳非线性内禀统一理论和浅壳的非线性微分方程组，在波导管理论、奇异摄动理论、润滑理论、环壳理论、广义变分原理、有限元法、穿甲力学、大电机设计、高能电池、空气动力学、中文信息学等方面都有重要贡献。1956年、1982年先后获国家自然科学奖二等奖，1997年获何梁何利基金科学与技术成就奖。

钱伟长作为我国著名的科学家、教育家，不仅发表了大量的论著及学术论文，同时在科学理论和工程技术上具有许多开创性的成就。现已出版有《圆薄板大挠度问题》《弹性力学》《变元法和有限元》《穿甲力学》《广义变分原理》《应用数学》等学术专著20余部，在国内外发表学术论文 200 余篇。在科学理论和工程技术上都有许多开创性的成就。主要学术贡献是板壳非线性内禀统一理论、浅壳的非线性微分方程组、板壳大扰度问题的摄动解和奇异摄动解、广义变分原理、环壳解析解和汉字宏观字形编码（钱码）等。此外，在教育和教学实践中，钱伟长也为培养我国科学技术人员作出了重要贡献。任清华大学副校长时，他认为教育是国家和民族发展的基础，并积极参与教育思想讨论，提出独到的教育理念，始终坚定地站在科学教育的前沿，在教育和教学实践过程中汲取中西文化之长，积极探索符合我国国情的教育理论，并尽其所能付诸实践。

通才教育思想的创建

钱伟长通才教育思想的创建与他早年的经历和求学背景有关，中年时期的思考与实践则催生了他一系列关于通才教育的深入探究，逐步形成了他的通才教育思想。这种思想在人才培养目标和办学理念、课程体系和教学内容、教学方式和教育方法、学校管理和评估等方面都有显著体现。

在人才培养和办学理念方面，钱伟长提出的关于"拆除四堵墙"的理论，不仅体现了他通才教育的丰富内涵，对中国高等教育理论发展也具有突出贡献。从培养全面发展能适应社会的有用人才出发，钱伟长明确提出了反对专才教育的主张，认为无论是国家建设、社会发展，

还是学校提升、人才培养，宽基础的非专业化教育都是必不可少的。从目前社会对于人才的客观需求来看，钱伟长的通才教育思想无疑更适合和贴近时代要求。

在课程体系和教学内容方面，钱伟长明确提出要拓宽基础和反对专业细化。他从实践出发列举了过分专业化带来的问题，说明了反对专业细化的种种原因，并提出了可以通过选修课等方式来拓宽学生的视野和知识面。在此基础上，钱伟长主张学科交叉、倡导文理结合。他强调了学科交叉学习的重要性和必要性，说明学科交叉融合发展是客观规律，对高等教育的改革具有重大影响，并提出文理结合、学科综合化等一系列的通才教育要求。此外，他在教材的选用和更新上，强调需要不断地更新教材。学校教的内容需要密切联系社会现实和基础建设，让学生掌握正确的学习方法、思想方法和工作方法，全面掌握基本知识技能，以适应现代化建设的各种具体实践的要求。

在教学方式和教育方法方面，钱伟长强调问题研究的教学要求、培养能力的自学主张、注重案例教学和研讨会等。改革传统的教学方法，由被动变主动，由灌输到启发，反对照本宣科的教学。在学校管理和评估方面，首先，强调科教融合的管理模式。他认为科研是培养教师的重要途径，使教师在教学和科研同时进行的状态下不断创新，把前沿的内容带入课堂，以此来提高教学质量。其次，建立了以竞争为核心的教学管理制度。他指出目前教学管理制度的问题，为调动各方面积极性、建设性，引入竞争机制，实行聘任制、负责制等，以及各种绩效考核的新机制。最后，提出了培养综合素质的人才评价方式和标准。他提出要培养全面发展的人，注重文化知识、创新能力、自我管理等协调发展，将通才教育思想与学生全面素质的提升有机结合起来。

可见，钱伟长的通才教育思想以时代发展和高等教育人才培养的内在规律为前提，以通识教育的丰富内涵为基础，以培养学生自学、创新的精神、适应社会为目的，最终实现学生德智体美等综合素质的全面发展，将学生培养成善于学习的复合型、创造型人才。

"三制"的提出和推行

1984年在上海工业大学中层干部会议上，钱伟长提出："高校改革的核心问题是教学，现在提出了教育的3个面向，我们还没有达到，所以要进行改革。"随后，他多次提出"学校要深化教学改革，努力推行学分制、选课制、三学期制"。经过一年的准备，上海工业大学于新学年开始进行"三制"的教学改革。

学分制与学时制是教学管理的典型制度，有着悠久的历史实践与理论基础。相比较而言，钱伟长更加倾向于学分制。因为在他看来，要培养学生全面发展，学分制更有优势："学分制的好处是可以因材施教，这是我们国家历来提倡的，弥补了历来整齐划一的制度所带来的弊端，这是学分制的优点。"通过进一步对比学分制与学时制，他提出："学时制是指每周上课多少学时，学生要学习多少时间，包括上课、辅导、实验、自学等。而学分制是按教师花费的时间、教师与学生实际见面的时间来计算的。"中华人民共和国成立初期院系调整之后，我国因为学习苏联将学分制改为学时制，而北欧、北美全是学分制。因此，钱伟长大力提倡学分制面临着一定的阻力与挑战。在他看来，学分制以学生为本，充分体现个性教育和扬长教育，能够给学生更多的自由时间和空间，因而更有利于学生培养与发展。学生们可以根据自己的兴趣和实际需要来选择课程和制订学习计划，自主安排学习进程。

钱伟长从学生的角度出发，推崇选课制，他认为："选课制和学分制是结合在一起的。选课制的一大特点就是对基础课的要求大大提高了。基础课多为必修课，学生是必须及格的，因此学生对基础课很重视，很会选择上课的老师。美国麻省理工学院的数学课原来有8位教授同时开课,有的教授课讲得好,听课学生越来越多,有的教授的学生则少得很,甚至只好停课辞职。"在选课制下,学校要开设多达数千门的课程给学生选择,学生在确定自己的专业方向后,可以跨学科、跨专业进行选课,从而促进自然科学、社会科学、人文科学的基础更加广阔,加强学科之间的交叉融合。在学期和学习时间上,学生可以自主安排学习进程,提前毕业或延期毕业。因而,"选课制可以使学生得到更多的自由度、更多的学习自主权"。选课制赋予了学生一定权力,学生能够自主选择课程,可以促进教师改进教学方法,形成一定竞争,从而实现教学资源的优化配置和整合。学生们自主选择课程,不仅可以让学生们节省时间,如达到一定水平就可以免修相关课程,还可以满足一些学生想要多学的要求。学生们自觉主动,可以促进学生合理安排自己的时间,培养他们独立学习和工作的能力;另外也可以促进教师加强自己的水平,持续更新教学内容。

改进短学期制(也称三学期制)也是钱伟长在国内高等教育领域内的首创。这种制度把一学年划分为秋、冬、春3个教学学期,1个夏季实践短学期。每个教学学期一般情况大约为12周,分别进行10周时间的理论教学,一周半的时间用来考试,最后的半周时间为放假休息。夏季学期一般情况大约为5周,主要是集中一个月的时间,安排调查研究、专业实习和社会实践。工科的学生到工厂企业去,理科的学生到研究所实验室去,人文社科的学生到社会小区去实习等。如有需要,夏季学期也可以作为教学学期,分成两段,各为5周教学和1周考试。此外,寒假和暑假依然存在。在钱伟长看来,"三学期制就是为推行完全学分制创造条件。让学校有更多的用来教学、实践、科研的时间,我们学校的水平提高了,可以影响上海各方面的工作。"从通才教育的角度来看,短学期制就是把课程教学和社会实践相结合,注重理论联系实践,不仅提高了教学效率,还促进了学生自学及各方面的能力,加强了学校和社会的联系。

1985年9月,"三制"开始试行,首先从新生开始,然后逐步推行到各个年级。1986年3月后,一边继续试行一边研究完善,从而对"三制"的细化、优化、具体落实和后面的推广做了大量工作。"三制"的推行,使学生在选课的同时也可以选择教师,从而要求教师不断提高课堂教学质量,并且引进了强有力的竞争机制。学生可以自由选课,扩大学生的选课范围,从而有利于拓展学生的知识面,促进学科专业知识交叉融合。另外,短学期制还可以让学生参加社会实践,教师进行科研,充实学科前沿知识。因此,"三制"的推行给上海工业大学带来了许多改变,并对我国后面的进一步教育改革产生了重要影响。

精心指导学生

在实际的教育生活中,钱伟长一丝不苟、殚精竭虑,开展了丰富多彩的教育实践活动。我国知名力学家、爆炸力学专家郑哲敏就曾因受到钱伟长的悉心教诲而受益匪浅。1946年,钱伟长刚从国外回来在清华大学执教,而这时郑哲敏从昆明西南联大念完大三,随后到清华大学读四年级,郑哲敏也就成为钱伟长所教的第一批学生。当时,钱伟长讲的课程是"近代力学",讲解生动形象,深入浅出,深受学生喜爱。1947—1948年,郑哲敏在清华大学毕业后留校任教,在钱伟长的指导下一起从事教育科研工作。当时适逢新中国成立前夕,学生运动频繁,爱国爱校的钱伟长坚定支持学生运动,被誉为"一个年轻、进步的教授",深受大家的尊重与敬仰。1955年2月,郑哲敏回国后又与钱伟长合作共事,钱伟长坦白直率、平易近人和甘愿为年轻人科研带路的工作态度一以贯之。有一天晚上,在钱伟长家中,钱伟长曾就期刊审稿人对投稿人应采取怎样态度的话题与郑哲敏交谈了许久,他认为对于年轻人的文章"不能一棍子打死",而是需要认真细致地帮他们修改、完善,鼓励他们冒尖。

倾情高校办学

钱伟长长期担任上海大学校长一职，满怀"科学救国"之心，成就显著。20世纪30年代，钱伟长从上海出发，留访北美，开拓视界，同时为其实现科学研究的辉煌成就奠定了基础；20世纪80年代，他抱着"教育兴国"的决心，潜心办学，欲再铸其科学与教育事业新的辉煌。1978年，身为清华大学教授的钱伟长将目光转向南方，与上海工业大学（今上海大学的前身）进行了密切接触。1980年，钱伟长在重庆交通学院创办《应用数学与力学》杂志，他主办这份杂志有其更为深层的思考，就是想"冲破一个束缚，发挥自己的才能"，同时，钱伟长也希望以杂志编辑部为据点，大规模举办力学的系列讲座，以推进和繁荣我国的力学科研与教育事业。因此，在创办不久，《应用数学与力学》杂志编辑部便在上海工业大学内设立了办事处，钱伟长还专程拜访了当时的上海市委书记夏征农，夏征农非常高兴地欢迎钱伟长"到上海来，发挥才能"。事实上，钱伟长也正有此意。1999年，在为《费孝通文集》撰写的序言中，钱伟长就披露了他当初的真实想法："我找费孝通商量怎么办，他说上海必将发展成为我国重要的区域经济中心，需要好好地办所大学。"1982年9月15日，中共中央组织部正式发文至上海市委，同意钱伟长担任上海工业大学校长。自担任该校校长后，钱伟长采取了一系列提升和改进高等教育质量的有效措施，为推动我国高等教育事业发展作出了巨大贡献。

（撰稿：杨可鑫）

参考文献

[1] 杨阳. 钱伟长：祖国的需要就是我的专业 [N]. 中国教师报，2018-05-02（13）.

[2] 刘晓强. 钱伟长通才教育思想和实践研究 [D]. 上海：上海师范大学，2019.

[3] 郜攀峰. 钱伟长教育思想与实践 [J]. 兰台世界，2013（7）：60-61.

李国豪
矢志桥梁　心系教育

李国豪（1913年4月—2005年2月），桥梁工程与力学专家，中国科学院院士，中国工程院院士。博士学位论文《悬索桥按二阶理论实用分析方法》称著德国，被名为"悬索桥李"。研究解决了武汉长江大桥的振动问题，撰写《桁梁扭转理论：桁梁桥的扭转、稳定和振动》《公路桥梁荷载横向分布计算》《桥梁与结构理论研究》和英文版《箱梁和桁梁桥分析》等专著。领导和进行工程抗震及抗爆方面的研究，主编《工程结构抗震动力学》《工程结构抗爆动力学》《桥梁结构稳定与振动》。《关于桩的水平位移、内力和承载力分析》研究成果解决了宝山钢铁总厂同类问题。

李国豪是我国自主建设大跨度桥梁的首要功臣和学界先驱，从南浦大桥开始，中国大地上没有一座外国人建设的大型桥梁。他开拓了桥梁结构理论和桥梁抗震抗风理论，"悬索桥李"之雅号诞生于德国，至今载誉

科学家精神 育人篇

国际学界。他先后担任武汉长江大桥建设顾问、南京长江大桥顾问委员会主任。不仅如此,他还以高瞻远瞩的战略眼光和严谨求实的科技论证推动了宝钢建设、上海洋山深水港建设。他先后荣获多项国家重大学术奖励,被推选为世界十大著名结构工程学家。

李国豪还是一位教育家。他的教学生涯近70年,推动了同济大学的"两个转变",先后培育出包括项海帆、范立础、陈新在内的众多杰出人才,2003年荣获首届"上海市教育功臣"称号。

接受德式教育,尝到研究式育人的甜头

1929年8月底的上海,酷暑如炙,炎热难当。国立同济大学举行第二次入学招生考试。报名参加考试的100余名考生中,有一位年仅16岁、操着广东客家口音的少年,这位少年名叫李国豪。

李国豪1913年4月13日出生在广东梅县东郊梅乡莲塘村。父亲李煜宗早年到泰国当学徒,辛亥革命前夕回国参加孙中山先生领导的辛亥革命。随后,又和村子里其他年轻人结伴先去泰国,然后漂洋去了荷属东印度(今印度尼西亚),开了一间杂货铺。年幼的李国豪跟随母亲熊戴英留在家乡。

少年李国豪一边帮母亲干些力所能及的农活,一边勤奋学习,最终以第14名(当年同济录取15名学生)的成绩被同济大学录取。入学后,

他最终选择了比较奥妙的工科开始接受德式大学教育。

同济大学由德国人宝隆1907年创办，最初的目标是培养医生，渐渐地有了工科。经过7年的学习，1936年李国豪以优异的成绩毕业。

毕业后，辗转回到同济大学，李国豪的工作是协助讲授结构力学和钢筋混凝土课程的贝勒教授，做批改作业、带领实习的助教。很快，李国豪扎实的专业知识和敏锐的思维能力就引起了院长鲁罗的注意，并获得了洪堡奖学金。

那时，日本军国主义的战火已经烧向中原。李国豪在战火纷飞中告别家人、远涉重洋，1938年秋天来到德国达姆施塔特大学，跟随克雷帕尔教授攻读博士学位。课程得自己选修以补差补漏，课题要么自己选，要么老师指定。

李国豪自主选择了几门课程。

新学期一开始，克雷帕尔便让李国豪帮助做一些汉堡易北河公铁两用桥的计算工作。当地政府决定修建跨越易北河的公铁两用桥，约请克雷帕尔教授担任技术顾问。接受任务后，李国豪做的第一件事，就是到现场反反复复勘察，接着为这座长桥做了初步设计计算和部分构造设计方案。1939年6月，李国豪在给出这座悬索桥算式的基础上，又设计出了一个桥梁模型。克雷帕尔审阅了他的成果，十分高兴，同意他在此基础上准备博士论文。

当时，世界上800米以上悬索桥数量极少，如此长跨度的悬索桥竖向荷载对缆索究竟会产生怎样的影响，又会对桥梁产生怎样的影响？征得教授的同意后，李国豪决定在博士论文中给出变位理论的实用计算方法。

典型的德式教育模式：问题靠自己发现，解决方法靠自己寻找，导师起的作用就是认定可行与否，并在此基础上加以指导。经过一年的努力，李国豪完成了博士论文。该论文发表后，引起了学界的轰动，他因此获得"悬索桥李"的雅号。

把弟子推向教育第一线

李国豪在战火纷飞中赴德,又在战火纷飞中完成学业并滞留德国,躲炸弹、钻地下室,直至第二次世界大战结束。

德国投降,李国豪辗转巴黎、西贡,最终回到祖国,回到同济大学,又站在了熟悉的讲台之上,此时他已经是工学院院长。新中国成立后,李国豪又担任同济大学副校长、武汉长江大桥技术顾问委员会委员,给本科生授课,做各种科研活动,加上各种校务工作,那时李国豪忙得不亦乐乎。

1956年,他把刚上了一年研究生课程的项海帆推向了学术前台。这一年,同济大学筹划召开第一届教师学术年会,李国豪写了一篇题为《拱桥的振动问题》的论文,项海帆在他指导下完成了论文中的算例。可是,还剩下几天就要开学术报告会了,李国豪却要出差参加一个重要会议。考虑数日后,李国豪决定让项海帆代他做报告。面对神情慌张、不知所措的项海帆,李国豪从如何准备讲起,详细指导这位刚过20岁的年轻人。最后又讲了一遍自己的德国经历。"刚到那里,人生地不熟。怎么办?先找一份地图,按图指示走遍大街小巷,很快就熟悉了。研究学问也一样,已经写成的文章就是这张'图',照着这张'图',抓住几个重要环节,就行了。"按照老师的指点,项海帆第一次在先生们面前做了学术报告。

1962年,项海帆又一次被李国豪推向了教学的前台,那年他26岁。接受李国豪为"桥梁稳定与振动"课程讲义增加振动部分内容的指令,项海帆按照老师拟定的编写大纲,借阅文献,紧张写作,并每周向李国豪汇报一次工作进展,将写好的初稿呈交修改。1962—1964年,项海帆忙得不亦乐乎,阅读了学校图书馆几乎所有能借到的文献,不断地进行分析、比较、思考,艰苦的撰写工作为他在稳定和振动领域打下了扎实的理论基础。

李国豪　矢志桥梁　心系教育

1962年的一天，李国豪对项海帆说："下学期桥梁的稳定振动课由你来上。"项海帆吓了一跳：自己才26岁，积累根本不够，上得了吗？李国豪说，学校的日常工作忙，你知道我又承担了国家下达的抗爆研究任务，"你已看了大量文献，可以承担了，暑假里先做好准备，自己上课对科研、写书都有帮助。"项海帆从此开始走上教学第一线。

唐山大地震后的1977年，李国豪带领项海帆、范立础等奔赴震区，开始了抗震、抗风等研究，并结合抗震规范的修改，开展了天津市新建的永和桥抗震分析及旧桥的抗震加固等抗震理论研究。从此，同济大学的抗风、抗震研究在其弟子项海帆、范立础的带领下，跑出了中国速度、跑出了中国气派和国际范儿。目前，国际桥梁与结构工程协会主席由项海帆的弟子葛耀君担任。

"李国豪严谨的治学态度、高尚的科研道德、敢作敢为的勇气精神起了表率作用。1979年以来，他一个人编著了两部科学专著，发表了11篇论文。他自己写的论文，总要放上一段时间，考虑再三才拿去发表。对组内同志写的论文，他均仔细校阅，连标点符号都不放过，发现数据或结论出差错，就要求重新做实验。"1983年4月5日的《同济大学报》这样评价他的为师风范。

"两个转变"

20世纪70年代末，本是理工文法四科并立的综合性大学，只剩"土木建筑"。刚刚走出浩劫、走上校长岗位的李国豪，心中盘桓着一个问题：同济今后的路怎么走？

一个仅有土木类专业的学校叫"大学"，名不副实，必须恢复同济原来的办学面貌，必须恢复对德交流的传统！

于是，李国豪带领学校一班人，开始行动。1978年11月初，要求《恢复用德语教学传统的请示》呈送教育部，因为大家在报纸上看到时任副总理方毅在9月、10月两次会见德国客人时都提到了同济大学的对德联系。

报告很快得到批复！

方毅副总理批示："请刘西尧（时任教育部长）同志研办，此事我已面告过，应抓紧进行。德方也同意同我合作，大力支持。"

12月21日，同济大学向上海市并教育部呈送《关于与西德建立联系将我校建成以理工为主的新型大学的报告》。这份报告中说："同济大学拟参照西德大学的系科设置，并结合我国实际情况，有步骤地增设新专业，特别是理工科中的新技术和德语专业，如应用数学、应用物理、应用化学、工程力学、计算机技术、热质传递与流体力学、信息专业等，逐步将同济大学办成具有特色的多科性理工大学。"急切的同济人将学校愿景分成三步，决心到1985年就将学校建成为理、工、医、文相结合的综合性大学。

1979年3月14日，李国豪、叶景恩、赵其昌在洪堡基金旅费帮助下启程赴西德开始了为期6个星期的访问。其间，走访了众多政府机构、国家科研促进机构、独立研究单位、高等院校，并与波鸿鲁尔大学签订了合作协议"草约"，内容包括"建立校际合作关系、派遣专家、交流客籍教授、共同进行科学研究、支持波鸿鲁尔大学汉语教学"等。回国后，同济大学全面部署、落实各项与德国合作、交流工作。

从此，作为中国大学对德国联系的重要窗口，同济大学拉开了对外交往的大幕：孙钧、徐植信、项海帆、石洞、汪品先等分赴西德、美国、日本、荷兰等国进修考察；先后有100多名西德专家、90多名其他国家专家来校短期任教和讲学。那个时期，同济大学有150多名教师出国考察。

同济大学的涉德机构、专业亦如春来草长，全校理、工、管理专业新生先学半年德语，设立德国研究所，合作召开固体物理研讨会……1982年，同济大学安装了联邦德国政府赠送的西门子 7536 型计算机,电子计算机专业发展进入快车道。

1982 年、1983 年,联邦德国总统卡斯滕斯、总理科尔接连到同济大学访问,同济大学与德国的合作迈上一个崭新的台阶。

1979 年后的那几年,李国豪几乎每年都要到德国访问,每年都要接待大量的德国客人。1982 年 3 月,因其中德文化交流的贡献,原联邦德国驻华大使修德代表歌德学院授予他"歌德奖章"。李国豪致辞说:"3 年来,同济大学在促进中德文化学术交流方面做了一些工作,取得了一些成绩,这是在各种有利条件下,各方面人士的努力和支持下取得的,归功于大家,请允许我代表大家来接受奖章。"

经过 40 余年的发展,如今同济大学的学科涵盖工学、理学、医学、管理学、经济学、哲学、文学、法学、教育学、艺术学 10 个门类。现有本科招生专业 86 个,硕士学位一级学科授权点 45 个,专业硕士学位授权点 26 个,博士学位一级学科授权点 33 个,专业博士学位授权点 9 个,博士后流动站 30 个。"两个转变"让同济终于走上大发展之路。

教育思想的核心:爱国主义

无论是在囚室中计算武汉长江大桥的振动原因、不赞成南京长江大桥多用的 4 千吨钢,还是为了宝钢上马放手一搏,李国豪展现出的都是强烈的爱国主义情怀。

党的十一届三中全会公报发表那天,宝钢打下第一根桩。宝钢是一个投资数百亿元的国字号项目,为了确保宝钢建设不走弯路,李国豪力主成立顾问委员会。有关方面采纳了他的建议,选择了 20 余位上海科技界、经济界专家学者组成了宝钢技术顾问委员会,李国豪任首席顾问。这是 1979 年年末。

科学家精神 育人篇

宝钢从打下第一根桩开始，争论就有了，且愈演愈烈，"下马"的呼声也越来越高。诸如"我们上了日本人的当""从外国运铁矿砂来炼钢铁，人力、物力、运费、时间合算吗？""国家还这么穷，拿出300亿元来建厂，吃得消吗？""这么大的工厂，环保怎么搞呀？"……屋漏偏逢连夜雨。顾问委员会成立不久，一期工程的高炉区、焦炉区、初轧区和炼钢区建设工地均程度不等地出现桩基位移，最大的达到50厘米！各种议论与指责纷至沓来："把工厂建在沙滩上，真是瞎胡闹！"《人民日报》刊登的《替宝钢算一算账》一文更是把宝钢建厂选址是否恰当的质疑公开化了。

这种争议从中央到宝钢，很不平静。作为首席顾问，李国豪一边现场勘查，让人模拟桩基位移的现场；一边计算，对位移桩的承载力、需要加固的范围和合理的措施，给出了理论上的分析和论证。

争论持续了一年多。

1981年1月中下旬，国家计委在宝钢召开会议，要求贯彻调整方针，论证如何搞好宝钢下马后的调整，减少损失。面对宝钢生死存亡的重大选择，与会的李国豪和顾问们坐不住了，思来想去，李国豪最终决定在会上实事求是、坦率直言，为国家、民族的未来放手一搏！

会上，早有准备、深思熟虑的李国豪语气平稳、舒缓而有力："首先，中央有关部门先定下停建一期工程，再来论证。这是程序颠倒了，不恰当，应先论证再决策。"他说，我国以往的经济建设中教训很多，根本原因是忽视了科学，现在不能再这样了。宝钢建设无论算经济账，还是政治账、未来账，都是不能下马的。算经济账，上要花多少钱，下要花多少钱，不上了，还要算合同违约赔偿的账。他说，宝钢的账还要从全国一盘棋来算，今后我们国家还是要向6000万吨、1亿吨发展的；宝钢原来设计的是"两条腿"，一条腿是走不好路的，因此，宝钢一期工程不能下，二期也要上。"对宝钢事业，历史将会作证。"

如今，宝武集团已经排名世界500强之142位，粗钢产量全球第一。

李国豪的学生袁国干深情地说："武汉长江大桥、南京长江大桥、宝钢工程、洋山深水港，李国豪老校长都为后人做出了很好的榜样，既对国家、社会作出了巨大的贡献，又为学校提高了知名度。"

工科教育思想的核心：课题源自工程实践

开始于唐山大地震的同济抗震抗风研究，可谓是国情催生学科发展的一个典型案例。

李国豪带领的抗风抗震学科组从最初的5人逐渐发展壮大，1986年，国家计委和国家教委在众多的竞争者中最终选择了同济大学作为中国建设土木工程领域唯一的国家级科研基地——土木工程防灾国家重点试验室。

与此同时，1989年，同济大学结构工程学科已经形成工程结构防灾、建筑结构、桥梁结构、地下结构，以及结构计算机辅助设计和专家系统5个学科方向。围绕着这些研究方向，当时已经形成了以李国豪、朱伯龙、欧阳可庆、蒋大骅、潘士劼、孙钧、张誉、项海帆、范立础、沈祖炎、石洞11名教授为带头人的强大团队。

桥梁如何能经受住类似唐山大地震的考验？否则，危害太大了！

范立础院士团队的"大跨、高墩桥梁抗震设计关键技术"获得2009年度国家科学技术进步奖一等奖。

当地媒体报道说：唐山大地震发生以后，范立础跟随李国豪老师前去灾区调研发现，当地基础设施根本不防震，才导致损失巨大。此后，他在李国豪的引导下开始了桥梁抗震研究的征程。多年研究"桥梁抗震设计关键技术"，范立础带领的团队形成了一系列创新成果，这些成果已被国家行业标准《公路桥梁抗震设计细则》等采用，并已应用于上海卢浦大桥、苏通长江大桥、东海大桥、武汉天兴洲公铁两用大桥等30余座国家重大桥梁工程中。汶川地震中，四川雅泸路高速公路上30余座桥梁完好无损，这得益于采用了课题组研发的成本低廉的弹塑性抗震挡块，"这套基于寿命期与性能的大跨桥梁抗震设计方法，用较少的投入，成功实现了我国桥梁大震不倒、中震可修、小震不坏的目标"，业内专家评价。

一生创新的李国豪，也反对不切实际的"争世界第一"。讨论东海大桥方案时，部分同志提出工程建设要"创新"，要"大量采用新技术、新材料"。他说："创新这个问题，我们要辩证地看。在东海建设这样规模的跨海大桥，这本身就是一大创新。第一次造跨海大桥已经包含了很大风险，如果再加上新技术、新材料的风险，那就可能招来致命的失败。我主张采用成熟的、经得住时间考验的技术。"在李国豪的影响下，大桥指挥部确立了不尚奢华、不图虚名、简朴实用、经得起历史考验的设计思想。这些思想，深深地影响了项海帆、范立础、葛耀君等一代又一代同济桥梁人。

统计显示，2000年至今，国际桥梁协会评出的杰出结构奖中，中国桥梁项目总计7个，上海的卢浦大桥、苏通长江大桥、西堠门大桥、泰州长江大桥、港珠澳大桥5座都有同济大学学者的直接参与。"正是在李国豪的手上，我们中国人开始自主建设大跨度桥梁，从此，中国的桥梁都有中国人自己造。"国际桥梁与结构工程协会葛耀君说。

（撰稿：同济大学　程国政）

钱三强
两弹元勋　育人巨匠

钱三强（1913年10月—1992年6月），核物理学家，中国科学院学部委员。在核物理研究中获多项重要成果，特别是发现重原子核三分裂、四分裂现象并对三分裂机制做了科学的解释。为中国原子能科学事业的创立、发展和"两弹"研制作出了突出贡献。1999年被追授"两弹一星"功勋奖章。

1964年10月16日的早晨，钱三强像往常一样坐在他的办公室里，他在焦虑地思考着什么。门突然打开了，原来是二机部部长刘杰来了，刚进来他便紧张地说："我们研制的原子弹下午3点就要试爆了，我希望我们能完成这项任务。"钱三强激动地涌出眼泪，"我们一定会成功的！"

当天下午3点，一朵蘑菇云缓缓腾入高空，一声巨响划破天际，全世界再次聚焦中国。

看到此情此景，努力了几十年的钱三强心中的那块石头终于落了地。

身负重任为学部　　推进建设助发展

1954年2月，钱三强为中国科学院学术秘书处的秘书长。他首先想到的问题，是国家需要培养人才，只有不断地为国家输送拔尖人才，我国的科学建设才能得到发展。根据当时的实际情况和科学建设的需要，他提议以学部建设为主。同时，他开始筹划学部的建设计划。在中国科学院各个学部成立之初，在钱三强的领导下，中国科学院（简称中科院）开始在科学发展的策划、领导学术的发展等多方面发挥作用，为祖国的科学教育事业发挥了积极作用，在国内科学界受到了界内人士的高度重视，也在国际上造成了一定的影响。

"文化大革命"过去以后，国家将废弃多年的学部再次启用，钱三强被任命为中国科学院的副院长，令他即刻策划学部的恢复工作。

当时，钱三强深知想要恢复学部工作，一定要先招募新的学部委员，从1957年开始，已有22年没有增添新的学部委员，当时的学部委员平均年龄高达73岁。因此，恢复学部工作的第一步便是选举一批新的学部委员。钱三强非常重视这次选举活动，他亲自组织选举。经过近一年的时间，在1980年11月，选举结果公布，共新添学部委员283人，学部委员的平均年龄下降到了65岁。学部工作得以恢复。

后来由于种种原因，学部委员在这次选举后有10年未曾新增。钱三强反复斟酌后向总理李鹏写了一封信。之后，李鹏总理把中科院院长约到了办公室里，院长认真地汇报了学部工作中遇到的问题。1990年11月16日，国务院批准了中科院关于增添学部委员的请示，还立下了每两年增添学部委员的规定。自此以后，学部工作在规范化和制度化的共同作用下变得逐步稳定，我国的院士制度变得逐渐稳定，开启了稳步发展时期。

除此之外，钱三强还就知识分子合理待遇等问题向党中央和国务院提出了自己的建议。他想让决策者抓准时机处理好各种重大问题，让我们的国家尽快变得更加强大。他的建议受到了重视，我国的制度变得更加完善，而钱三强却认为自己只是做了自己该做的事情而已。

学成归来钻原子　教导有方育人才

在法国师从著名科学家约里奥·居里夫妇期间，钱三强领导的实验小组发表的研究论文《论铀核三分裂的机制》引起了世界核物理学界的高度关注。此时，30多岁的钱三强在法国的物理领域已经有些许建树，假如他继续从事科学研究，抑或在法国的大学当一名教授，那么他将会得到更好的生活条件，在其领域会取得更大的成就。

但是，"科学无国界，科学家却是有祖国的。正因为祖国贫穷落后，才更需要科学工作者努力去改变她的面貌。"钱三强作出了一个令人吃惊的决定：回国。

他选择无条件地将自己奉献给党和国家，他放弃他日夜奋战的那间实验室，把主要精力投入科学组织工作，牺牲自己创造出了后人施展才能的条件，为我国培养了一批又一批的科技人才。

1959年8月，正当大家万众一心，一起为国家原子能事业的研发奋战的时候，苏联决定暂缓提供协议规定的原子弹建模和图纸，并开始撤走专家。由于苏联政府单方面的行为，我国的科学研究受到致命的冲击，在周恩来总理一句"你撤便撤了，你撤了，我们自己也能搞科学研究"的号召之下，不少科学家挺身而出，钱三强便是其中之一。

苏联政府撤走了专家之后，担任第二机械工业部部长及所长的钱三强

科学家精神 育人篇 SPIRIT OF SCIENTISTS

在当时无比严峻的形势下，毅然决然地挑起了自主研发原子弹的重担。

钱三强深知，在原子能科学家中，必须要有一只领头羊，唯有把人才聚在一起，我国原子能事业才能渡过难关。

庆幸的是，钱三强就像是一个伯乐，总能发现千里马，他大量地选拔举荐人才，如邓稼先、王淦昌、彭桓武、朱光亚、郭永怀等一大批优秀人才在我国核武器研究中发挥了巨大作用。钱三强用他那双温暖的大手，紧紧地握住了科学家的手，他的热情给予了人们无限的力量，他愿意接见所有到访的科学家。在他的带领之下，我国的科技人才越来越多，这些人才大多数成为我国"两弹"科研项目的核心力量。

在培养青年人才成长的时候，钱三强始终提倡科技人才要崭露锋芒。他提出了一个淘汰制度，即从事科技研究的工作者，如果在 30 岁的时候还拿不出科研成果，那么将面临被淘汰的局面。

在科研工作中，钱三强注意发挥青年的主动性，毅然决然放手让他们发挥自己的想象力，大胆地去探索奥秘，他又能在青年思维卡壳的时候给予指点。他非常注重青年的独立思考能力，鼓励和支持青年去想、去做、去说；当青年发表自己的意见时，即使钱三强觉得这是无稽之谈，他也总是热情地去引导对方，和青年一起讨论问题，一步一步地帮青年解惑。

"在他的身上没有一点架子，他总是在听

完我们的报告后鼓励我们，并用言简意赅的语言与我们进行讨论，每次都会使我们受益匪浅"，中国科学院院士王乃彦说。

在当年很多青年看来，钱三强从不因为他是领导而身居上位，反而，他就像亲人一般地对待他人，他热情待人，所到之处，宛如一阵暖风吹过，让人倍感温暖。

钱三强的性格是十分直率的，往往他心里想到了什么，他就会说什么。他擅长独立思考，坚持实事求是的科学研究态度。"他是一个老师，倒不如说他是一个长大了的学者。"

钱三强经常向大家传授经验并教导他们一定要实际动手去做，而不是只读透书本上的理论知识。每年新生来研究所报道后，他无论多忙都要抽出时间给大家做演讲，鼓励新生学子走好科研道路。

钱三强始终如一地鼓励和教导青年科技工作者，吸引了一批又一批的青年，他们也和钱三强一样心甘情愿地将自己的青春和满腔热血挥洒在我国的科研事业当中，使我国在科学研究领域飞速发展。

钱三强不仅为新中国原子核事业带来了新的曙光，也为新中国的人才培养奉献出了自己的那一分力量，作为中国原子核的奠基人，他把他的青春无私奉献给了他所依恋的祖国和人民，教育了一代又一代的青年科研工作者。

眼光独特抓教育　　力推论坛铸大潮

钱三强先后在清华大学、浙江大学做过教育工作，在高校任职期间的经历让他更关心我国的中学教育和青少年思想的培养。他提出一些针对学生教育的建议与意见，对我国教育事业的发展产生了巨大的影响。时至今日，他的教育理念并没有随时间而消逝，而是在教育的潮流下愈发展现出其教育的先进性。

科学家精神 育人篇

在他中学的一节物理课上，钱三强作出了一个在他人生中十分重要的选择。这节物理课带他走进科学研究的道路，为他的人生树立了新的目标。所以在后来，钱三强认为一个人的中学教育往往会决定那个人的一生。对于我国当时严重的"学科本位"思想，他严厉地对其进行了批评。他认为，老师用抽象的数学知识向学生讲述物理原理，这不仅会让学生学得很困难，也会让学生很快对物理失去兴趣。这样的教育是对学生不负责任的，应该立刻改变。

对于老师，他提出老师应该把教书这件事与国家的发展高度结合在一起。倡导老师应该将课上讲到的公式定理与学生讲透，应该让学生明白：这些公式定理的确立是无数科学家日夜鏖战的结晶，而不是纸上空洞的几行结论。

对于学生，他又要求学生应该主动了解科学发展历史，把原本生硬的知识融会贯通起来，这样便有了对学习的兴趣，也就能主动去学习了。

除此之外，1980年"加强软科学，发展交叉科学，提倡学科交叉"的热潮在中国科学界涌现。钱三强积极地支持了这股浪潮，他提倡学生应该主动跨学科学习，多去听听其他专业的课程和讲座，因为现代科学的发展使得单一的知识层面愈发无力，多个知识层面的知识才能有效解决科学难题。钱三强还提出应该着眼于学生的实际情况，遵循教育规律才能使教育变得更加有效，只有给予学生一个科学的教育环境，才能使学生产生浓厚的学习兴趣，使教育变得更加有效。

钱三强既是我国伟大的科学家，为我国的科学界作出了巨大的贡献；也是非常重要的教育家，大幅推动了教育界的发展。他以一名"过来人"的角度，推动青少年的教育工作，还作为一名开拓者，不断为我国教育事业输送新的思想。他不仅提出我国应该在高校建立学位制度，而且也

钱三强　两弹元勋　育人巨匠

为研究生的发展提出了许多切合实际国情的建议。

钱三强提议举办"科学与文化"论坛,他设想把科技知识的传播同思想道德教育结合起来,把数以百万计的科研人员变成精神文明建设的一支主力军。钱三强的设想一传开,得到了钱学森等人的大力支持,在我国学术界引起了联合交叉大讨论的热浪。1988年5月25日,第一次举办"科学与文化"论坛,共举行了5次,每一次论坛中都有不少学术各界有识之士争相参加讨论,推动了科学与文化之间的相互促进与融合。他所做的一切,既成就了他在科学界的建树,又体现出他对国家教育事业的重视。

"知识,主要是靠主动抓出来的,而不是靠教出来的。"这是钱三强的教育理念,也正是因为他时刻抓住教育潮流,我国的教育事业才能有如此的发展。

1992年5月底,钱三强为了准备缅怀聂荣臻元帅的发言稿,他头一天晚上在书房反复修改着内容,在第二天的发言中,想起过往云烟,他仿佛又切身经历了一遍,他的眼角泛起了泪花,想到聂荣臻元帅的冲锋在前、不畏艰险而多次哽咽,发完言后,他静坐在下面,久久不能回神。

当天晚上,钱三强心脏病复发,在病床上治疗了一个月后,于6月28日逝世。

"赞不尽兢兢业业功殊伟,颂不完沥血呕心德高贵。"钱三强不仅是一位科学家,还是一位英勇的战士,他毕生致力于祖国的科学事业,特别是为中国科学院和学部谋发展,参与中国原子能事业的创立和"两弹"的研制,为教育事业作出巨大贡献。钱三强的名字,历史将不会忘记。

(撰稿:李嘉颖)

参考文献

[1] 葛能全. 魂牵心系原子梦 [M]. 北京：中国科学技术出版社，2014.

[2] 林承谟. 钱三强的故事 [M]. 武汉：华中科技大学出版社，2013.

[3] 朱德渊，黄耀，彭云华. 钱三强 [M]. 成都：四川教育出版社，2013.

范绪箕
百岁大家的航空报国梦

> 范绪箕（1914年1月—2015年11月），力学专家、航空教育家。创建浙江大学航空系，完成南京航空学院的建院改制；主持设计、组织施工、建成新中国第一座自建3英尺低速风洞和三音速风洞；主持研制中国第一架无人机；在国内率先建成热应力模拟试验设备，开展航空热应力研究，在航空航天飞行器热结构系统和热防护领域进行了开创性研究。

范绪箕"自身就是历史"，因为他以百岁的高龄，见证了中国航空航天事业的曲折发展；范绪箕"本人即为传奇"，因为时至今日他还在指导博士研究生，"挑战人类从事科研年龄的极限"；范绪箕是"浓缩的航空航天发展史书"，因为他是交通大学践行航空报国梦的典范。

在2012年的第九届中国国际航空航天博览会上，中国多种世界先进水平的无人机集体亮相，获得中外人士的广泛关注。作为最早提出研制

科学家精神 育人篇 SPIRIT OF SCIENTISTS

无人机的科学家,上海交通大学原校长、著名力学家和航空教育家、"百岁航空人"范绪箕教授,与交通大学的航空航天学科发展历程,一起再次展示在人们视野中。

中国空天事业的摇篮

对中国航空航天事业发展略有了解的人都知道,交通大学的名字与中国的航空航天事业是如此紧密地联系在一起。人民科学家钱学森是交通大学机械工程系1934届校友。站在钱学森等老一辈科学家的肩膀上,中国航天事业如日中天地发展,中国人得以仰望头顶那片更加辽阔的星空。

交通大学还享有"中国航空航天事业摇篮"的美誉。交通大学校长孙科1930年就开始筹设航空工程教育规划,1931年在机械工程学院开设了航空工程课程,当时在校的钱学森便选修了该课程,撰写发表了6篇关于航空、火箭方面的论文,毕业后顺利考取清华留美航空专业留学生。1934年,国家国防设计委员会指定资助交大在机械工程学院添设航空工程门(系),交大成为国内开展高等航空工程教育最早的大学之一。交通大学航空系在创建初期,克服了许多困难,建成了1个试验室和4个实习室,通过捐赠等各种方式拥有了3架战斗机、8座发动机、1个烟风洞和全套飞机零件仪表,试验设备在当时可谓齐全。1952年时已有1架运输机、1架教练机、3架驱逐机、10多台发动机,还有风洞试验室等。相对齐全的试验设备为交大进行航空工程教育奠定了坚实的物质基础,也为当时交大航空教育水平位居国内前列提供了必备条件,使交通大学成为当时国内航空工程教育规模最大的学校之一。

1936年,12名从交通大学航空门毕业的学生成为中国最早的一批航空工程人才。1942年8月交通大学正式成立航空工程系,曹鹤荪、季文美、王宏基先后担任系主任。至1952年院系调整之际，交通大学航空工程专业已经走出了169名毕业生，他们中有1936年毕业生原航空部副部长徐昌裕、台湾"中央研究院"院士叶玄，1937年毕业生歼八飞机总设计师黄志千，1939年毕业生原西工大副校长王培生、中国科学院院士谈镐生，1940年毕业生中国工程院院士杜庆华，1942年毕业生中国科学院院士卞荫贵，1946年毕业生中国科学院外籍院士吴耀祖、中国科学院院士庄逢甘，1951年毕业生中国工程院院士屠基达，中国科学院、中国工程院两院院士顾诵芬等。他们作为交通大学早期培养的航空航天事业人才，为祖国的航空航天事业作出了巨大贡献。

2004年版《中国大百科全书（航天航空卷）》共收录我国航空人物传记57人，其中有钱学森、季文美、曹鹤荪、顾诵芬等15位交大校友，超过总数的1/4，为国内大学之最。中国研制成功的第一架军用飞机、第一枚火箭、第一枚导弹、第一颗人造地球卫星、第一颗原子弹等中国航空航天史上的诸多"第一"，就诞生在这些杰出校友手中。

投身航空教育事业

钱学森留学美国期间，师从杰出航空科学家冯·卡门教授，范绪箕是钱学森的同门。良师和益友对范绪箕的一生产生了巨大的影响，让他坚定了航空救国的志向，也学到了很多先进的研究方法和理论。

1945年，范绪箕在浙江大学开始筹建航空工程系。当时抗战刚胜利，学校经费非常短缺，物质条件十分匮乏。范绪箕认为，航空学科是应用性很强的学科，人才培养离不开实验设备。他作为系主任，一面大力聘请专家及技术员，一面积极筹建实验设备。浙江大学3英尺低速风洞的建造更是不易：无参考样板，范绪箕就自行设计图纸，亲自把关审核；缺少经费，不能委托工厂建造，他就自己出资千方百计搞材料，发动大家自己动手加工，终于建成这座风洞，在航空系教学中发挥了重要作用。浙江大学航空系从无到有，逐步发展，在国内高校中占有一席之地。

1952 年，全国院系调整，范绪箕奉命主持中央大学、交通大学和浙江大学 3 校航空系合并及筹建华东航空学院的工作，担任校务委员会主任兼教务长。他重视师资力量的培养，重视学科特别是前沿学科的发展动态，使教学工作很快走上了正轨。1955 年，范绪箕被评为一级教授，成为当时我国航空院校中唯一的一级教授。

1956 年，范绪箕调任南京航空学院副院长，主抓教学与科研工作。他从中国航空教育的实际出发，在南京航空学院的专业设置、师资培养、重点实验设备建设等关键性问题上，都起到了重要的组织和决策作用。范绪箕在南航工作的 20 多年间，南京航空航天大学从最初的中专转制成为大学本科，继而建设成为全国重点大学。

推动高校教育改革

1979 年，范绪箕调任上海交通大学副校长，第二年任校长。他担任领导职位的 5 年，正是上海交通大学启动高校教育改革的关键时期，当时的校领导班子以"敢为天下先"的气魄，创造了高校改革中的数个第一：第一个走出国门开展对外交流，开启了"中美高等教育交流的破冰之旅"；第一个接受海外捐赠建图书馆，开高校引进外资先河，率先进行学校内部管理改革，建立了一批高新尖端学科……交大的改革实践和成果，得到了邓小平等中央领导的肯定，改革经验被写入全国人大六届三次会议的《政府工作报告》。

在办学上，范绪箕鼓励发展新的跨学科专业，推行启发式教育，主张按照学生的爱好和特长进行教学，提出对刚入学的学生实行导师制，发现学生的爱好和特长，帮助他们找到最适合的专业。

1983年，范绪箕利用世界银行贷款，挑选了38位成绩优异的交大学子出国留学，并为每位学生选学校、选专业、选导师，这一举措在当时是具有突破性的。38位"世行生"日后都学有所成，成为各自领域的佼佼者，包括微软亚洲研究院副院长赵峰、密歇根大学倪军教授、现任美国哥伦比亚大学机械工程系主任姚一心等。

范绪箕在改革开放初期，率领上海交通大学敢为人先，启动了中国高等教育波澜壮阔的改革。

百岁不辍科学研究

1958年，范绪箕就提出了研制无人驾驶飞机的构想，根据钱学森的建议，结合国家导弹研制计划的需要来研制靶机。靶机是一种用于打靶训练的专用无人驾驶飞机，20世纪50年代，靶机在国外得到迅速发展，而在我国还是空白。在"以任务带教学和实验室建设"的思想指导下，范绪箕开始着手实验室建设，他亲自抽调人员组织成立研究室，建成了亚跨超风洞、三轴飞行模拟转台等关键实验设备，先后研制了"南航一号"拖靶机和"南航二号"超音速靶机，并在此基础上演变为"长空一号"无人靶机。为了加快研制靶机，钱学森为他们提供了风洞图纸，还提供了一批当时紧缺的钢板。这项工作的开展，不仅锻炼提高了教师队伍，而且推动了南京航空学院科学研究的发展。南京航空学院成立了无人机研究所，相继研制成功的"长空"系列靶机满足了国防建设的需要。2012年中国珠海航展上，中国的各种无人机吸引了全世界的目光，众多媒体蜂拥而至，纷纷询问这位最早提出中国"无人机构想"的科学家有何感想，范绪箕感慨地回答：这是我一生的理想之一，我非常高兴地看到理想在变成现实。

范绪箕对科学技术的发展趋势具有独特的观察力。从1962年起，范绪箕一直致力于热应力学科的发展，主持建成热应力模拟试验设备，完成

科学家精神 育人篇 SPIRIT OF SCIENTISTS

了国家许多重要热强度实验项目，开拓了我国在该学科的研究和应用工作。1979年后，他在上海交通大学组织成立热应力研究室，致力于热应力设备研制、热应力问题的研究。他指导研究生对热应力耦合理论、焊接相变问题、热测试方法、复合材料热应力等方面进行了大量的研究工作，取得了一系列成果。他提出的物性测定方法，被美国国家标准化和技术研究院出版的 *Thermal Expansion of Solids*（固体热膨胀）采用。范绪箕领导研究室完成了国内最早的"飞机风挡鸟撞软体冲击问题"和"热结构与热应力研究"等科研任务，他在航空、教育事业方面的贡献和在热应力学科的成就受到国际同行的广泛关注。1983年8月，在澳大利亚悉尼举行的第14届国际冲击波及激波管会议上，范绪箕应邀作了"中国在激波管方面的研究状况"的大会报告，他还是该国际会议主席团成员和特邀顾问，先后应邀在澳大利亚国家航空研究院、新南威尔士大学，美国麻省理工学院、明尼苏达大学、普渡大学、加拿大曼尼托巴大学等讲学。

从1996年起，范绪箕开始研究航天飞机的热防护系统。他在国内率先开展热应力理念和实验应用方面的研究，并在高温应力、蠕变、焊接相变，以及断裂疲劳、振动、损伤等诸多领域取得了卓越的成就。目前我国神舟飞船使用的是烧蚀热防护，飞船返回地球后返回舱表面看上去像被火烧过一样，范绪箕设想将纳米等热防护材料技术应用到神舟飞船上，让神舟飞船"看起来更美"，而且能够像航天飞机一样往返起降。他在

92岁和96岁高龄还分别完成了两篇相关论文,直到现在,这依然是他孜孜以求的方向。

薪火传承,续写航空报国梦想

1952年全国院系调整后,交通大学航空工程系整体调出。但薪火传承的交大人没有淡出祖国航空航天事业的主战场,仍然胸怀"航空报国"的美好梦想,为交大后来重振航空航天学科奠定了坚实的基础。

1958年,在校友钱学森的直接指导下,中国第一家非军队编制的火箭研究院——"上海机电研究院"开始筹建,着手研究液氧液氢火箭。交大师生积极响应党的号召,全力参与中国首枚探空火箭研制,成功完成该火箭研制,于1960年2月19日在上海成功发射。当时主要参加者交大动力系主任王希季,后来成为"两弹一星"功臣;教师何友声后来成为交大党委书记、中国工程院院士;参加研制工作的学生王礼恒后来成为航天工业部副部长、中国工程院院士。交大通过首枚火箭研制,为我国航天事业继续培养了一批优秀人才。

1970年7月起,交通大学1952届航空系校友马凤山,作为"运十"飞机研制技术总负责人,担任大型喷气客机方案组组长。在"运十"飞机研制技术攻坚的力量中,马凤山的同学安继光将军带领严镇、江可忠、严明、周文伯等共同参与了数值计算工作,锻炼了一批交大力学系教师,培养了一批学生。1981年5月,三机部和上海市邀请上海交通大学校长范绪箕任组长,带领55名专家对"运十"飞机工作进行评审,结论是:工程不能停,成果不能丢,队伍不能散。

2002年11月,上海交通大学依托机械与动力工程学院复建上海交大航空航天系。2004年,发展改革委、教育部、上海市发展改革委决定投资1.88亿元在上海交通大学共建"教育部空天科学技术研究中心"。

2005年1月，空天科学技术研究院成立，作为交大航空学科的牵头力量，推动着全校共同服务于国家重大需求的工作。

2007年，国家正式启动了"大飞机"项目，这是上海交大21世纪"重振航空专业，再续航空辉煌"的重要契机。上海交大通过整合学科与人才优势，抓住机遇，积极参与和服务"大飞机"项目，并以此来提高上海交大自身的师资与学科水平。2008年9月，上海交通大学航空航天学院成立，校友顾诵芬院士、王礼恒院士担任了航空航天学院名誉院长。上海交大与国家"各路"航空主力军一起，创新思路，开创局面，承担了一批国家和企业的重大科研项目，为中国实现航空强国梦共同努力！

1984年，范绪箕卸去校长的行政职务后，他把所有的精力都投入科研和研究生的培养工作中。他说："职务上我已经退休了，但我的工作则刚刚开始。"28年来，范绪箕每天坚持工作6小时以上，查阅资料，进行实验，撰写论文，与学生们讨论科研问题，参加活动与青年学子分享自己的科研心得，工作让他快乐、健康、充实。

"落其实者思其树，饮其流者怀其源。"在交通大学即将迎来117年华诞之际，孕育了交通大学航空学科和首批"空天人"的机械学科将迎来百年庆典，作为航空教育家杰出代表的范绪箕教授将迎来百岁寿辰，让我们祝愿交通大学和机械学科、航空学科伴随着国家民族复兴的伟业更加蓬勃地发展，为创新型国家建设作出更大贡献；祝愿"百岁航空人"范绪箕教授盛世常青、百岁不老，继续书写人生传奇。

（撰稿：上海交通大学　刘洪　张文清）

（本文写于2013年范绪箕教授百岁寿辰）

裘法祖
中国外科大师的三会三知

裘法祖（1914年12月—2008年6月），医学家，中国科学院院士。我国普通外科学的奠基人和开拓者，器官移植外科创始人之一，在普通外科的成就推动了我国外科学的发展。他创造的外科手术方式被誉为"裘氏术式"。曾获何梁何利基金科学与技术进步奖，荣获全国先进科技工作者、"最美奋斗者"等称号。

"做人要知足，做学问要不知足"

1946年10月，一艘从德国开往上海的海轮上，一位中国医生在甲板上成功为一名肝脏破损、生命垂危的患者实施了肝脏缝补手术，患者转危为安。船还未靠岸，裘法祖的名声已经红遍上海滩。

10年前，他只身远赴德国；10年后，获得慕尼黑大学医学博士学位的裘法祖，选择放弃德国的安稳和高薪学成归国。

在他近一个世纪的人生岁月里，裘法祖致力于祖国的医疗卫生、教育、科研事业，为中国现代外科学作出了杰出的贡献。

裘法祖率先在国内提出把大外科分为普通外科、骨科、胸心外科等，奠定了今天医学里的专科概念。

他主持创建了我国最早的器官移植机构——原同济医科大学器官移植研究所，并组建了中华医学会器官移植分会，为我国器官移植事业的发展作出了杰出贡献；他同时又是我国晚期血吸虫病外科治疗的开创者。

60多年来，裘法祖"稳、准、轻、细、快"的高超技术被公誉为"裘氏术式"，并改进新术式不下数十种，挽救了无数患者的生命。"他要划破两张纸，下面的第三张纸一定完好无损"，这套"裘氏手术规范"也影响了我国许多外科医生。据说中国的外科医生在做手术时，只要相互看一眼，就知道对方是不是裘法祖的门下，因为"裘氏手术"讲究精准，尽量减少对患者的损伤。

裘法祖院士一生桃李满天下，他向学生强调医生要做到"三会""三知"，即"手术要会做、经验要会写、上课要会讲""做人要知足，做事要知不足，做学问要不知足"。主张对青年医师要"大胆放手、具体指导、严格要求"。他提携后辈，甘当人梯，桃李满天下，亲手培养了大批优秀外科人才，如吴孟超等，不少已成为国内外知名学者。他以培育新秀为人生乐事，2004年，他拿出毕生奖金设立了"裘法祖普通外科医学青年基金"。

他曾表示，"我并不认为名字放在学生之后就没'面子'。相反，名字放在学生前面，我才觉得丢脸，因为那是欺世盗名的事。"

而这也不只是说说而已。

2001年8月，武汉市颁布该年度科学技术进步奖，居一等奖之首的是"体外培育牛黄"项目，在该项目的完成人员中，院士裘法祖教授排在第二，排名第一的是他的学生蔡红娇。

"院士怎么排在学生之后？"获奖项目公告当天，疑问声不断。"当然应该把她的名字放在前面。这项成果是蔡教授花了十几年心血完成的，我只是对她有些支持。凭什么名气大些就应该排第一？"裘法祖回应得有些激动。"没有裘教授指导和帮助，我完成不了这个课题。"蔡红娇说，为解决这一世界难题，裘法祖跑经费、查资料，耐心指导。报成果时，裘法祖坚持不让署自己的名字。蔡红娇等人多次要求后，裘法祖才妥协："那就把我的名字放在后面吧。"

他是"人民医学家"

"一个患者愿意在全身麻醉的情况下，让医生在他肚子上划一刀，对医生是多大的信任啊。这种以生命相托的信任，理应赢得医生亲人般的赤诚。"这是裘法祖常挂在嘴边的话。

他还常常教育自己的学生："医术不论高低，医德最是重要。医生在技术上有高低之分，但在医德上必须是高尚的。一个好的医生就应该做到急患者之所急，想患者之所想，把患者当作自己的亲人。"

同济医院原院长陈安民回忆当年裘法祖带学生的情景说："裘老查房时，我们这些负责主诉病情的年轻医生最紧张了，如果对患者病情了解不准、回答不出问题，裘老一定会狠狠批评。"他也一直以此为标准严格要求自己，只要是冬天去病房，裘法祖一定会把听诊器在自己的胸口焐热了才会给患者检查。裘法祖做手术还有一个特殊的规矩：术前他一定要亲自清点每一件器械、每一块纱布，术后再一一点对，因此，一直以来裘法祖的手术台都被认为是最安全的。

"对待患者就像大人背小孩过河一样，从河的这一岸背到对岸才安全。"本着这种对患者高度负责的精神，从医60余年，裘法祖施行手术无数，未错一刀。

他时常告诫学生，当医生要热爱患者，第一要不怕脏不怕累，第二要小心细致。

科学家精神 育人篇 SPIRIT OF SCIENTISTS

一次，同济医学院医疗系1953级校友王新房和同学跟裘法祖查房，看到一个患者伤口流脓，裘法祖走上前用手去摸伤口，并对他们说，"要摸，不能怕脏"，摸完还把手放进嘴里。看着学生们一脸惊愕，裘法祖笑问："你看我有什么异样？"看他们答不出，裘法祖说："我用食指摸伤口，放进口里的是中指，你们观察不细致啊！"

裘法祖对自己有个要求，自己做过手术的患者，他一定一天三次地看望。如果是别的医生的患者请教了他，他也会一天三次地看，而且还会经常问主治医生患者身体的各项指标，弄得医生们都不敢怠慢。

对于患者写给他的信，他也是每一封都会回。

湖北黄石一名女工骑自行车不慎将头部摔伤，此后经常闹头痛，看了很多医生，都没见好。一次偶然的机会，她给医院写了封信，被转交给裘法祖。

那年农历大年三十，裘法祖给这名女工回了信。信上，裘法祖拟定了治疗方案，连药的服法都交代得清清楚楚。女工按照裘老的方法服药，一年多后她的病痊愈了。

2004年，湖北省人民政府授予裘法祖"人民医学家"称号，而这个称号更是千千万万名患者的肺腑心声。

就在裘法祖去世前的半个月，他还在为汶川地震伤员会诊。2008年5月24日，当第一批汶川地震伤员抵达武汉后，94岁高龄的裘法祖先生仍然坚持来到病床前为伤员进行临床诊断。在会诊时，裘老还一再叮嘱医生在抢救一名下肢受伤的 16 岁伤员时,"要想尽一切办法保住肢体,尽可能为他以后能行走做好准备。"

几天后的 6 月 14 日清晨,裘法祖安静地离开了人世。来自震区的 39 岁伤员何成弟还并不知道,当时为他看病的就是裘法祖院士,他不知道院士的级别有多高,只记得这个很和蔼的老医生拉着他的手,轻轻叮嘱他:"好好休息,不用担心,一定能治好。"

裘法祖一生为无数人救死扶伤,但他总说,给他印象最深的还是农民患者。

华中科技大学原校长李培根院士回忆说,20 世纪 70 年代,他下乡到湖北省嘉鱼县,一位老乡找到他,想问问能否找裘先生看病。当时,裘法祖已经是学术界的权威了,他抱着试试看的想法提了一次,没想到裘老马上着急地说:"你叫他立即来找我。"后来,这名农民得到了裘法祖非常细心的检查。

"他们受着生活贫困和疾病的双重折磨。我至今都清楚地记得他们找我时的痛苦表情,当时就感到无形中有一股力量和责任要求我一定要挽救他们的生命。"正是裘法祖心存的这种大爱,让他对患者始终充满热爱,对生命充满尊敬与关切。他以妙手仁心,获得了他最看重的"医德风范终身奖"。

但裘法祖在多次采访中一再申明:"不要把我抬得太高,不要称什么泰斗,我只不过是一个普通的外科医生。"

他告诉记者,当好一名医生不容易,特别是外科医生,风险很大,责任很重,可以说是如履薄冰。

一个好医生是怎么来的呢?裘法祖说,不是靠媒体宣传出来的,是一个一个患者看出来的,只要患者需要,医生就要履行自己的职责。有位姓王的小姑娘,为感谢裘教授救命之恩,把名字都改为裘党生。"只要你确确实实为患者解决了痛苦,患者会记你一辈子。"

抗战回国效力,用一生时间成就少年理想

裘法祖立志要做一名医生,初衷则是为了解除千万名母亲的病痛。

裘法祖出生在西子湖畔。从小学习勤奋的他,18岁那年如愿考入同济大学医学院预科班学习德语。

一年后他的母亲突然腹内剧痛,医生、郎中都束手无策,不久后母亲就离开了人世。裘法祖查阅西医书籍后才发现他的母亲竟是死于在国外只需要十几分钟做个手术就能解决问题的阑尾炎。

1936年,在两个姐姐的资助下,裘法祖只身远赴德国留学。裘法祖在学习上异常勤奋,上课时总抢着坐在第一排。毕业后的裘法祖成功应聘上慕尼黑最大的市立医院,成为一名"志愿医生",开启了他的医生职业生涯。

在外科工作一年后,他才被允许做第一个阑尾切除术。在做第三个阑尾切除手术时,患者是一位中年妇女,术后第5天这位患者忽然死去。尽管尸体解剖没有发现手术方面的问题,但导师以严肃的眼光对他说:"裘,她是一位4个孩子的妈妈。"

裘法祖在他的《旅德追忆》中写道,导师的这句话让他记忆深刻,影响了他日后60多年外科生涯的作风和态度。

在来到德国的第7年,他被提升为外科主任。而由中国人担任外科主任,这在当时的德国史无前例。

虽然在德国已经稳定,但当祖国需要时,裘法祖毅然选择回到了祖国的怀抱。他常说:"我有三位母亲,一位是生养我的母亲,一位是教育我的同济,一位是我热爱的祖国。"

1946年年底,中国抗日战争胜利的消息传到德国,裘法祖婉拒了导师和友人的挽留,决定辞去市立医院外科主任的职务,卖掉汽车和房子,带着妻女执意回到了满目疮痍的祖国,受聘于同济大学医学院。

裘法祖　中国外科大师的三会三知

裘法祖的妻子裘罗懿是一名德国女性，为了丈夫的事业，她也选择离开自己的故乡和亲人来到中国。在裘法祖 60 多年的医学生涯中，妻子裘罗懿给予了他最大的支持和安慰。

1951 年，裘法祖以外科医生的身份参加了抗美援朝，1954—1958 年还同时担任上海和武汉的外科教授，每个星期都要往返于两地给学生上课。妻子裘罗懿在那段日子经常是一个人，她很少能见到丈夫，在家要照看 3 个小孩。她不仅给孩子们一个幸福的家庭，同时还陪伴丈夫走过事业的每一步。1958 年，经周恩来总理的批准，裘罗懿成为第一个加入中国籍的德国人。

1979 年，裘法祖夫妇到德国访问的时候，慕尼黑市市长在接待宴会上说："裘夫人，您为中德友好工作作了很多贡献。我们愿意恢复您德国国籍，您可以有双重国籍而便于工作。"但裘罗懿说："我非常感谢市长的关心。我在中国生活得很好，很愉快！"

多少年来，每当丈夫外出，裘夫人都会在窗口看着丈夫远去。裘法祖曾说他们的婚姻是全世界最美满的婚姻。几十年时间里，夫妻两人一直住在一个 50 平方米的房子里。

"这 50 平方米的房子够住吗？"裘法祖不止一次被人关心。

"够住。做人我只求四点：一身正气、两袖清风、三餐温饱、四大皆空。"裘法祖这样回应。

（撰稿：华中科技大学　童萱）

唐敖庆
诲人不倦的化学人生

唐敖庆(1915年11月—2008年7月),理论化学家,中国科学院院士,中国现代理论化学的开拓者与奠基人。长期从事理论化学研究。在分子内旋转、配位场理论、分子轨道图形理论、高分子化学反应统计理论,以及原子簇的结构、化学键和结构规则等方面取得重要创新成就。曾获得国家自然科学奖、何梁何利基金科学与技术成就奖。

唐敖庆是我国德厚流光、闻名遐迩的科学家,是我国现代理论化学的开拓者和奠基人。他以严谨、求实、创新的科学态度,潜心研究理论化学,在理论化学领域共发表300余篇高水平的学术论文和8部学术专著。他提出了"唐江定理",被国际上誉为"中国学派"。他与卢嘉锡教授所倡导的"四结合"学术思想,为中国化学学科的发展指明了方向。他所开创的诸多研究领域奠定了理论化学研究的基本框架,成为中国理论化学走向世界的重要基石。

"到祖国需要的地方去"

1950年2月，唐敖庆就任北京大学副教授，开始投身新中国的教育事业。他先后开设了普通化学、物理化学、统计力学、化学动力学等5门课程，每一门课程都有严密的科学体系和独特的风格，他忘我的工作热情、非凡的才智赢得了老师和同学们的尊重。同年8月，回国仅半年的唐敖庆从副教授晋升为北京大学化学系教授。在北京大学的两年时间，他还完成了近10篇有关化学键理论等方面的学术论文。

1952年，全国高等院校院系调整。为了在东北建立一所综合性大学，教育部决定在东北人民大学（吉林大学前身）增设理科。因此，从全国各地的综合性大学中，选派理科教师到东北人民大学工作。中央教育部副部长曾昭抡以部领导和老师的双重身份与唐敖庆教授进行了一次难忘的谈话。未等曾先生讲完，唐敖庆就开口了："我服从组织上的分配！"语气从容而坚定，亦如他两年前克服重重阻力回到祖国怀抱的信念一样。当他作出去东北人民大学工作的决定的时候，面临着家庭的重重困难。此时，他想起了为新中国的成立无数先烈付出了生命的代价，想起了自己追求"科学兴国"的理想，想起了开发东北、发展祖国的教育事业自己所能作出的贡献……他的眼前豁然开朗起来，个人业务的发展、感情上的依恋、生活上的困扰，似乎都变得微不足道了。"到东北去，到祖国需要的地方去！"

1952年夏，唐敖庆来到东北人民大学任教授。他与从燕京大学来的蔡镏生教授等人开始共同着手创建东北人民大学化学系。创系之初的环境极为艰苦：全系只有日伪时期建起来的小楼中几间很小的办公室，三十几名教职工挤在一起办公，教师人数大约只相当于北大一个教研室。实验设备、仪器、药品也都无从谈起。第一届学生做实验的地方是地下室，同学们围着一张长条桌，用墨水瓶做成酒精灯，用极为简单的仪器，进行

科学家精神 育人篇

着最基本的化学实验……

当时,学校的师资力量极度匮乏。唐敖庆满怀热情投身到教学第一线。一个人主讲了无机化学、物理化学、物质结构、热力学、动力学、统计力学等十几门课程。他讲的每一门课程,都有严密的科学体系和独特的风格,深受同学们的欢迎。令同学们十分惊异的是,唐老师讲那么多门课,每次走上讲台都不带教案,仅靠一张嘴、几支粉笔。他的大脑就像一部电子计算机,准确清晰地输出着一个又一个复杂的理论推导、化学公式与计算。他独特的授课风格令人心驰神往,青年学生们兴趣盎然地随之步入那色彩斑斓、变幻无穷的化学殿堂。

唐敖庆是新中国成立后为数不多的最早招收和培养研究生的科学家之一。他率先于1953年开始招收和培养研究生。当时,来化学系就读的研究生都是物理化学专业的。新中国成立伊始,国内的物理化学学科处在起步阶段,其教学水平远落后于其他发达国家。化学系将为研究生在两年内开启全部物理化学课程的艰巨任务交给了唐敖庆,他坚定而自信地承担起了这一重任,用无私的付出换来了学科的迅速发展和研究生的快速成长。东北人民大学的物理化学专业很快便在国内崭露头角,化学系所培养的第一批研究生后来也都成为各教育科研领域的领军人物。

坚持"两个中心"办学思想

1956年，唐敖庆出任东北人民大学（吉林大学前身）副校长，他协助匡亚明校长，领导着崛起于北疆的吉林大学踏上了新的征程，学校于1960年进入国家重点综合大学的行列。1978年，唐敖庆出任吉林大学校长。

早在全国科学大会之前，邓小平同志就指出要把大学办成既是教育中心，又是科学研究中心。1979年2月，唐敖庆在《光明日报》上发表《要按"两个中心"的要求办好大学》的文章，全面论述了把重点大学建设成为教育与科研"两个中心"对于国家建设事业及办好学校的重要意义。文章的核心思想，成为新时期吉林大学各项工作的重要指导思想，也标志着唐敖庆"两个中心"办学思想的形成和明确。这一办学思想的确立与实践，为他的教育思想提供了理论基础和精神内核。这种基础和内核与他先进的育人理念相结合，形成了独具特色的教育思想：以马列主义、毛泽东思想为教育和办学的指导思想，以培养国家需要的创新型人才为办学方向，以鼓励优秀教师和学术大家从事基础教育的形式实现学生的快速成长，以研修班和讨论班的形式培养高精尖的科技人才，以"微观与宏观结合、理论与实验结合、静态与动态结合、结构与性能结合"为指导思想，创新学术和科研，实现教学和科研的有机统一，以科研引领教学、以教学支撑科研。这对吉林大学以后教学体制的形成有着重要意义。唐敖庆是国内最先响应并有效实施"两个中心"办学思想的教育家之一。

1978年1月，在物质结构研究室的基础上，唐敖庆领导创建了吉林大学理论化学研究所，并出任首任所长。研究所设有量子化学、结构化学两个研究室和分子光谱、X光晶体结构、磁共振等实验室，成为我国理论化学研究的重要中心、高层次理论化学人才的培养基地、对外开放与交流的窗口。1989年，在唐敖庆的建议下，国家计委批准在吉林大学建立理论化学计算国家重点实验室,并由他出任实验室学术委员会主任,这是我国唯一从事理论化学基础研究的国家重点实验室。以唐敖庆为代表的实验室研究人员为发展中国的理论化学事业作出重大贡献,先后 5 次获得国家自然科学奖,其中,一等奖 2 次、二等奖 2 次、三等奖 1 次。

在唐敖庆的领导下,20 世纪 80 年代初,学校培养研究生工作的规模、层次和水平都得到了迅速的发展和提高。1981 年,国务院学位委员会首批批准吉林大学有权授予博士学位的学科专业 12 个,有权授予硕士学位的学科专业 41 个。唐敖庆等 17 位教授,成为学校首批博士生指导教师。学校全面加强了对研究生工作的领导,组织机构和各种规章制度逐步健全,指导教师队伍不断壮大,图书仪器设备日臻充实和完善,在招生、培养措施和思想政治工作等方面都积累了不少经验,为建立研究生院打下了良好的基础。1984 年 8 月,吉林大学成为全国首批试办研究生院的 22 所院校之一,这标志着吉林大学为国家培养人才的工作已经发展到一个更高的阶段,也是学校发展历史上的一座闪光的里程碑。

唐敖庆以高瞻远瞩的战略眼光和敢为人先的创新精神精心规划学科的发展。在他的办学思想中有一个最鲜明的特色,就是学科与专业的基本统一。在他管理吉林大学期间,学校新建了计算机系、环境科学系、分子生物学系、材料科学系等。这是他在办学实践中的创举,也是他倡导学科和专业不断创新的成果,其深远影响一直持续到今天。经过几代人的共同努力,吉林大学化学、数学学科稳步发展成为一级学科国家重点学科,化学学科拥有无机合成与制备化学、超分子结构与材料国家两个重点实验室,并成为基础科研与教学人才培养基地和国家级实验教学示范中心,跻身于国内的学科前列。

唐敖庆十分重视国内外的学术交流。他担任校长初期,吉林大学开始向国外派出留学生和进修教师,打开了学校走向世界的大门。鼓励优秀的科研人才和学术带头人相互交流、出国深造,一直是他科研思想的重要一环。他鼓励青年教师走出国门，开阔视野，与国际顶尖水平接轨，到世界的科研领域中去驰骋。那些当时有过出国学习经历的人们，现在都已成为学科的领军人物。唐敖庆曾多次率团参加国内外举办的高层次学术活动，并邀请世界各国著名大学的专家学者来校讲学，为扩大吉林大学的知名度和中国理论化学的国际影响作出了不朽贡献。而他卓越的科学成就，也得到了国际理论化学界的公认，1981年当选为国际量子分子科学研究院院士。

"唐门八弟子"

唐敖庆教授率先提出了以讨论班的形式，通过一面学习重要基础知识，一面共同研究前沿性的科研课题来培养拔尖人才，放眼于在国内培养高层次理论化学优秀人才。他共举办过8次面向全国的各种类型的理论化学研讨班、研究生班和进修班，培养出一批具有国际水平的理论化学研究队伍，他们中涌现了一批卓越的学术领导人，其中有多人当选中国科学院院士。

早在1953年，受教育部委托，唐敖庆与卢嘉锡一起在青岛举办了暑期物质结构进修班，并主讲了物质结构课程，这是唐敖庆主持举办的第一届研修班。从此以后，以研修班和讨论班的形式培养高精尖的人才和学术带头人成为他教育思想的重要组成部分。

唐敖庆在执教期间，举办过各种类型的理论化学研讨班、研究生班和进修班，其中最著名的是"物质结构学术讨论班"。1963—1965年，他受教育部委托，在长春主办面向全国的"物质结构学术讨论班"。唐敖庆以严谨的科学精神为参加学习的人员讲授了理论化学领域的前沿问题，先后开设了"群论及其在物质结构中的应用""配位场理论"等主要课程。这个讨论班，既注意打好理论基础，又重视掌握现代科学成就和方法，用较多时间开展科学研究，培养独立工作能力，既出了人才，又出了成果。讨论班 8 名正式学员孙家钟、江元生、张乾二、邓从豪、刘若庄、鄢国森、戴树珊、古正被后人称为"唐门八弟子"。他们中有 5 人成为中国科学院院士，有两人成为著名高校的校长。

唐敖庆办班一直持续到 1994 年，即使在他离开吉林大学，担任国家自然科学基金委员会主任、名誉主任期间，也都利用暑假的空闲时间，回到吉林大学或到其他高校举办各种讨论班。1986—1994 年，在吉林大学、南京大学举办了量子化学、微观反应动力学、高分子标度理论、分子光谱、谱学理论与技术等讲习班和研讨班 6 次。1988 年和 1989 年暑期，他在长春举办了"长春地区高分子标度理论讲习班"，还面向全国举办了"高分子标度理论高级研讨班"。烈日炎炎、天气闷热，年过古稀之年的老教授，每周为学员讲课达 24 学时之多！这两次讲习班的成功举办，促进了我国高分子物理、高分子固化理论和标度理论研究工作向前迈进了一大步，培养出了一批高级专门人才。

"活到老，工作到老"

1982 年，唐敖庆当选为中国化学会第 21 届理事会理事长。他积极组织学会的会议，促进学会的发展，即使在 1986 年出任国家自然科学基金委主任后，他也未曾放松过在学会的工作，始终保持着对学会工作的高度关注，重视中国化学会在组织建设、健全组织机构和制定规章制度等方面的工作，使学会工作有章可依、有条不紊。他在学会理事会设立了物理化学、无机化学、有机化学、高分子、分析化学、核化学与放射化学等 6 个专业委员会和化学教育、科学普及两个工作委员会。后又增加了许多新的学术组织。1983 年，先后制定了《中国化学会青年化学奖金条例》《中国化学会高分子基础研究王葆仁奖金条例》等。这些规章制度是前所未有的，其中青年化学奖的工作更是国内学术团体中的创举。他将组织学术交流作为化学会工作的一项主要任务。在他的主持下，学会学术交流活动的内容不断增加，不仅涉及化学范围内各学科、专业，而且还涉及边缘学科、交叉学科与应用等领域。1991年，第四届亚洲化学大会和FACS（亚洲化学学会联合会）第六次大会在北京举行，这次大会凸显出我国在亚洲化学界的重要地位。1993年，IUCr（国际晶体学联合会）第16届大会在我国举行，这是IUCr首次在发展中国家举行的一次大会，中国化学会面向世界又迈出了自己坚实的一步。

1986年，年过七旬的唐敖庆，离开了与自己有着半生情缘的吉林大学，来到国家自然科学基金委，建立了具有里程碑意义的自然科学基金制度。在他的领导下，"依靠专家、发扬民主、择优支持、公正合理"16字方针，逐渐渗透到基金委工作的每一个环节中，形成了独具一格的管理方式。随后，基金委确定了"支持基础研究，坚持自由探索，发挥导向作用"的战略定位。在基金委走向成熟的道路上，他率领第一届领导班子建立了一套享有盛誉的专家评审系统，形成了以面上项目、重点项目和重大项目为3个基本层次的资助格局。这不仅在发展我国国家基础学科研究和培养青年人才的工作上发挥了巨大的作用，也为其他基金运行机制提供了宝贵的经验。1991年，唐敖庆从基金委的第一线退下来，出任基金委名誉主任。在他主持工作期间，基金委支持项目涉及数理、化学、生命科学、地球科学、材料与工程学、信息科学等基础性学科领域，覆盖了近50个一级学科，支持了8万名科技工作者，取得了一批高水平的研究成果。基金委被誉为培育创新的沃土、科技界的圣地，它支持培养了数以万计的青年科学家，对中国科学事业产生了巨大的影响。

唐敖庆一直将周恩来总理"活到老，学习到老，工作到老，改造到老"的教导作为自己的座右铭。他在承担教学、科研任务和担任吉林大学校长、国家自然科学基金委主任等繁重的工作之余，还担任了《中国科学》《科学通报》《化学学报》《国际量子化学杂志》等多个中外著名科技刊物的编委、常务编委、副主编，同时他还是《高等学校化学学报》的总指挥和把关人，在他的领导下，《高等学校化学学报》继往开来，开拓创新，走向了一个新的高峰。

2008年7月15日，唐敖庆教授因病医治无效在北京逝世，享年93岁。他走了，中国科学界的一颗巨星陨落！

唐敖庆虽然离开了我们，但他留下了自己与吉林大学的半生情缘，留下了与吉林大学师生的深厚情意。吉大人永远忘不了那位可敬可爱的老校长。为了纪念和传承唐敖庆精神，吉林大学先后以他的名字命名了唐敖庆研究所和唐敖庆楼，成立了唐敖庆基金会，启动了"唐敖庆特聘教授和讲座教授"计划，在优秀本科生中选拔组建了唐敖庆班（国家基础学科拔尖学生培养试验计划）等，以吉大人自己的方式纪念着这位功昭校史的老校长……

（撰稿：吉林大学档案馆　董汉良　刘爽）

沈　元
乐栽大木擎蓝天

沈元（1916年4月—2004年5月），空气动力学家和航空工程学家，中国航空航天高等教育事业开拓者和教育家，中国科学院院士。在北京航空学院的筹建、办学方针确定、专业设置、教学计划制订、师资及实验条件建设、科研教学组织领导，以及计算机在航空航天中的推广应用等方面发挥了重要作用，率先在高校中创建了火箭、导弹等方面的新专业，为培养航空航天科技人才作出了重要贡献。

"在你窗前，西府海棠，满树花蕾，叶摇枝扬，在柏彦庄的土地上，尽吐芬芳。海棠树下，你运筹帷幄，写就空天华章；会议室里，你谋篇布局，名师迭出北航，长夜桌旁，挥就办校理想，百年树人，托举学子飞翔……"

这首《西府海棠》是北航为缅怀名誉校长沈元100周年诞辰而特别创作的歌曲，歌中的那株有百年树龄的西府海棠生长在北航沈元老校长曾经生活和工作过的北航东小院北房外，如今，东小院早已不复存在，但那棵西府海棠依然枝繁叶茂,见证着沈元对我国航空教育事业倾情奉献的一生。

"哥德巴赫猜想"中的师生缘

沈元1916年出生于福建省福州市的一个漆器世家,虽然父亲希望他能子承父业,但在精美漆器王国长大的沈元却选择了与漆器毫不相干的航空教育事业。

在伦敦大学取得博士学位后,沈元于1946年夏天回到清华大学航空系任教。1949年2月,北平和平解放,沈元开始了为新中国航空教育事业而奋斗的新征程。

就在这时,沈元收到了"父亲病故,母亲病重"的电报,他绕道香港赶回福州料理老人后事。事后,因北归之路仍然不通,福州英华中学的校长让沈元暂在母校教高中毕业班的数理课程,并兼任班主任。著名的数学家陈景润就是这个班的学生。

在福州英华高中的数学课堂上,沈元给学生们热情地讲述了著名的"哥德巴赫猜想"的故事,并对同学们说:"科学的皇后是数学,数学的皇冠是数论,而'哥德巴赫猜想'这个200多年来还没有被人们破解的难题,就是皇冠上的明珠,希望同学们努力学习,将来去证明这道世界难题……"

课堂上的陈景润记住了沈元

所讲的故事，从此在心中立下了高远的志向。1965年5月，陈景润发表了论文《表达偶数为一个素数及一个不超过两个素数的乘积之和》（简称"1+2"），他亲手触碰到了老师讲的故事里数学王冠上的那颗明珠，成为"哥德巴赫猜想"研究上的里程碑。

后来陈景润多次谈道：我能在事业上获得一点成就，除了党的关怀支持外，沈元教授关于"科学的皇后是数学，数学的皇冠是数论，而'哥德巴赫猜想'是皇冠上的明珠"的讲话，是启发我对数学产生浓厚兴趣的主要原因。他把每次发表的论文单行本都寄给启蒙老师沈元，并且总是在论文封面上亲笔恭恭敬敬地写上对老师的谨颂祝词。

创建新中国航空航天教育摇篮

为了发展新中国的航空事业，1952年全国院系调整，清华大学、北洋大学等8所院校的航空系、科，调整合并成立北京航空学院（现北京航空航天大学）。1952年10月25日，新中国航空航天教育的摇篮在首都西北郊荒野上拔地而起，耸立在古都八景之一"蓟门烟树"之畔。

36岁的沈元被任命为副院长。当时聘任他为北京航空学院副院长的文件，下款签名是：中央人民政府主席毛泽东。这是由毛泽东主席直接交给他的重担。这份聘书凝聚着党的信任和期望，给了沈元巨大的力量。作为北航的创始人和奠基者之一，沈元一直和北航同呼吸、共命运，为学校的创建、成长和发展作出了重要贡献。

北京航空学院建院初期，沈元亲自领导师资培养工作，组织大批青年教师向苏联专家学习，使学院的师资队伍及时得到了充实。他从我国航空教育的实际出发，根据长远的需要，在师资培养、新专业设置、重大科研项目的开展和实验设备建设方面，都起到了重要的领导作用。

由于有国外留学的经历，考察过国外科研、生产基地，又熟悉国内

科学家精神 育人篇

高校的办学情况，所以沈元一直主张将学校办成开放式的、能培养出一流人才的教育基地；主张既重视基础教育，又注重培养学生的动手能力。作为主管教学、科研的校领导和科学家，建校后他非常关注世界发达国家的教育动向，并结合中国航空航天事业发展的需求，调整专业结构，建立新专业、新学科。

1956年，沈元参加制定《1956—1967年科学技术发展远景规划》后，和学院领导一起，预见到宇航事业和导弹工业需要人才的紧迫性，果断采取措施，克服很多困难，在北航组织建立了火箭导弹方面的一套新专业，在国内最早建立导弹系，并通过自行设计、实验和研制火箭型号，为培养我国第一批导弹专业学生和提高教学质量创造了有利条件。

1958年，沈元决定在北京航空学院自行设计制造国内第一座中型的超音速风洞。利用争取到的有限经费，经过不懈的努力，风洞终于建成，在教学和科研上发挥了很好的作用。

为了跟踪科学技术的发展和航空科研、生产的需要，北航在20世纪50年代设立了航空工程系和航空无线电系，同时自力更生创建了超声速风洞、冲压发动机试车台、中型液体火箭发动机试车台、高空试验和热应力等10多项重大科研设备。这些都是国内首创，填补了航空航天工业领域的空白。

"严格要求，加强基础，培养能力，全面发展"是沈元的基本教育思想。多年来，北航毕业生学习刻苦，成绩优良，作风朴实，工作认真，理论联系实际，是社会公认的。

爱才 识才 惜才

沈元经常说："在科学技术和经济发展中，要靠人的基础和物的基础。二者哪一个更重要？人更加重要。我们有责任创造一个良好的环境和条件，使众多有志者迅速成长，后来居上。"

沈元特别重视对教师教学和科研方面的支持，在选留教师的时候，对一批当时所谓出身不好、家庭社会关系复杂的高水平学生，沈元也能顶住压力，把他们留下。后来，这些学生都成了北航的教学、科研骨干，学科带头人。这是沈元对北航乃至我国航空航天教育事业发展的一大贡献。

中国科学院院士、著名结构疲劳专家高镇同教授曾经深情地说：20世纪50年代初，老院长沈元亲自参加由几名刚毕业不久的青年教师组成的科研组的第一次活动，支持和鼓励他们向疲劳和可靠性方面进军，几十年后终于取得了在国内外有重要影响的科研成果，还创建了"疲劳统计学"这一分支学科。高镇同院士动情地说："我的成功，与沈元老院长当年的支持、指导是分不开的。"

在北航，怀有这样真挚感激之情的何止高镇同院士一人。因为有沈元的破格申报和全力支持，当时年龄偏大的教师高为炳才有机会赴美进修、深造，回国后他在自动控制理论与应用上作出了突出贡献，1991年当选为中国科学院院士。同样，中国工程院院士张启先、国家发明奖一等奖和"航空金奖"获得者高歌等一批成绩卓著的佼佼者，他们的成长与成功无不渗透着沈元的心血和支持。

强调理论联系实际的教学原则

沈元一贯强调理论联系实际的教学原则，对科学技术发展的新动向亦十分关注。

20世纪50年代末沈元就注意到电子计算机将会对整个工业包括航空航天工业起到革命性的作用。他组织选派教师到中国科学院计算技术研究所进修学习，批准购置了一台刚试制成功的国产第一代电子数字计算机，并于1975年从国外引进了FEL1X-0256第三代中型电子数字计算机，建立了计算机应用专业,之后又继续从国外引进一些更先进的小型计算机,并购进一批国产计算机,为培养人才和推广计算机在各专业的应用起到了重要的作用。

1982年,他积极鼓励组织可靠性学科理论研究,这对推动航空工程传统学科专业的改造、对我国航空产品可靠性设计及国产飞机延寿的改进、对可靠性学科理论在我国传播发展,都起到了推动作用。

沈元非常注重学生动手能力的培养,强调理论联系实际。1978年恢复招收研究生制度,北京航空学院首次一年招收了128名研究生。沈元对研究生培养提出了"精选苗子、宁缺毋滥、打好基础、严格要求、能力培养和科研任务结合"的方针。在繁重的行政工作之余,他还亲自指导培养了四届研究生。

沈元有一个福建老乡报考北航,考上后,那个学生的爸爸就说,你们学校的领导是咱们福州人,你去的时候见一见他。这个学生到北航报道的时候就去了沈元家里,沈元就问这个学生,你为什么要学航空?这个学生说:我觉得这飞机能飞上天,挺有奥秘的,所以我很喜欢。沈元就接着问他,那么这飞机为什么能飞上去,那个学生马上就说,靠发动机。沈元说汽车也有发动机,它怎么飞不上去?当时把那个学生问得脸一下子就红了。沈元就对这个学生说,你在学习上一定要举一反三,类似的问题要去研究、要去钻研,不能只是书本上的东西,要理论联系实际。

李长喜教授回忆当年北航建校之初的科研教学之路时,说起这样一件事:"我觉得沈院长当年很有远见的地方就是,他发现北航毕业生到哪里工作,上手都比较快,但后劲不足,究其原因就是基础课不牢靠,所以后来北航不惜血本抓基础,在全国各地挖人才,补充基础课的师资力量。后来北航的科研成果在全国一直名列前茅,这跟北航特别重视基础课有很大关系。"

由于沈元对我国航空航天教育事业作出的突出贡献,他多次获得国家奖励，并获得国际荣誉。1990年12月，被国家教委授予"从事高教科技工作四十年成绩显著"荣誉证书；1991年，被授予航空航天工业部"劳动模范"称号；1992年，被授予航空航天工业部"有突出贡献专家"称号；1993年，被英国剑桥国际传记中心授予"1993年世界杰出知识分子"荣誉称号及金质证章。

沈元还多次入选英国、美国、澳大利亚及远东名人录。1996年2月12日，副总理李岚清来到沈元寓所，看望这位献身祖国航空教育事业半个多世纪的教育家。李岚清副总理充分肯定了沈元对发展祖国航空教育和科学所做的贡献，赞誉沈元教授"桃李满天下，不愧是航空教育界的泰斗"。

梭罗在《瓦尔登湖》中这样讲述："一个工匠想做一柄最完美的权杖，于是他日夜不息，任时空流转百年，最终那权杖，成了梵天世界最美的作品。"是的，沈元日夜不息，为我们留下了他最完美的作品：一座大学，丰硕的创造，还有数不清的、热爱航空科学的学生们。

（撰稿：北京航空航天大学党委宣传部　贾爱平）

参考文献

[1] 谢传锋，李长喜，周自强，等. 笃行坚卓：众人口述中的教学科研 [M]// 北京航空航天大学校史馆. 起航：口述北航. 北京：北京航空航天大学出版社，2017.

[2] 李福林，陈永楷. 不愧是航空教育界的泰斗：记中国科学院院士、北京航空航天大学名誉校长沈元 [J]. 航空知识，2007（5）：48–50.

[3] 谢础，贾爱平. 笃定站立的灯塔：忆一代航空教育宗师沈元院士 [J]. 北京教育（高教版），2018（2）13–96.

[4] 北航档案与文博馆. 学无止境：纪念沈元院长诞辰103周年 [EB/OL].（2019-04-28）[2020-11-10]. http://mp.weixin.qq.com/s/er1b3kSQDJ_110xiXI_Yag.

史绍熙
兴学强国振科工，产学研用开拓者

史绍熙（1916年8月—2000年9月），工程热物理学家、内燃机专家、教育家，中国科学院院士。发明了柴油机复合式燃烧系统，研究开发成功我国第一台标定转速为3000转/分的高速柴油机和第一台两级自由活塞式发动机——压气机联合装置，并在流体力学等领域取得诸多理论创新。他是我国高校内燃机专业的创建者之一，并长期从事大学管理工作，提出"教学、科研、生产一体化"的教学思想，创建天津内燃机研究所和热能研究所，建立内燃机燃烧学国家重点实验室，创办《内燃机学报》等学术刊物，主编我国第一部内燃机大型工具书。

"高等学校在国民经济、科技的发展及综合国力的增强等方面，肩负着最重大的责任。高等院校的任务有两项：一个是培养人才，一个是发展科学。而这两项正是一个国家、民族发展的关键。现在和将来世界上的竞争其实质是科学技术的竞争，但归根到底是人才的竞争。对于培养

史绍熙　兴学强国振科工，产学研用开拓者

高层次的人才，高等教育肩负着最重要的责任。"这是中国科学院院士、天津大学原校长史绍熙在接受媒体采访时的肺腑之言。

史绍熙作为一名科学家，他早年毕业于英国曼彻斯特大学，获博士学位，回国后先后创办了天津内燃机研究所、天津大学热能研究所、内燃机燃烧学国家重点实验室，研究开发成功我国第一台标定转速为3000转/分的高速柴油机和第一台两级自由活塞式发动机——压气机联合装置，为新中国内燃机产业的发展起到了巨大的促进作用。作为一名教育家，他长期在大学任教，并先后担任天津大学的副校长、校长，他的许多学生成为内燃机行业的骨干人才，在他的倡导与努力下，天津大学开始向着综合性大学的方向发展。史绍熙的一系列教育思想，至今仍具有重要的借鉴意义。

求学北洋，走工业救国之路

1916年8月19日的凌晨时分，江苏省宜兴县官林镇义庄的一家史姓杂货店老板家，生下一对双胞胎孙子。史老板共有6个儿子，孩子的父亲排行老四，靠料理店铺为生，按祖传辈分，孩子为"绍"字辈。哥哥出生时东方微亮，取名"绍熙"；弟弟出生时东方即亮，取名"绍华"。

孩子出生尚未满月，母亲蒋氏因病逝世。家中的店铺仅能维持基本温饱，所以孩子由祖母抚养长大。直到5岁时才被接回。这也养成了孩子日后做事自立自强、独立思考、轻不言输的性格。这时兄弟俩的长相、声音几乎一模一样，甚至连爷爷和父亲也难以分辨。

兄弟俩的大伯是当地稍有名气的私塾先生，他看兄弟俩聪明机智，便为他们开展国学启蒙。兄弟俩的六叔读过洋学堂是新式小学的教师，也在家中为他们单独辅导数学和英语，帮助他们打下了良好的基础。当他们进入家乡的浒溇庵初级小学就读时，经考试直接进入二年级。

高小毕业之后，因为家里经济窘迫，最后只能让弟弟一人读书，哥哥

科学家精神 育人篇

失学去做学徒。史绍华先报考了离家较近的宜兴中学,并被录取。但六叔了解到,教学水平更高的无锡中学高中部,还挂着无锡师范学校的牌子,当时读师范是免费的,而且对无锡中学初中部学生有免试入学的优惠政策。为了将来考虑,他建议史绍华再报考无锡中学初中部,但因为高小文凭已经被宜兴中学收去代存,史绍熙就将自己的高小文凭给了史绍华,被无锡中学录取后,史绍华从此也叫史绍熙,所以就出现了两个同名同姓且长相一样的史绍熙。为了通信方便,兄弟俩约定,哥哥字少白,弟弟字少华。

弟弟史绍熙初中毕业之后又考取了常州中学。这时,"九一八"的战火还未结束,日军又开始进攻离常州更近的上海,发起"一·二八"事变。满腔怒火的史绍熙开始思考如何摆脱任人宰割的悲惨命运,他曾经带头示威请愿,但最终认识到,祖国落后的根源在于工业与科技的落后,落后就要挨打。所以史绍熙立下了学好科技本领、走工业救国之路的志向。高中毕业之后,他报考了当时最好的工学院——北洋工学院,并被机械工程专业录取。4年之后,他以专业总成绩第一的名次毕业,并留校任教。1945年考取公费留英,赴曼彻斯特大学深造,攻读内燃机专业。

失学之后的哥哥史绍熙,后来在爷爷的支持下,重新回校读书,之后考取位于上海的国立交通大学,因为该校曾用名南洋大学,与弟弟史绍熙就读的北洋大学,同为近代著名实业家、教育家盛宣怀创办,所以兄弟二人一个北洋,一个南洋,在当地传为佳话。

重返母校,发展内燃机学科

留学英国的史绍熙于1949年完成博士论文《测量内燃机空气消耗量及其它脉动气流用层流流量计的研究》的答辩,获得博士学位后赴英国威尔士大学任研究员,继续从事内燃机的研究。这时他听到新中国成立的消息,想到祖国的建设事业百废待兴,他急切地想回国。但由于当时西方国

史绍熙　兴学强国振科工，产学研用开拓者

家对中国留学生回国设置了重重阻碍，他经过不懈的努力，最终于 1951 年才回到祖国，并受邀回到已经定名为天津大学的母校任教。

史绍熙在英国主要从事内燃机的研究，这对于工业基础十分薄弱的新中国而言意义重大。由于内燃机具有热效率高、机动性好、易于操作维修等特点，作为驱动机床、汽车、轮船等机械工作的动力来源，对于国民经济的发展具有基础性作用。但当时的内燃机主要依靠进口，也没有建立内燃机学科，仅在部分学校机械工程学科设有动力机械组，大大限制了专业人才的培养。

1951 年，史绍熙回国之后，首先思考的是内燃机人才的培养问题。这时正值学习苏联办学模式时期，全国的大学都在进行院系调整，并按照苏联经验，设置面向应用的学科专业。史绍熙据此提出创办内燃机专业、培养专门人才的思路。在几乎空白的基础上创办新专业，又谈何容易？没有教材，他就带头翻译苏联教材；没有教师，他就亲自上讲台授课，每天都工作十几个小时。在他的努力下，天津大学成为我国第一批开设内燃机专业的高校之一。到 1956 年，内燃机大楼落成，具备了基本的教学与科研条件。

专业人才是学科发展的基础。没有人，史绍熙就从培养青年教师入手。1956 年，他被评为研究生导师，开始招收研究生，我国从此开始自主培养内燃机专业研究生的探索。1981 年，他又被评选为我国首批博士生导师。在他的不懈努力下，1987 年，我

国第一个内燃机燃烧学国家重点实验室建成,同时还建成了我国第一个内燃机学科的博士后流动站。直到他辞世,"已培养了博士研究生75人,硕士研究生43人,并亲自承担了博士后的指导工作"。

倡导"教学、科研、生产一体化"

办大学的最终目的是什么?是增强国家的综合科技实力,为国民经济和社会发展服务,"要实地把中华改造"。因此,大学的学科建设与专业设置,也必须与科学技术的快速发展相适应,一方面要培养国家建设所需要的人才;另一方面大学也要主动开展学术研究,直接为国家建设服务。要实现二者统一,就需要走产学研相结合的道路。

在英国留学时,史绍熙经常去工厂实习,这让他认识到:"一个国家不搞科学和技术是不会发达的。只有发展科学技术,才能发展工业,才能国富民强。"回到祖国之后,在高校教学的经历让他进一步认识到:"只教学不搞科研,国家的科学技术与教育水平都上不去,教育不能和生产实际相脱离。高校应该既出人才,又出成果。"

内燃机作为与生产结合十分紧密的应用型专业,只靠课堂上的讲授,而脱离生产实际是不行的。专业创办之初,面临着经费缺少、仪器设备不足、教学实习困难等诸多难题。但这些困难,都没能阻挡史绍熙,他想到了与企业联合开办研究所的思路,一方面可以利用学校的技术力量为企业服务,密切大学与企业的联系,从而克服理论教学脱离生产实际的问题;另一方面企业可以为大学提供办学所需要的经费与实习条件。

为了实现这一目标,史绍熙奔波于学校、农机部、天津机电局等单位之间,用自己的办学理念与热情感染他们。在他的不懈努力之下,首先获得了时任天津市科委主任罗云的支持,并促成与天津市机电局的合作。依托学校的科研优势,承担机电局科研任务并获得经费支持,共同成立天津内燃机研究室。1958年7月1日，正值中国共产党建党37周年纪念日，研究室正式成立。

研究室虽然建立起来了，但运行起来仍然困难重重。首先是缺人，专职科研人员只有7人，包括机电局抽调的5名科研人员和2名刚毕业的大学生，天津大学还有师生兼职参与到科研工作中来。条件虽然艰苦，但研究室仍然攻克了多个系列柴油机的设计与研究、样机试制等生产中亟须解决的难题。为了进一步提升研究能力，机电局将拥有200余名职工的天津市内燃机修配厂划归研究室。史绍熙又争取到教育部与农机部的支持，将研究室扩建为内燃机研究所，他亲任所长。依托研究所这一平台，承担了大量的国家科技项目和新产品研发任务。

"教学、科研、生产一体化"的思想，在他担任天津大学校长之后，得到了更充分的体现。他认为高校不能只抓教学，也应该成为科研的主力军，所以学校先后与十几个省（区、市）建立了产学研合作关系，如促成天津大学与中国石油化工总公司联合办学，建立了石油化工学院。正是在他的努力之下，使得天津大学由以教学为中心，转变到教学、科研"两个中心"上来。

建设综合性大学

担任天津大学校长之后的史绍熙，首先需要思考的是大学"培养什么样的人？怎么培养人"的问题。他意识到经过院系调整之后的天津大学，成为单办工科的"多科性工科大学"，这样培养出来的人才，就会出现知识结构单一的缺陷。而世界著名大学的办学经验表明，学科门类众多的综合性大学，其适应知识更新的速度越快，吸纳新学科的能力越强，学科交叉的范围越大；反之，越是科类单一的大学，在发展过程中越容易出现后劲不足、潜力受限，甚至遇到发展的瓶颈。所以他指出："我国高等教育，在较长的一段时间里,理工分校,文理分家,使学生所学知识和技能比较狭窄,落后于科学技术的发展。很多人的聪明才智未能得到充分的发挥,因而不能在现代化建设中发挥更大的作用。"

历史上的北洋大学,曾经朝着综合性大学的方向努力。建校初期设有律例、工程、矿务、机械4个学科,1897年又增设铁路专科,1903年应外交需要,增设法文班、俄文班,1907年又开办师范科,培养出齐璧亭等著名教育家。抗日战争胜利之后,北洋大学建有工学院和理学院,并规划恢复法学院,增设文学院和医学院,后因新中国成立后院系调整而未得到实施,按照国家确定的办学目标,继续专办工科。

改革开放之后,科教战线迎来了"科学的春天",高等教育进入了快速发展期。史绍熙提出:"综合化是现代科学发展的一个显著趋势。科学的体系,就像一个纵横交错的立体网络,是一个有机的整体。以多学科的理论、方法进行横向和立体的研究,不仅是现代科学发展的需要,也是时代对教育的要求。那种以传授一门狭窄的专业知识为宗旨的教育显然是不适应了。因此,从我国的实际情况来看,把一批重点大学办成综合性大学,既是高等教育发展的规律性反映,也是客观要求。"在这一思想的指引之下,他开始了把天津大学办成综合性大学的教育实践。

学科专业的综合化

史绍熙所理解的综合性大学,首先是学科专业的综合化。1983年,史绍熙主持制定了《天津大学1984—1990年发展规划》,第一次把建设"综合性大学"写入学校的发展规划,确定了学校"八五"期间的主要奋斗目标,是把天津大学由"多科性工科大学",发展成为"具有工科、理科、文科和管理学科的综合性高等学校。在若干学科领域形成自己的特色,使之成为在国内居于领先地位、在国际上享有盛誉的高等学府。"

与此同时,史绍熙还提出为了适应科技快速发展的需要,应当设置一些新学科与新专业,更新老专业、老学科,尤其是再建设一批重点学科的思想。他率先进行学科设置的改革,在工科各学系之外,先后建立了数学系、物理系、力学系、化学系和应用化学系等理科学系,外语系、人文与社会科学系等文科学系,新建了研究生院、管理系、石油化工开发中心,基本形成了以工为主,理、工、文、管相结合的综合性格局。这一具有前瞻性的办学思想,为日后天津大学的发展起到了重要的战略指导作用。

办学层次的综合化

高等学校所培养的人才,必须为国家建设服务。改革开放之后,史绍熙意识到,要发展经济,教育必须先行。所以重点大学应当肩负起为国家培养高层次拔尖人才的重任,培养高层次的研究生人才。所以他提出举全校之力,兴办研究生院。1985年与1978年相比,指导教师数量增加了5倍,研究方向增加到原来的4倍,招生专业增加了8个。把以培养本科人才为主的天津大学,发展成为本、研并重的综合性大学。

另外,高校除了培养本科生和研究生之外,还应当发挥自身的优势和潜能,适当开展多种办学形式,这也是解决在职人员更新知识和适应国民经济发展需要培养人才的一条有效途径。所以天津大学开设了干部专修科、大专班、夜大学,开展在职技术人员的继续教育和短期培训,通过采取不同学制、不同规格、多种形式的办学方法,为国家培养各种急需的建设人才,取得了较好的效果,受到了经济建设部门的欢迎。

学生知识结构的综合化

大学要为谁培养人?史绍熙认为:"未来社会的竞争是人才与知识的竞争,更是一个国家国民综合素质的竞争。作为祖国未来建设的生力军,大学生的综合素质培养不容忽视。"经过不断反思,他提出"高等工程技术人才,不仅要掌握扎实的基础理论和专业知识,而且要有宽广的知识面,要有适应学科间交叉、渗透的能力和科学的创新精神",要"一专多能,全面发展"。

我国学生的优势在于学习刻苦、基础扎实，但习惯于"先生教多少，学生学多少"，不善于主动获取新知识、提出新问题。为了培养创新型人才，就需要进行专业实践和勤工俭学，提升其综合素质。史绍熙指出："今天的勤工俭学活动更加有组织、有系统，有领导的支持，而且突出了科技服务、知识输出、智力开发等特点，发挥了大学生的优势。这种知识输出型的勤工俭学活动，不仅使学生有一定的经济收益，更重要的是使学生们应用和强化了学得的专业知识，锻炼了实践能力，同时积极为社会作出了贡献，增强了大学生的社会责任感和学习的动力。"

"双严"治校

史绍熙回忆自己在北洋读书期间的经历，他说自己求学四年，每学期总成绩都是第一名，这是与北洋严谨的学风分不开的。而"严谨治学""严格要求"是北洋立校时就确立的优良传统，这也让他终身受益。

史绍熙于1981年开始担任天津大学校长，这时刚刚恢复高考不久，师生对待教学的态度不一，有些课堂会出现纪律松弛的情况，各项教学科研工作仍然存在诸多需要改进和提升的地方。史绍熙担任校长之后，强调要继续发扬天津大学"严谨治学""严格要求"的优良传统，开始把精力用于提高教学质量上来。

1982年4月，在史绍熙的主持下，天津大学召开教学研讨会，制定并出台了《贯彻"严谨治学，严格教学要求"的意见》，明确提出把"双严"治校确定为治学方针，同时针对教师执教、学生学习和校系两级的教学管理，提出了一系列明确要求，这对于学校加强教学管理、提高教学质量都起到了重要作用。

"双严"治校，体现在同时对教师和学生严格要求，无论是课堂教学、考试，还是实践教学等方面，都做了详细的规定，具有很强的指导意义和可操作性，如必须要由有教学经验、教学效果好的教师给学生授课、指导毕业设计；教授、副教授每年必须给学生讲课，其中每两年至少应有一学期给本科生开一次课；严格执行教学计划，认真完成教学任务。

可以说，史绍熙担任天津大学校长后，又一次把"严"字确定为校风，在全校师生当中形成共识，并一以贯之地坚持下来。1999年，教育部派专家组针对天津大学的本科教学工作进行评估，经实地考察，最后给出"优秀"的成绩。同时指出，"严谨治学，严格教学要求"是天津大学办学的特色之一。天津大学的教学质量不断提高，学生质量得到社会的认可，也是与这一方针分不开的。

高等教育与国际接轨

由于工作关系，史绍熙经常出国参加学术交流，所以他对国外大学的办学水平和发展趋势有着相对清晰的认识。他习惯于将我国培养的人才与国外进行比较，并提出"我国高等教育要与国际先进的高等教育接轨"的主张。

史绍熙担任天津大学校长时正值改革开放初期，在他的不懈努力之下，天津大学先后与30余个国家开展学术交流或建立合作关系，实现了互派研究生、互派教授讲学、开展科研合作等。这些国际交流活动，大大拓展了师生的视野，促进了科技创新，对于教学科研质量的提升发挥了重要的促进作用。

当然，在博采各国办学之长的基础上，史绍熙也注意到不能完全照抄国外的经验，而是要结合我国的具体国情，从民族特点出发，最终形成具有中国特色的社会主义高等教育体系。

科学家精神 育人篇

兴学强国的科学家

回顾史绍熙的一生，从年轻求学时坚定工业救国的理想，到回国后开拓内燃机学科教育，培养高层次人才，提出高等教育综合化发展思路，拓展办学的国际视野，他一直说："我们讲全心全意为人民服务，但是如何实现？我理解，这就需要办一些事情，都要把国家、人民的利益放在首位。"所以他用自己的专业素养与努力，去遵循与践行"不从纸上逞空谈，要实地把中华改造"的理念。

这一理念也深深地影响了天津大学的师生。史绍熙常拿人生比作地球，他认为专业素质是经线，要沿着既定的目标向纵深发展，掌握系统的科学知识，奠定坚实的基础，将来才能报效祖国、服务人民；道德素质是纬线，既要有高尚的品德，又要有强烈的社会责任感，时刻把祖国和人民的利益放在首位，事不避难，勇于担当。经纬线系统地交织在一起，才能构成充实而富有意义的人生。

（撰稿：天津大学　陈印政）

参考文献

[1] 史连佑. 永久的怀念：著名科学家与教育家史绍熙院士[M]. 天津：天津大学出版社，2002.

[2] 王杰，韩云芳. 百年教育思想与人物[M]. 天津：天津大学出版社，2010.

[3] 闫广芬，王红雨. 史绍熙：科教兴国的先行者[J]. 中国高等教育，2016（18）：33-35.

[4] 史绍熙. 关于高等教育改革与发展的几点认识[J]. 高等工程教育研究，1986（2）：3-5.

[5] 史绍熙. 我主张大学生搞勤工助学[J]. 高教战线，1985（5）：14-16.

[6] 史绍熙. 教学、科研、生产的宏观一体化[J]. 高等教育未来与发展，1985（2）：1.

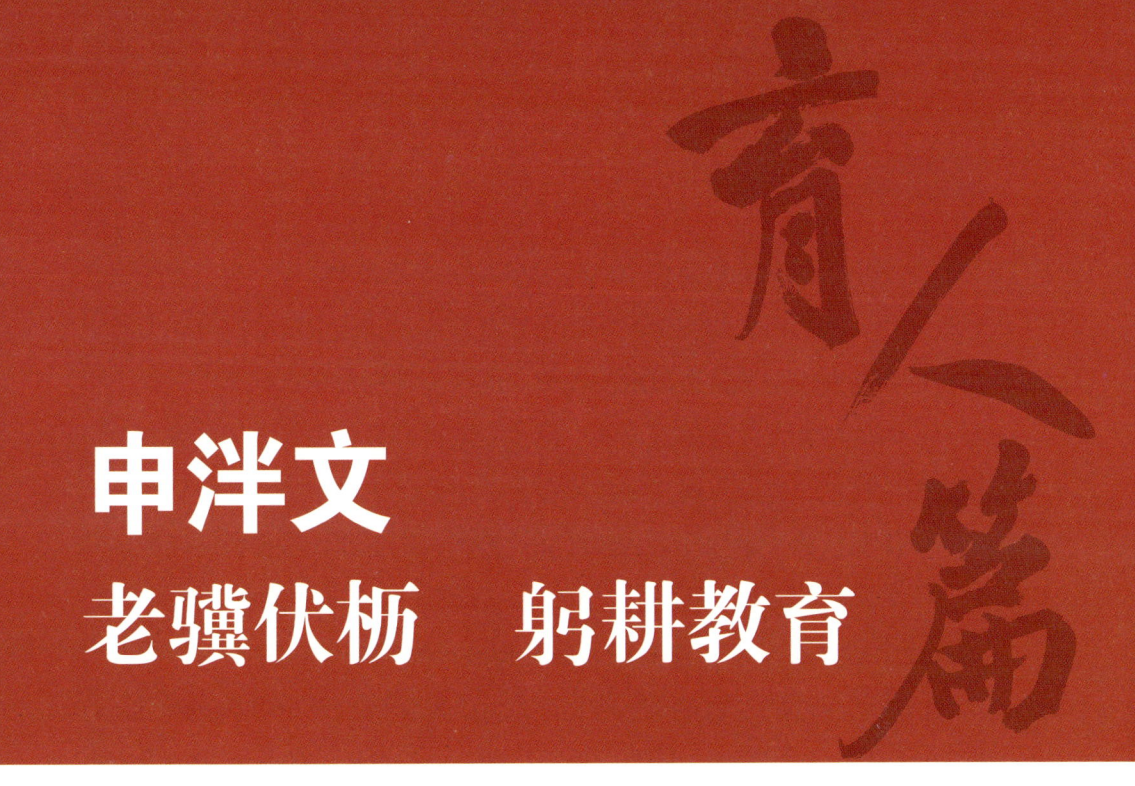

申泮文
老骥伏枥　躬耕教育

> 申泮文（1916年9月—2017年7月），教育家、化学家、翻译家，中国科学院院士，当代无机化学学科的奠基人之一。他是我国著名也是执教基础化学课时间最长久的化学家，创下了我国化学教育和科学研究的多项"第一"：研制出我国第一代镍氢电池；最早开展金属氢化物化学研究；编写出我国化学界第一部中文教材；第一个在化学教学中应用计算机技术；主持完成我国第一部多媒体化学教科书软件；等等。他一生留下了70万余卷册、3000余万字的著作，堪称中国最"高产"的化学家，连续三届获得国家级教学成果奖，被授予国家级教学名师奖。

诲人不倦的教学名师

申泮文不仅是一位成就卓著的科学家，也是一位诲人不倦的教育家。他认为，做科学研究固然重要，教书育人更是百年大计。在一篇写给青年

科学家精神 育人篇

人的文章中,他深情地说:"在科学家和教育家两种称号之间,如果只允许我选择一种的话,那我宁愿选择做教育家。""让中国的高等化学教育走在世界前列"是他孜孜以求的理想。他认为实现这个目标要靠几代人去努力,因此培养人才是最重要的。即使"重科研轻教学"之风蔓延,他也始终不为所动,倡导重视青年教师在教学中倾注更多精力,并身体力行。

申泮文认为,老教授、名教授坚持给本科生上课,这种情况在国际知名大学其实比较普遍,只是在国内越来越稀有,这是不正常的。在他看来,名教授上课,不仅是一种形式,更是传达一种气质,一种渗入骨髓的对真理的思辨与追求,能对青年学生产生巨大的影响。他 101 岁的人生,有近 70 年在坚守着那三尺讲台,坚守着他心中的责任。他长期坚持为本科生授课,在 95 岁高龄仍执教不辍。申泮文认为,激发学生的学习兴趣远比死板的"传道"更重要。因此,他总是以学生为主体,化抽象为具体,激发学生学习新知与探索科学的兴趣。他上课总是带很多自制的教具,如用彩色气球制作的杂化轨道模型、用乒乓球制成的密堆积模型等。每次 200 多人的大教室里,一定是座无虚席。学生们说:他上课声音洪亮,思路清晰,且从不迟到,不少学生都是因为听过他的课后,才真正爱上了化学。申泮文认为,好老师贵在以身作则,好的教育效果贵在潜移默化。2007 年夏季的一天,突然白昼如夜,暴雨瓢泼,南开园内积水很深,很多学生都没能赶来上课,因为天气太糟糕了,大家都以为年迈的他一定也不会来了,没想到上课前,他就出现在教室门口,手里握着雨伞,半个身子都湿透了,雨水顺着额头不停地滴落下来。那一刻,室里响起雷鸣般的掌声。他严谨求实的治学态度、精益求精的敬业精神、诲人不倦的高尚师德、平易近人的人格魅力深深影响着青年学生。2005 年,申泮文以"我国执教时间最长的化学教师"的评语,入选"中国 10 位最令人感动的教师"。2009 年,他被授予国家级教学名师奖。

申泮文善于发现培养青年人才,做提携后学的"铺路石"和领路人。

申泮文 老骥伏枥 躬耕教育

他说:"作为人师的最大乐趣,莫过于甘做人梯,充当伯乐。为培养优秀人才、发展国家建设事业奠基铺路。"无论是在科学研究,还是翻译教材中,"大兵团作战"是申泮文引以为傲的工作方法。他善于集智攻关、团结协作,尤其对后学勉励有加。例如,1978 年,国家引进了一批外国教材,高等教育出版社召集一批相关的高校教师,组织翻译工作。其中有一部美国著名教科书 Nebergall: General Chemistry,几个兄弟院校教师认为

完成翻译需要两年时间。申泮文提出可以 4 个月完成。此言一出,语惊四座,没有人敢竞标,高教出版社当即把翻译任务委托给申泮文。俗话说,没有金刚钻,不揽瓷器活。申泮文之所以敢于接受任务,并承诺在短期内完成,一是有多年的翻译工作经验;二是他早已培养了一支翻译队伍。凭借出色的组织领导能力,申泮文带领团队创造了 4 个半月翻译 105 万字《普通化学》的奇迹。在 1988 年 1 月出版的《中国翻译家辞典》中,有这样的一段评价:"申泮文是一位有能力的集体翻译工作的组织者,他所组织的翻译工作以快速和文字流畅著称。"申泮文谦虚地说,译文并不是我自己的,是翻译集体的、大家的,我只是集体译文的美容师。但据他的翻译合作者回忆:作为翻译组织者,申泮文不但自己要做翻译工作,还要对每一个译者的翻译稿进行修改、批注,花费的时间、精力往往比自己翻译还多得多。参加申泮文组织的翻译工作,是年轻人快速成长的有效方式。

"所谓大学者,非谓有大楼之谓也,有大师之谓也。"一所大学里有好的老师才能教出好的学生,申泮文深知对青年教师培养的重要性,

早在 20 世纪 80 年代初期，他就在南开举办了全国大学化学师资培训班，先后有各个大学的青年教师数百人前来学习，这对后来数十年中国化学人才的基本格局产生了重大影响。

与时俱进的改革先锋

申泮文说："没有一门科学能像化学这样创造出新的物质，所以化学是一个创造新世界的科学。"他的与时俱进从来不是说说而已。80 岁起学电脑，90 岁开"教育博客"，以耄耋之年在计算机教学领域和高等化学教育改革中作出了杰出的贡献。

早在 20 世纪 80 年代初，申泮文便看准计算机必将成为高等教育教学中的重要工具，力主推动计算机在高校的普及。1984 年，申泮文访问美国密歇根大学，参观了该校化学系的教学和实验设备，第一次见到了计算机辅助教学，对他触动很大，当即就邀请主持此项工作的巴特勒博士访问南开大学，最早将 CAI（多媒体计算机辅助教学）技术引入中国。遗憾的是那时的南开园里还没有计算机，但"利用多媒体编程技术进行教学改革，研制出世界一流的现代化教学软件"的念头从未在他心中抹去。从 1995 年起，申泮文便致力于多媒体化学教科书软件的开发工作，运用计算机技术，对以往的教学手段进行改造。79 岁的他从头学编程，率领一批博士、硕士和本科生，开发软件。"当时计算机刚刚在中国兴起，我们都没怎么接触过，申老以 80 岁之身开始学习计算机，我又有什么理由推脱呢？"他的学生们如是说。一个实验室，十几台电脑，申泮文带领着 30 余名学生投入紧张的工作。他们一边编写电子教科书脚本，一边把脚本内容做成多媒体课件。每编写出一个章节，申泮文都要过目并做详细修改，定稿后再由师生边学习、边讨论、边编程，编出的课件就在教学中试用。经过 3 年的艰苦努力，他硬是"把化学元素周期表'变'到电脑里"，

申泮文　老骥伏枥　躬耕教育

60多万个汉字、4000多幅图片、1000多幅动画凝结了他多少心血。1999年，我国第一部多媒体化学教科书软件《化学元素周期系》由高等教育出版社出版发行，并在全国各大高校推广。2001年，该电子教程获得国家级教学成果奖一等奖。为推动计算机在高校的普及，探索教学改革新路径，申泮文在大学低年级学生中开办"化软学会"，在高年级学生中开办"分子计算中心"，为学生参与教学改革提供舞台、创造条件。对此，他不无自豪地说："现在化学课是高级科学实验、高级理论、计算机应用三驾马车联合体，在这方面，我们在许多大学里是领先的。"

申泮文始终关心化学学科建设和教育教学改革，作出了许多开创性的工作。他说，我们教育工作者要增强危机意识，为国家的教育事业提供意见。教育改革可是要"摸着石头过河"。他认为"石头"有二：一是中国教育史上的成功案例，如西南联大和张伯苓创立的南开教育体系；二是国外先进教育的规律和经验。申泮文关注世界高等化学教育的发展趋势，认真研究了美国著名大学化学学科教学计划的变迁，分析了我国高等化学教育的不足：一是国际上一年级化学课程都叫作"General Chemistry"，翻译成中文应该是"化学概论"，而我国叫"普通化学"。"普通"二字掩盖了整个课程的内容，掩盖了课程的指导思想，也掩盖了课程安排的教学法。二是"无机化学"应该作为一门高年级课，而不是一年级化学课。三是新兴交叉学科建设薄弱，对量子化学、计算机化学、绿色化学等化学研究新方向重视不够。

为推动中国的高等化学教育向世界一流水平靠拢，申泮文在南开大学开始试行高等学校化学教育教学改革。除了建设"计算机化学"学科、编写电子教学软件以外，申泮文还将本科一年级化学课程正式定名为"化学概论"，并制定了《高等化学本科基础课程体系新课程设置方案》。为了配合新设置的教学体系，申泮文组织编写《南开大学近代化学教材丛书》，《近代化学导论》是其研究成果之一。该书作为本科一年级化学基础课教材，在内容上着眼于反映学科概貌的同时，着重反映化学学科对人类进步和社会发展的作用和贡献。运用通俗易懂的语言，介绍化学的基本概念和基础知识，通过大量的实例来启发学生的思维，提高学习的兴趣。该书一经推出，便被列为"面向21世纪课程教材"和"十一五"国家级规划教材。使用这部教材的课程"化学概论"被评为国家级精品课程。1999—2008年，申泮文带领团队尽十年之功，编写了27部32卷册化学基础课程和部分专业课程教材，近1800万字。《南开大学近代化学教材丛书》为我国高校化学课程体系的深度改革、为提高教学质量和培养创新型人才创造了良好的条件，对全国高校化学教学的改革产生了深远的影响。2009年，该项成果获得国家级教学成果奖一等奖。

"爱国主义教育的践行者"

申泮文常说，自己的一生就做了两件事：化学和爱国。爱国主义教育已经融入了他的一言一行之中，融入了他的教师生涯当中。在南开园，申泮文被师生们誉为"爱国主义教育的践行者"。

申泮文是一名"老南开"，从初中到大学都在南开接受教育，后又在南开大学任教终身。对学生进行爱国主义教育是南开大学的优良传统。"爱国奋斗，公能日新"的南开精神在他身上留下了不可磨灭的烙印。他说，"我们办教育就是为了建设国家，只有每个人都爱国，国家才有希望"，"爱国主义教育环境出人才"是一条真理，经得住历史的考验，"这一命题值得今天的教育工作者和受教育者共同深刻思考，向历史汲取经验，那就是，强化爱国主义教育是培养大量高素质人才的重要思想政治前提"。

申泮文是一位爱国者，也是南开精神的传承者。他说："我是在抗日战争的大环境下度过求学生涯的，南开学校的爱国主义教育让我受益终生。"他认为，一所大学不仅要传授知识，培养探究知识的能力，更要注

申泮文　老骥伏枥　躬耕教育

重精神塑造，养成一种浩然之气。"知识会不断翻新，但精神却可以成为一种人文的底蕴和血脉的渊源，积淀为大学和人生最可贵的力量。" 多年来，他身体力行，积极致力于南开爱国主义精神的宣传教育。从1987年起，他组织学生成立了"南风宣传队"，把自己收藏的图片制作成展牌和幻灯片，每年都自费举办爱国主义教育展览，影响着一批又一批南开学子。也是在这一年，申泮文率先提出要纪念南京大屠杀50周年，在校园内展出40余幅历史图片，在师生中引起了很大轰动。1995年，申泮文编写的《天津旧南开学校覆没记》由南开大学出版社正式出版。2005年，抗日战争暨世界反法西斯战争胜利60周年之际，他又亲自打印了13幅南开大学被日寇毁掠的历史照片悬挂在校园里，警示师生铭记历史，勿忘国耻，砥砺奋进，开创未来。作为一名情系学生的老党员，他几十年如一日为学生开讲大学第一课，主题便是爱国。每年新生入学，南开大学的很多院系都会邀请申泮文开办"铸我南开魂"系列校史讲座，对于这样的邀请，他不论多忙都从不拒绝。他说："爱国主义教育是育人的根本，是我们教师最崇高的责任。"申泮文的学生回忆说："申先生经常在专业课以外的时间，给他们进行爱国主义教育。记得当年在上完课以后，申先生把一些抗日战争时期的老照片，在教学楼的大厅里展示给我们看，教育我们一定要为国家强大而努力。"2006年，申泮文在天津发起成立"张伯苓教育思想研究会"，并任首届理事长，学习、研究、宣传、推广张伯苓爱国思想与实践。殷殷爱国情，拳拳赤子心。申泮文身上爱国奋斗、公能日新的精神力量深刻影响着一代代年轻人。

申泮文的一生，是爱国敬业的一生，是教书育人的一生，是艰苦奋斗的一生，是无私奉献的一生，更是践行南开精神的一生。他曾经深情地说："公能校训已融化在我的血液中，我这一生无愧于老校长的教诲，无愧于南开。"他是这样说的，更是这样做的。

（撰稿：南开大学校史研究室　张鸿）

参考文献

[1] 申泮文. 人才成长与事业成就[M]// 韩存志. 新世纪的嘱托：院士寄语青年. 上海：上海教育出版社，1999.

[2] 韩峰. 我的教育人生：申泮文百岁自述[M]. 北京：中国科学技术出版社，上海：上海交通大学出版社，2015.

徐光宪
桃李满天下，师德传四方

徐光宪（1920年11月—2015年4月），物理化学家、无机化学家、教育家，中国科学院院士。长期从事物理化学和无机化学的教学和研究工作，涉及量子化学、化学键理论、配位化学、萃取化学、核燃料化学和稀土科学等领域。他编写的《物质结构》一书获得1988年全国高等学校优秀教材奖特等奖，2009年获国家最高科学技术奖。

徐光宪先生是我国著名的物理化学家、无机化学家及教育家。1944年他从上海交通大学化学系毕业后，又先后于1949年和1951年在美国哥伦比亚大学获理学硕士和哲学博士学位，被选为美国 Phi Lamda Upsilon 荣誉化学会会员及 Sigma Xi 荣誉科学会会员。回国后的他又历任北京大学化学系副教授，放射化学教研室主任，技术物理系副主任兼核燃料化学教研室主任、教授，化学系无机化学教研室主任，稀土化学研究中心主任等重要职位，在我国稀土分离理论及其应用、稀土理论和配位化学、核燃料化学等方面作出了重要的科学贡献。20世纪50年代初,他在配位化学领域开展研究工作,改进仪器设备,把极谱法的测量精度提高两个数量级,并提出新的实验数据处理方法,从而得到更为精确的结果,他还在国际上较早测定了碱金属和碱土金属与一些阴离子的配位平衡常数。1957年,他被任命为北京大学放射化学教研室主任,开始从事核燃料萃取化学的研究,改进和提出了几种测定萃取平衡常数的方法。后来他所提出的萃取体系分类法在国内被普遍采用,这项研究很好地带动了国内该分支学科的发展。80年代后,他不断拓宽研究范围,为了打破中国稀土工艺的缺失,主持开展了稀土化合物电子结构的研究工作,大胆采用了萃取法进行稀土分离,后陆续提出了可广泛应用于稀土串级萃取分离流程优化工艺和分馏萃取三出口工艺的设计原则、方法和极值公式,建立了串级萃取动态过程的数学模型与计算程序、回流启动模式等。后这套工艺在上海跃龙化工厂实际生产中获得成功,创造了一个令世界瞩目的"China Impact"(中国冲击)。

在硕果累累的背后,他还是一位在讲台辛苦耕耘的仁师、一位出色的教育家。在他从教的50余载里,不仅桃李满门,众多学生都成为化学领域重要的人才,他还在我国的教育事业上写下了浓墨重彩的一笔,留下了为人师表的典范。

重视科研基地建设和学术交流

徐光宪非常重视科研基地的建设,将其视为稳定科研队伍、持续深入开展研究工作的基础和培养人才的需要。

稀土是17种彼此相似、很难分离的金属元素,并且它们有着非常奇特的光、电、磁特性和催化作用,在各国的军事上都发挥着重要的作用。稀土分离工艺作为高度保密的尖端技术,被掌握在国外少数厂家手里,

徐光宪　桃李满天下，师德传四方

而中国拥有全世界已查明稀土储量的80%，但却一直没有掌握稀土分离工艺。

经过徐光宪的建议和不懈争取，1986年，北京大学成立了稀土化学研究中心，承担了国家自然科学基金的重大项目，极大地提高了研究实力，为之后我国稀土化学的研究提

供了良好的环境。1989年，当我国利用世界银行贷款来支持重点学科发展实施这一项目立项后，他竭力争取机会，最终得以在学校领导的支持下建立北京大学"稀土材料化学及应用"国家重点实验室。尽管筹建过程十分不易，但实验室的建成无疑是对我国稀土功能材料基础研究的一个重大助推，且取得了显著的成就。

为了把我国丰富的稀土资源优势转化为经济优势，1991年，徐光宪和倪嘉缵联合建议将"稀土科学基础研究"项目列入国家攀登计划中，经国家批准后共同担任该项目的首席科学家，带领团队继续勇创佳绩。1997年后，徐光宪又积极推动将"稀土功能材料基础研究"项目列入国家重点基础研究发展规划中，获科技部批准后他任该项目的专家委员会顾问。

他在所有专职和顾问工作中都始终保持着高度认真负责的态度，积极组织学术活动和学术交流。1986—1994年，在他任国家自然科学基金委员会化学学部主任期间，他带领学部的工作人员，建立起基金委化学学部资助项目的严格评审制度，制定了具体的工作规程，为之后基金委化学学部的规范化工作打下了基础。1980年，他担任中国稀土学会副理事长以来，主持召开了多次国际和全国性稀土学术会议。在任中国化学会第22届理

事会理事长和亚洲化学联合会主席期间,他先后在 1987 年第 25 届国际配位化学大会和 1991 年第四届亚洲化学大会中担任主席,促进了国内外化学科学的学术交流。

重视教材编写工作

徐光宪一直以来非常重视教材建设工作,他认为一本好的教材对学生的学习有很大帮助,并且一直关注着化学领域的基本概念和理论对学生接受新知识能力的影响。

1952 年,全国进行大规模院系调整,北大、清华、燕大三校的理学院合并为新北大的理学院,合并后物理化学由我国著名物理化学家、化学教育家黄子卿先生讲授,他将其中的原子结构、分子结构和化学键部分分出来,而其中"物质结构"新课就由徐光宪来开设。

"物质结构"这门课当时在我国还属于绝对新的课程,即使在世界一流大学,开设这门课程的也屈指可数。所以在国内并没有"物质结构"课的教材,徐光宪必须要为课程自己编写讲义。据他自己回忆:"我从 1952 年开始讲授这门新课时,不得不从大量的参考书和原始文献中选择合适的内容,经过消化、整理和创新,化繁为简、化难为易、去粗存精、去伪存真,用通俗的语言、深入浅出的说理来编写讲义。"在他的精心编排下,物质结构课大获好评,受到了学校的重视和学生们的喜爱。

1957 年,教育部邀请唐敖庆、吴征铠、卢嘉锡和徐光宪 4 人一起编写《物质结构》教材。他们在两个月内完成了初稿的一半左右,由于前三位教授教学科研任务繁重,实在没有时间兼顾书籍编写,徐光宪就担起了这个任务。他以北大化学系开课 6 年的物质结构讲义为基础,修改和整理这些内容。在教学之余,他用两年之内一切可以利用的时间来进行教材编写,终于不负各高等学校、科研单位的期待,《物质结构》一书于 1959 年

2月由高等教育出版社出版，1961年人民教育出版社又分为上下两册将其再版2次，后来又先后再版和修订，成为几十年间全国各大专院校相关专业的通用教材，影响了几辈人的学习和成长。书中不仅细致讲解了课程的基础知识，还贯穿着深刻的辩证思想，教会学生在学习中自主思考。该书1988年被评为全国高等学校优秀教材奖特等奖，是化学领域唯一获此殊荣的教材。

1978年，受到钱三强号召，徐光宪在继续稀土研究的同时拾起了量子化学的研究，不仅开设多门课程，还负责编写讲义，和黎乐民等合作编写了一套研究生用的量子化学教材《量子化学基本原理和从头计算法》（上、中、下三册）。学习量子力学需要的是广泛的数学和物理学的基础，而在当时这些课程并没有对化学系本科的学生开设，所以徐光宪对这3本教材的编写做到了深入浅出，对必要的数学、物理学基础知识进行详略得当的介绍，因此，这套书推出后受到了广泛的好评，其内容和形式在国际上都是非常有特色的。

除此之外，徐光宪还编写了《原子核物理导论讲义》，这是他转到技术物理系的第一项工作。此书主要囊括了他在讲课过程中向化学系学生补充的缺失的物理知识，内容丰富、细节充实，还增添了原子核科学发展史的板块，使全书的主旨更加深刻。

重视人才培育

在国家科技人才的培养上，徐光宪倾注了大量的心血。在他执教的50余载里，教授过物理化学、物质结构、统计力学、量子化学、分子光谱、原子核物理导论、核燃料化学、萃取化学、高等无机化学等许多课程，他培养了数十名研究生，其中不少人已经成为我国的科研骨干，还曾培养出包括4名院士和3名长江学者在内的优秀科研队伍。

科学家精神 育人篇

1954年，徐光宪与唐敖庆、卢嘉锡、吴征铠在北京共同主办物质结构进修班，培养了全国第一批物质结构课的师资。1957年，他参与了北京大学技术物理系的创办，在《核科学家摇篮——北京大学技术物理系成立四十周年》纪念册里提到："1956—1966年的十年，是技术物理系蓬勃发展并不断巩固提高的时期。在这十年中，技术物理系为祖国原子能事业培养出一大批高水平的专业人才，如今他们已经在科研、教学、行政管理等方面发挥着重要的作用……建系四十年来，我系为祖国的原子能事业培养了大批优秀人才，为我国核科学技术事业的发展作出了不可磨灭的贡献。"这足以见得徐光宪为打造北京大学技术物理系所作出的重大历史贡献。1960年，他受教育部委托举办全国物质结构和放射化学教师进修班，培养了一批原子能事业的化学教学人才。1976年，他又到上海跃龙化工厂主办串级萃取理论讨论班，为串级萃取理论在全国的推广应用打下了基础，对我国的稀土事业影响深远。

除了加强学科教育外，徐光宪还十分关心关爱学生的成长和成才。对于青年教师，他时常向他们传授教学经验，告诉他们教好书的关键是广泛地掌握知识，要把教材理解透彻，变成自己的知识，才能更好地给学生教授，并鼓励他们刻苦钻研、锐意创新，以做出一流的工作，希望他们能"青出于蓝而胜于蓝"，为民族争光；对于学生，他平易近人，毫无居高临下的说教之感，强调优异的成绩总是和刻苦努力息息相关，指出创新的第一步就是提出问题，要有对于科学的好奇心，鼓励大家发表学术见解，并对虚心求教的学子始终热心相助。他的战略眼光始终心系祖国，将科学事业与国家需要紧密结合起来，将基础研究服务于国家发展，对此他坚定地说道："我的科研理念是立足基础研究，面向国家目标。"

几十年来，徐光宪及其夫人高小霞院士的教学科学成就有目共睹，2005年后，徐光宪根据夫人的遗愿，从两人名字中各取一字，设立了"北京大学化学学院霞光奖学金"，为爱国勤奋的贫困本科生提供支持和帮助。

独到而深刻的教育思想

在多年的教育生涯中，徐光宪不断思考和总结，在基础教育领域形成了自己的理念和教育思想。他对素质教育有着独到的见解，尤其重视学生的素质教育和创新精神。他认为，素质教育第一要培养做人的素质、基本思想道德素质，即德育；第二是科学素质、技能素质和人文素质，即智育；第三是健康的素质，即体育；第四是艺术的素质，即美育；第五是适应社会的素质，即群育；第六是从事体力和脑力劳动的素质，即劳育；第七是幸福快乐观，即乐育。所以，素质教育就是全面培养学生的"德、智、体、美、群、劳、乐"七育。

在学习和做研究的方法上，徐光宪提出了很多见解，最后将多年的治学心得总结归纳成创新与知识积累、创新链和创新树、分类研究法、学科交叉法、移花接木法等"科研创新十六法"，为我国科研人才的创新提供了指导。他认为，教师在传授知识的同时，还要注重培养化学工作者的职业素质，要注意培养学生的动手能力，养成良好的实验习惯。另外，还要培养学生的自学能力，培养学生做科学研究的能力，以及培养学生在科学研究中如何创新。

在教材编写工作上，他一心为读者着想，要求教材能够做到：第一要能够使读者读后有很大的收获，既能掌握课程的基础知识，了解学科最新成就和发展趋势，又能在读完书和做完习题后，潜移默化地了解其中的科学思想、学习方法和研究方法，用学到的知识分析和解决遇到的问题；第二要易学、易懂、易教，编著者还必须有丰富的教学实践，下功夫将书中的疑难之点解释清楚。他认为，对于任何一门学科的教学和教材建设，都应该生动活泼，把这个学科"立体多维"的图像向学生展示出来，而不是死板地传授知识，要"千方百计为读者着想"。

科学家精神 育人篇
SPIRIT OF SCIENTISTS

师之榜样　流芳后世

作为重视科学方法论的教育和养成的科学家，耄耋之年的徐光宪也从未停止思考和总结。他清楚科学的发展不仅需要物质条件、生产和技术基础，更需要科学思维，所以一直站在学科的前沿关注和思考学科的发展。在 21 世纪到来之际，他先后发表了《宇宙进化的八个层次结构》《理论化学与 21 世纪"化学学科重组"前瞻》《21 世纪的化学是研究泛分子的科学》等文章，始终走在科学的前沿，并不断追求新的发现。几十年来，他曾先后获得了国家自然科学奖二等奖（1987 年）和三等奖（1987 年）、国家科学技术进步奖二等奖（1998 年）和三等奖（1991 年）、何梁何利基金科学与技术进步奖（1994 年）和何梁何利基金科学与技术成就奖（2005 年），以及多项省部级科技奖励。2009 年，徐光宪在人民大会堂召开的国家科学技术奖励大会上，获得了国家 2008 年度国家最高科学技术奖，这是中国 5 个国家科学技术奖中最高等级的奖项，表达了国家和人民对这位化学大师的肯定和爱戴。

2015 年 4 月 28 日，徐光宪院士因病逝世，享年 95 岁。在勤恳耕耘、无私奉献的半个多世纪里，他不仅极大地推动了我国化学科学的发展，还在化学教育发展领域发挥了重要的作用。国学大师季羡林曾深情地形容徐光宪是"桃李满天下，师德传四方"，这句话就是对他一生最好的写照，他高尚的人格和为人师表的风范都在他的言传身教中不断发扬光大，使广大教育工作者和科研工作者们在工作中不断得到新的收获。

（撰稿：蒲雅杰）

参考文献

[1] 郭建荣. 一清如水：徐光宪传 [M]. 北京：中国科学技术出版社，2013.

谢希德
大音希声,德育英才

谢希德(1921年3月—2000年3月),物理学家、教育家、社会活动家,中国科学院院士。我国半导体物理学的开拓者之一,表面物理学的奠基人之一,著有《半导体物理学》《固体物理学》等。5项科研成果先后获教育部科学技术进步奖二等奖,2次荣获全国"三八红旗手",曾获何梁何利基金科学与技术进步奖、上海市先进科技教育工作者、全国科学领域先进工作者等荣誉。

1999年9月的教师节晚会上,一位身材矮小瘦弱的老教授步履蹒跚地走到舞台中央,面对台下的上海市教师代表和年轻学生们,她笑得和蔼又儒雅。当主持人问她:"50年代时,是什么力量使您冲破了重重阻挠,毅然回国,投身于社会主义建设事业?"老教授对着话筒,一字一顿地说:"我、爱、中、国!"霎时,全场掌声雷动。

科学家精神 育人篇

这位老教授就是享誉海内外的著名固体物理学家、我国半导体物理学科的开创者之一、我国表面物理学的奠基人之一、新中国成立后第一位女大学校长——谢希德。

鞠躬尽瘁，科研报国探新知

1952年8月底，历经一个月的航行，"广东号"海轮抵达香港。在美负笈求学4年、获得美国麻省理工学院博士学位的谢希德，终于冲破千难万阻，回到了祖国的怀抱。

她深知，新中国刚成立，科研条件和物质生活可能不如国外优越，但一个想法牢牢占据了她的脑海："祖国急需大批建设人才，我怎能留在国外呢？回国参加社会主义建设，这是我应尽的责任，不能再等了。"

归国后，谢希德走上复旦大学物理学系的讲坛，开始在这片广阔的舞台上大展宏图。她不仅主动承担教学任务，先后主讲"大学物理""理论力学""量子力学""固体物理""固体理论"等课程，开课门数之多在全系首屈一指，还大力推进教材建设，先后编著出版了《固体物理学（上、下）》（与方俊鑫合著）、《群论及其在物理学中的应用》（与蒋平、陆奋合著）。好不容易为一门课程打好基础，她却总是让给年轻教师们，自己又去琢磨新的课程了。

在忙碌的教学之余，谢希德延续其在美国的研究方向，全力开拓半导体物理这一新兴领域。她与方俊鑫负责筹建固体物理教研室，使复旦大学在1955年就开设了固体物理专门化，这比预期整整提前了两年。

1956年，儿子尚在襁褓中，谢希德就去了北京，与北京大学教授黄昆一起主持开办我国第一个半导体专门化培训班。两人带领北京大学、复旦大学等5校的师生，系统创建了从理论到实验的系列课程，并开展课题研究。从培训班走出的300余名师生，成为我国第一批半导体专业的栋

谢希德　大音希声，德育英才

梁之才，将近代物理学的最新成果普及至全国各地，为我国半导体事业的发展奠定了坚实基础。

1958年秋天，黄昆和谢希德合著的《半导体物理学》问世，这是我国半导体领域最早的一本专门著作，也是当时国际上的权威性专著。这一年，谢希德调回复旦大学，担任物理学系固体物理研究室主任，重启半导体物理学科建设。

筹划低温、强磁场、流体、静压力等关键实验设备的建立，配合进行理论转型……20世纪60年代，谢希德及时提出开展极限物理条件下固体特性的研究。这一举措对复旦大学物理学系凝聚态物理学科的发展产生了深刻而长远的影响，使其在实验条件和理论成果方面都获得先机，并与黄昆领导的北大物理系半导体物理一起，被列为1962年国家科技十年发展规划中的"固体能谱"重点项目（国重26）主持单位，搭上了国家科技重点发展规划这辆快速列车。

上海技术物理研究所也在谢希德的全力支持下建立起来，她于1958—1966年担任研究所副所长。一穷二白、白手起家，谢希德全力以赴，一边带领师生开展固体物理相关学科和应用的课题研究，一边领导创办上海技术物理学校，为研究所的可持续发展奠定坚实的人才基础。

在1977年的全国自然科学规划会上，谢希德再开风气之先，依据系统、翔实的材料，大胆提出在中国开展表面物理研究的建议，得到专家和国家科委、高教部的响应。说干就干，她立即筹建以表面物理为研究重点的综合性物理学研究机构——复旦大学现代物理研究所，并担任所长。近乎同一时间组建的复旦大学表面物理实验室，在10多年的时间里成长为"应用表面物理国家重点实验室",并于 1992 年 12 月通过国家验收。

从无到有,再到成就卓著,直至走向世界,谢希德妙笔生花,写就中国"表面"文章。

破旧立新,高瞻远瞩兴复旦

1983 年,新中国迎来第一位女大学校长,62 岁的谢希德成为复旦大学的"掌舵人"。

学科带头人可优先参加国内外学术活动,享受学术休假;工作有突出贡献的,可越级晋升,增加工资……谢希德视人才培养为重中之重,出台的一系列政策,促进了一批学科带头人的成长,为复旦师资队伍建设积淀了大量的优秀人才。

同时,她大力起用年轻冒尖人才,与师资办的同事一起,排出了思想品德好、学术水平高、治学严谨、成绩突出的优秀教师名单,逐个分析,因人而异,采取不同的培养方法,有的分配在教研室任职,有的破格提升为讲师,有的送往国外进修,7 名 40 岁以下的教师还被破格晋升为副教授。

固化的办学模式,是谢希德下定决心要解决的第二个"沉疴"。根据师资条件和力量,预判社会对人才的需求,她率先打破了国内综合大学只有文科、理科的办学模式,创立新兴学科,鼓励学科渗透。

在她支持下成立的复旦大学技术科学学院,聚集了电子工程、计算机科学、应用力学、光源科学、材料科学等一批新兴学科。

她力排众议,将管理学科与文科、理科、技术学科一起列为学校建设的学科,在 1985 年成立经济学院与管理学院,并对传统的经济学科进行改造,先后成立了世界经济系、管理科学系及世界经济研究所,后来还创办经济研究中心,使复旦大学的经济学科焕发新活力。同年,她高瞻远瞩地成立了全国高校中首个美国研究中心,并兼任主任,旨在发挥复旦大学的学术优势，培养新一代深入了解美国事务的专家，为我国改革开放和现代化建设服务。

"爱国情怀昭日月，满腔心血联中美。"其后几年，谢希德多次赴美国，说动更多朋友继续为加深中美友谊做出努力。

1986年，我国高等学校中的第一个生命科学学院也在复旦大学成立。自此，复旦大学成长为一个拥有人文科学、社会科学、自然科学、技术科学和管理科学的综合性大学。

谢希德还推行导师制，亲自聘请了242名学术水平高、教学经验丰富的教授、副教授担任一年级新生的指导教师，对学生实行一对一、一对多的培养。

如何乘改革开放的东风，推动复旦走向世界，是谢希德思考的第三个问题。

20世纪80年代，适逢国家改革开放之初，许多政策还不太明朗，但基于自己的留学经历和知识背景，谢希德已经意识到与国际接轨的重要性。本着"送师生出去，让知识回来"的宗旨，她毫不犹豫地与国外积极联系，亲自为学生撰写、打印推荐信，把复旦和校外的许多中青年学者送到国外去深造。

1978—1985年，复旦大学有600多人次到国外进行学术活动，数百位外国专家到复旦大学进行了学术交流。频繁的国内外互动交流提高了复旦大学的国际知名度，大大促进了教学科研。

甘为人梯，提携后学尽展才

"我自己已年逾古稀，如能起到指路的作用，让年轻人去闯，也就堪以自慰了。"这句朴实无华的话语，谢希德一直在用行动践行着。她从教四十八载，教授过的本科生、指导过的研究生、栽培过的年轻学者等，

科学家精神 育人篇

一批又一批,桃李遍天下。

态度严谨、功底扎实,是这位严师对学生最基本的要求。她在学生论文上所做的修改有时比原文内容还要多,甚至连数字、标点、拼写、引用资料来源等方面的小错误都不放过。除此之外,她还努力锻炼学生独立研究的能力,指导研究生针对当时国际前沿的课题或争论较大的问题开展研究,还让自己的研究生承担一定的教学任务,在教学和科研方面均得到实践机会。

1960年年末的寒冬季节,指导的本科生和研究生放假了,谢希德也没闲着,她要为另一批"学生"——上海技术物理研究所的青年研究人员"补补课"。大学四、五年级的核心课程是集中强化的内容,其中"半导体物理"课程由谢希德亲自教授。拖着瘦小的身体,滔滔不绝地接连讲了6个上午,每次讲近4小时,她在一周内速成讲完,完善了研究员们的知识结构。

在巩固学科基础的同时,也要跟进最新研究成果。1983—1998年,谢希德每年都参加美国物理学会召集的以凝聚态物理为主的"三月会议",每次都带回大量世界最新科技动态,并将这些达到两本字典厚度的材料整理成一个精练的学术报告,向全校师生宣讲,常常站着一讲就是几个小时。

对后辈学者,谢希德也是不遗余力地加以提携。1979年,固体物理讨论班举办,几位外国专家受邀作演讲,一般情况下要教授为之翻译,可谢希德却鼓励青年教师上台翻译,她和其他资历较长的教授在台下指导。

有一次,刚工作不久的金晓峰与导师谢希德一起去参加国际会议,谢希德在开场报告中提到了金晓峰的研究工作,并将金晓峰介绍为自己的同事而非学生,这让金晓峰极为震撼与感动。

创建复旦大学应用表面物理国家重点实验室时,谢希德决定从建立"青年队"入手,培养一批出色的青年科技人才。她规定每位教授必须独立从事一个专业方向的研究，自己选择研究领域，搭建研究摊子，筹措科研经费，招收研究生。这一举措，既避免了研究方向的重叠，又将青年人真正推到科研前沿。截至1999年，实验室45岁以下的青年学者占60%，其中有12位博士，包括5位教授、5位副教授，有4人获得国家杰出青年科学基金，实验室的正副主任都不满40岁。

每当老式手动英文打字机"咔嚓咔嚓"作响时，周围人都知道，谢希德可能又在为年轻师生准备推荐信了。出国留学、访问、进修……需要她帮忙推荐时，她总是能帮就帮，甚至还会亲自为一些中青年研究人员选定并联系国外大学或研究机构。

这位学界前辈不高也不强壮，却实实在在地为年轻人顶起一片天，让他们有机会、有能力、有底气开展科学研究，不断开辟新的研究领域，精进研究成果，凝聚起科研报国的力量。

结束语

"我是一个很平凡的人，我把自己对事业的执着追求和对社会的奉献定位在对社会责任的真诚实践，并在实践中注意团结周围的同事共同奋斗。"谢希德将自己一生的经历总结为"平凡"二字，但对诸多后辈而言，这个名字，却是极为不凡的意志化身。

学术上，她以挑战者的姿态，不断向无人涉足的领域发起冲锋；生活中，她是一个坚决不向磨难低头的勇士。17岁时患上股关节结核并因此落下右腿的终身残疾，45岁时又遭遇癌症病魔的侵袭，并先后4次复发……磨难并没有将她摧垮，她以钢铁般的意志笑傲人生。

那不能弯曲的右腿恰是她人格的写照：顶天立地、不屈不挠。

（撰稿：复旦大学物理学系）

参考文献

[1] 王迅. 谢希德文选 [M]. 上海：上海科学技术出版社，2001.

[2] 王增藩，刘志祥. 谢希德传 [M]. 上海：复旦大学出版社，2005.

[3] 王增藩，刘月. 共和国教育家：谢希德 [M]. 上海：复旦大学出版社，2011.

[4] 王增藩. 复旦名师剪影 [M]. 上海：复旦大学出版社，2013.

谷超豪
乐育英才是夙愿

谷超豪（1926年5月—2012年6月），数学家、教育家，中国科学院院士。主要从事偏微分方程、微分几何、数学物理等方面的研究和教学工作。在一般空间微分几何学、齐性黎曼空间、无限维变换拟群、双曲型和混合型偏微分方程、规范场理论、调和映照和孤立子理论等方面取得了系统的重要研究成果。特别是首次提出了高维、高阶混合型方程的系统理论，在超音速绕流的数学问题、规范场的数学结构、波映照和高维时空的孤立子的研究中取得了重要突破。1982年获国家自然科学奖二等奖，2005年获何梁何利基金科学与技术成就奖，2010年获国家最高科学技术奖。

"数学是一切学科的基础，我期待把更多的年轻人带进数学这个奇妙的世界。"谷超豪是一位数学家、革命家，同时更是一位伟大的教育家。1948年，他从浙江大学毕业留校任助教，1953年院系调整之后转到

科学家精神 育人篇

复旦大学，开始将主要精力放在数学研究和教学上面，历任数学系主任、数学研究所所长、副校长兼研究生院院长；1988—1993 年，他担任中国科学技术大学校长；1999—2004 年兼任温州大学校长。谷超豪从教几十年，倾心育人，亲自培养出了李大潜、洪家兴、穆穆、陈恕行等数位院士。同时在担任学校行政领导的过程中尽职尽责，促进了教育事业的发展。他编撰的多部教科书与专著，多次获得"国家教委优秀教材奖"，2008 年被上海市人民政府授予"上海市教育功臣"称号。研究与教育，谷超豪每一个都举轻若重。

笑倾骄阳不零落，抚育精英毋闲空

"我最高兴的事情，一是解决了数学问题，二是看到学生取得成绩。"复旦大学师生如此评价谷超豪："他是科学家，是科技功臣，但他更是教育家，是教育功臣。"他不仅在数学研究方面取得了傲人的成绩，在教学事业上，他甘为人梯，不计个人名利，毫无保留地把自己的学识传授给学生；他注重教育方法，在教学工作中因材施教，培养学生的兴趣和自信心；他瞄准学术前沿，走在科学研究的国际一线，带领学生了解世界高水平，做出世界高水平的学术成果。

奉献付出。谷超豪一生发表 100 多篇论文，但是他从来只在自己真正付出很大精力的成果上署名，即便是他提出的想法，帮学生修改论文，当学生请他在文章上署名时，他都坚决不同意。2003 年当选为中国科学院院士的洪家兴对老师谷超豪的奉献精神赞不绝口，结合国防需要，谷超豪开拓了超音速绕流方向，在取得一定开拓性的成果后便让李大潜深入研究并获得重大成就，而谷超豪自己又转到混合型方程的研究，在做出了一些成果后又把这个工作交给了陈恕行和洪家兴；此时谷超豪又转向了数学物理，开拓了新的领域，又带领了一批年轻人去从事这项工作。万事开头难，尽管谷超豪在这些领域取得了开创性成就，但他却将这些大有前景的工作都交给了自己的学生去做。像洪家兴说的"就好像你要挖一个金矿，这个金矿在什么地方，你要找到金矿，然后把这个金矿交给学生，自己又去挖另一个金矿，这个要有很大气度的"。甘于奉献是他从教的名片。

因材施教。这一理念是教育工作者共同秉承和致力于教学的法宝，可是具体该如何实行？从理论到实践仍然需要老师自己的教学经验。对于谷超豪来说，通过真正了解学生的能力与学习习惯而制订因人而异的教学计划，是他实现因材施教的实践办法。谷超豪在谈培养研究生工作的体会时曾表示："虽然目前的研究生是经过严格的考试入学的，但他们之间的差别还是相当大，不能统一要求……我觉得如何去了解他们的能力情况是重要的一环，仅看他们的考试成绩是不够的，非常重要的是看他们掌握知识的能力。"对于一些学习能力强、特别拔尖的学生，可以多让他们阅读一些课程以外的论文，充分发挥他们的主观能动性；而对基础不够扎实或者自学能力较差的学生，一定要让他们扎扎实实打好基础，不要好高骛远，同时也要以鼓励为主，不断培养和提高他们的自尊心。例如，谷超豪对1978年入学的研究生洪家兴就十分严格，他底子很好，也耐得下心钻研，于是给他选择了难度较大的多元混合型方程，"放手让他去钻研，在关键的地方给予一定的指导，又让他在国际性学术讨论会上报告和学习新的东西，终于完成了质量很好的论文。"学生洪家兴成为谷超豪的第一批博士，在学术方面，对多元混合型方程的理论起到重要推进作用，最终成为谷超豪学生中第2位当选中国科学院院士的学生。

鼓励创新。谷超豪常常拿科学研究与体育运动做类比，认为科研就是国际比赛，谁走在最前面谁就是胜利者，导师就是教练，导师要先了解世界前沿，才能将自己的学生培养成国际水平的运动员。在这方面，他充分调动学生的主观能动性，让学生选择阅读最新的论文，了解学术发展的前沿，通过阅读发现可以继续开拓的领域。学生陈恕行说，读研

科学家精神 育人篇

究生的时候,老师谷超豪让他读弗里德里希斯1958年发表的《正对称方程组》,他反复地读,选定了"拟线性对称双曲组"作为论文题目,最终做出了当时国际领先的成果,也由此进入偏微分方程领域,成为我国这方面的领军人物。谷超豪培养学生非常注重鼓励学生创新、不怕困难,要有"亮剑"精神,他认为学生是在老师的基础上做的,没有创新不如不做,他时常告诫学生做学问要认真,研究要越做越好。并且结合实际,结合国家需要找创新点。

不当"老板"当园丁。在一次会议上,谷超豪很严肃地指出,如今的研究生教育中,有些教授把学生当成廉价劳动力,学生则称呼导师为"老板"。"这样很不好",谷超豪说,教书育人不是商品买卖,不能搞按劳取酬,等价交换,"选择做教师,就是选择了责任和奉献"。洪家兴师从谷超豪期间母亲病倒了,为了尽孝,他放弃了考试,甚至一度产生了退学的念头。谷超豪了解后,极力挽留,想尽办法为他解决困难,直到最后渡过难关。还在当助教时,谷超豪从前辈钱宝琮老师身上学到了一条——"学生来问问题时,千万不能说这个问题很容易,免得使学生对自己失去信心。"50多年来,谷超豪一直谨记照做。2005年,谷超豪80岁高龄时仍带着3名研究生。因为工作繁忙,无法给学生更多指导,他常常对学生说"抱歉"。但这声声"抱歉"的背后却是,老先生仍坚持每个星期至少有两个半天与学生进行讨论。而这令不少比谷超豪年轻许多的博导都赧颜。2006年谷超豪摔伤后住院,在病床上仍然听取谢纳庆博士论文的预答辩。而且听得很仔细,不时提问并给出修改建议。而他的两个"关门弟子",

就是在病房里完成答辩的。

从 1948 年毕业留校任教以来，谷超豪从事教学 60 余载，为中国高校和科研机构培养出一大批高级数学人才和教学科研队伍，其中有中国科学院院士 6 人、中国工程院院士 3 人。他说："当年我的老师苏步青对我说，'我培养了超过我的学生，你也要培养超过你的学生'——他这是在将我的军！如今回首，我想，在一定程度上我可以向苏先生交账了！"

数苑从来思不停，穿云驰车亦有成

在繁忙的研究与教学生涯中，谷超豪也担任了一些行政职务，包括复旦大学副校长、中国科学技术大学校长及温州大学校长。尽管他认为繁重的行政工作会耽误自己的研究与教学，但是不论他在哪个学校、哪个位置，他都尽力用自己的力量去促进教育事业的发展。

谷超豪的故乡是温州，他一直都对温州充满了深厚的感情。1984 年，温州大学在大批温州籍专家的倡议下设立，苏步青任名誉校长。他们怀着发展家乡教育、使之成长为地方性综合性大学的理想，尤其是苏步青，为之倾注了大量心血。但是，温州大学后来十几年的发展并不顺利，1999 年，温州市地方政府希望邀请担任过中国科学技术大学校长的谷超豪来出任校长。尽管年事已高，复旦大学也离不开他，而且温州大学当时不过是毫无名气的地方高校，但是他仍然选择了支持、回馈家乡教育的发展，实现当年诸位同乡及老师的理想，接受了这一职务。

上任之后，他首先为温州大学制定了《温州大学跨世纪改革与发展规划》，详细规划了温州大学升格为本科的近期规划及发展为综合性大学的中长期发展规划，在对学校如何发展、人才培养、学科建设方面做出了具体的要求与建议。在不怕得罪某些利益集团的基础上改变了温州大学管理不善的弊病，使其有了发展的目标与基础。与此同时，他深知"所谓大学者，非谓有大楼之谓也，有大师之谓也"，一个大学要发展必须得有名师，在他的努力与争取下，很多优秀名师来到温州大学任教，充实了学校的师资力量。在他的辛苦付出下，温州大学蒸蒸日上，终于在2001年12月迎来省高校设置的评议委员会专家组的考察，后由省教育厅向省政府报送了《关于温州大学升格为本科院校的请示》。但是谷超豪并不想止步于此，他希望温州大学走得更远，真正成为一所综合性大学。于是在2002年5月，谷超豪邀请孙义燧、陈式刚等9名院士联名向温州市委、市政府建议将温州大学与温州师范合并，建议书同时呈送教育部，他还多次致函有关部门推动这一建议，终于在2004年5月，教育部同意两校合并成立综合性大学。经过一年多的准备期，终于在2006年新的温州大学诞生了，温州大学从此走向了新的时代。

在担任温州大学校长期间，鉴于学校正处于困难时期，谷超豪带头节约、不铺张浪费，深受老师同学的尊敬。担任校长的时候，学校开出了20万元的年薪，5年任职，他最终分文未取，在2003年4月，用这笔钱在温州大学设立"谷超豪特优奖学基金"，每年奖励10名最优秀的学生。

谷超豪在温州大学付出了宝贵的时间与精力，助力这所大学腾飞。不仅如此，他在所有的职位上都兢兢业业，使得复旦大学、中国科学技术大学在他的努力下也逐渐走向辉煌。在从未停止思考数学研究的同时，在穿梭往返间推动了一个又一个高等教育机构的发展。

幸得桑梓教，终生为动容

1991年10月14日，谷超豪与项武义、谢婉贞夫妇和胡和生一起作为共同发起人倡议设立的"苏步青数学教育奖"成立，在谷超豪等人的推动下，更是在1999年第四届时把"苏步青数学教育奖"推向了全国。在这个奖设立的《章程》中明确"为了表达对苏步青教授毕生致力于教育教学事业的敬意，弘扬苏步青教授七十余年如一日重视、支持、关心基础数学教育的精神"。这个奖项不仅是纪念自己的老师苏步青先生，更是对全国教育事业的关心与重视。2003年，他出席温州大学苏步青院士铜像揭幕仪式，并为铜像揭幕。谷超豪终其一生未忘记老师苏步青的教诲，他不仅对苏步青始终存有感激敬佩之情，也始终遵循着苏步青的教学理念。苏步青常对其他人说谷超豪超过了自己，更希望谷超豪也致力于培养更优秀的学生，他也是以此为自己的教学标准的。尽管从教数十年来，谷超豪培育了一批世界知名的科学家，但他始终认为"苏先生好多地方，我不如他"，其尊师重道之风，似江河之滔滔。

谷超豪出生、成长于中华民族经历磨难之时，儿时便把祖国的伟大复兴装在心间，他这一生从一个心忧世道艰、投笔欲从戎的少年英才，"稚年知国恨，挥笔欲请缨。读书明真理，宣誓向红星"，到新中国成立后毅然投入新中国最需要的地方——数学与教育，并为之付出了一生。他的研究总沿着祖国最需要的方向，心怀把中国的数学发扬光大的愿望。在做出举世瞩目的成就时，他从没忘记苏步青老师的叮咛，在教书育人方面达到了寻常人难以企及的高度，不仅桃李满天下，更是被交口称赞。但是他却自谓"请勿歌仰止，雄峰正相迎"，栽得桃李不知数，愿居云间人不知，堪为师道楷模。

（撰稿：吴晓斌）

参考文献

[1] 张剑，段炼，周桂发. 一个共产党人的数学人生：谷超豪传[M]. 北京：中国科学技术出版社，2014.

[2] 郭梅，董玉洁. 谷超豪传[M]. 南京：江苏人民出版社，2011.

[3] "数苑从来思不停"：记国家最高科技奖获得者谷超豪[EB/OL].（2010-01-12）[2020-12-01].https：//www.lhtzb.cn/cms/show-4107.html.

[4] 张炯强. 谷超豪：从教 60 年培养 9 个院士弟子 [EB/OL].[2020-11-23]. http：//www.cas.cn/zt/sszt/zkyxbclwswzn/gjzgkxjsj/2009/gch/mtbd/201005/t20100530_2862357.html.

[5] 虞彬，丁士华，周桂发，等. 谷超豪大事年表 [J]. 温州大学学报（社会科学版），2014，27（1）：105-116.

[6] 吴逢旭，刘青松，黄劲. 温州大学：六月新起飞 [J]. 温州瞭望，2006（7）：14-17.

[7] 张福生. 崇高的风范　深情的关爱："苏奖"背后谷超豪先生关爱中学教师的几件事 [J]. 思想理论教育，2012（16）：32-36.

周尧和
"从严、重导、求新"的治学者

周尧和(1927年5月—2018年7月),物理冶金学家,中国科学院院士。在国际上首次发现并定义了铸锭凝固过程中的第三对流区,据此提出的钢锭头部正偏析理论得到公认。在凝固前沿动力学、液态金属深过冷和三维非晶合金制备等方面取得重要成果。主持建立了凝固技术国家重点实验室。曾获国家科学技术进步奖和发明奖各1项,获航空工业最高奖——航空金奖、首届中国铸造终身成就奖。

组建国内最好的铸造专业

1957年,从苏联留学归国后,周尧和被分配到西北工业大学(简称西工大)。彼时西工大刚刚合并成立,其办学特色是航空航天方向。而周尧和留苏时研究的是钢铁铸造,没有铝合金铸造经验,也没接触过航天部门。周尧和刚刚迈进西工大的校园时,连一个教授或副教授也没有,

科学家精神 育人篇

实验楼都没有盖好,只有借来的两间房子做办公室,十几名青年教师在宿舍里看书备课。对周尧和来说,他肩负的是从零开始组建一整个铸造专业的重任。周尧和没有退缩,以满腔热情开始规划西工大铸造专业的发展。很快,周尧和高昂的热情和坚定的信心感染了整个集体。大家伙儿一致决心,要把西工大的铸造专业建设成全国同类专业中最好的。

周尧和经过对国内名牌大学的调查研究得到两点结论:一是当时高校的铸造专业几乎没有完备的实验室,他认为这样很难提高教学质量;二是当时的高校大环境都是以教书为主,几乎不搞科研。周尧和认为,如果不搞科研,就没办法培养出高素质、高层次的人才。

得出这两点结论,周尧和和同事们制订了发展计划,第一步就是建立一个国际水平的铸造实验室。在众人齐心协力合作下,很快一个国内先进完备的实验室就建成了。实验室里除了国内其他高校都有的设备,还有从国外引进的和自行设计的仪器。不仅如此,实验室还专门设有一个展览室,里面陈列的是周尧和和同事们从工厂废品里收集来的各种有铸造缺陷的废品,给学生们学习参观。1962年,全国热加工教材会议在西安召开,周尧和邀请与会代表来参观实验室,代表们纷纷表示,这个铸造实验室完备得出乎意料,在全国其他地方都没有。从那时起,西工大铸造实验室开始吸引了国内同行的目光,实验室的高水平被同行认可。同行之间的学术交流也逐步发展起来,实验室的建立为今后教学科研活动的开展奠定了不可或缺的

基础。周尧和与他的团队向目标迈进了一步。

组建全国一流铸造专业，周尧和计划的第二步就是开展科研。随着航空航天和火箭技术的逐步发展，对大型薄壁复杂的铝合金铸件的需求也日益增多。生产这些薄壁铸件关键就是充填铸型问题。为此，周尧和以一个全新的视角切入，进行理论分析和实验研究。1965 年，周尧和将所得结果发表在《高等学校自然科学学报（机械动力版试刊）》上。西安交大的同行说，"这篇文章让搞铸造的人耳目一新。"从这时开始，学界开始认识到，西工大铸造专业不仅有好的实验室，学术水平也过得去。周尧和向目标又迈进了一步。

周尧和搞科研一直有一项原则，那就是要做对国家经济发展有帮助、对国内铸造水平有提高的课题。当时国内生产的铸件普遍质量差，且粗大笨重，其中补缩的冒口就占了铸件重量的 40%~100%，而冒口最后是要切除的。这不仅造成了巨大的浪费，还会带来铸件缺陷。1975 年前后，周尧和团队以研究保温冒口为切入点，用了两年多时间，做了 200 多次试验。1978 年暑假，周尧和将所得数据整理撰写了文章《保温冒口研究》，投给了全国铸造学会年会。学会把这篇论文推荐为参加 1979 年国际铸造会议的中国官方论文，被安排在大会上第一个宣读。周尧和的研究在国际上引起了强烈反响，让世界看到了中国铸造界的高水平研究，鼓舞了中国铸造界赶超国际先进水平的信心。这项成果 1986 年获得国家科学技术进步奖。

20 世纪 80 年代，周尧和还先后提出"调压成形精铸法"，解决了国内航天领域大型薄壁复杂铸件成形难题，主持了"六五"国家科技攻关项目"大型铸钢件凝固控制"，解决了葛洲坝大型水轮机叶片及 30 万千瓦发电机组高压外缸铸件质量问题。周尧和团队丰硕的科研成果引起了全国同行的瞩目。1987 年全国金属材料学科博士点进行评估，西工大铸造专业一举夺魁，凭实力在上百个铸造专业中排行榜首，周尧和 30 年前

科学家精神 育人篇
SPIRIT OF SCIENTISTS

立下的目标终于实现了。

"从严、求新、重导"

1981 年，西工大获得了国内首批铸造专业博士学位授予权，周尧和被国务院学位委员会评定为首批博士生导师，我国第一位铸造专业的博士就是周尧和培养出来的。

周尧和坦言，自己在培养第一个博士时，管得多，抓得紧，定博士论文方向时，只是希望该生能顺利稳妥地完成学业。但这样无法发挥出学生的积极主动和创新性。

反思过后，周尧和改变了培养学生的方式。周尧和提出，培养学生不能以"导师的需要为本"，而要真正以"学生的需要为本"。有的导师在录取研究生以后，从自己的项目需要出发，划出部分内容让学生完成。虽然这样对学生而言有一定的帮助，但是从长远来看，对学生的锻炼不够全面。"我认为，一名优秀的导师，应该从学生自身出发，根据研究生的兴趣、专长、特点，激发他的学习热情和潜能，帮助学生打下从事创新科研的良好基础。"

他准备了 4 类题目：第 1 类是国内新的研究方向，做的人很少；第 2 类是国外没有报道，国内也没人做，风险性更大；第 3 类是工程上一直没解决的老问题；第 4 类是要求有很强动手能力的应用问题。学生们可以自由选择，这样做也存在一定的风险：尽管自己知道如何去做，但不能确保做出怎样的结果，挑战性极大。好在这种做法很受学生的欢迎，学生们都积极接受了挑战，也非常刻苦地去钻研。这样一来，学生们的主动性和创新性都充分发挥了出来，也取得了非常好的成果。

周尧和的"严"是出了名的，周尧和的学生没有一个不"怕"他的。其实，周尧和的"严"不是过高地要求学生，而是培养学生严谨的学风。他强

周尧和　"从严、重导、求新"的治学者

调,作为导师,首先要严把学生论文阶段的"三关",即开题、阶段检查和论文审查。在批阅学生论文时,他连一个错别字和标点符号都不放过。在审阅他所指导的第一个铸造专业博士的论文第 4 稿时,周尧和因肠胃炎住进了医院,学生怕劳累导师,但周尧和坚持让他把论文送到医院来,在病床上为他审完了第 5 稿。

周尧和认为,要严格要求学生,导师首先要严格要求自己。导师育人,身教胜于言传,要给学生带来好的影响。周尧和的弟子介万奇回忆起导师周尧和院士对他的影响,说道,"从做科研的思路上来说,周先生做任何事情都非常严谨,非常认真,绝对不浮躁。这是我学习的榜样,但是我觉得很难企及他的高度。关于做人,周先生对自己要求特别严格,他对自己的要求要比对别人的要求高,我也是想努力学习他的这种作风。尽量对自己要求高一点,对别人稍微宽容一点。"

周尧和认为,无论是什么类型的论文,都要有新的东西,要创造性求新。这就要求导师的学术思想要瞄准学科前沿。一个专业的学术水平,与学术领头人的学术思想水平密切相关。周尧和的研究方向总是标新立异求新,同行们都十分关注周尧和的研究动向。

在培养研究生时,周尧和还十分擅长启发学生的创造力。和学生商定好题目,细致地指导研究方向以后,周尧和就不会过多地干预学生的实施过程,而是在关键节点提出具体意见,让学生自己去做。周尧和认为,指导学生既不能放手不管,又不能什么事都替学生做,而应该适当放手,注重引导。

周尧和把自己指导研究生的心得总结成了"从严、求新、重导教学法"。这一教学法获得国家级优秀教学成果奖。1989 年,周尧和被全国教育工会评选为对改革和发展教育事业作出重大贡献的 10 名教育工作者之一。

周尧和一生培养了 50 多名博士研究生。其中 1 人获得中国科学院院

士称号，7人入选教育部长江学者奖励计划特聘教授，8人获得国家杰出青年科学基金，2人入选教育部长江学者奖励计划讲座教授，40余人是国内外大学和科研机构的教授。介万奇、杨根仓、魏炳波、黄卫东……这些周尧和带出来的学生，如今都是铸造领域响当当的人物。

甘为人梯的学术带头人

周尧和深知，即使一个人的智商再高，他的作用也是有限的。为了国内铸造业发展的长盛不衰，带出一支优秀的学科梯队，比自己多写几篇论文、多出几项研究成果更重要和更有意义。工作中，他根据每个人的能力特点用其所长，把一些重要课题交给同伴们独立完成，并尽力为每个人的提高和发展创造条件。

1983年，周尧和带领研究生黄卫东、黄韬等建立了国内第一个透明模型合金凝固过程实时观测实验室。1986年，周尧和带领杨根仓和魏炳波等从零开始，建成了国内第一个深过冷快速凝固实验室。这些实验室取得了十分丰富的研究成果，多次获得陕西省及国家的重点奖项。

周尧和说："学术带头人在名利面前要让，不能让自己的名气和名字挡住别人的路。"在提出研究"调压成形铸造法"时，这一新的铸造方法已经在周尧和心里构想了多年。周尧和把这一课题交给他的学生曾建民。曾建民是铸造工人出身，有着丰富的实践经验和高超的技术水平。曾建民果然不负重托将"调压成形铸造法"试验成功。这一方法，在航空航天等领域大型薄壁复杂零部件制造中发挥出了巨大的作用和优势。在申报国家奖项时，周尧和把曾建民的名字放在第一位，自己名字放在了后面。在周尧和严格细心的指引和磨砺下，曾建民从一个打铁翻砂的学徒工，成了获得国家发明奖的第一完成人，成了备受尊重的大学老师。为此，曾建民一直感念周尧和的师恩。

周尧和却一脸淡然，他说，作为学术带头人，就要甘为人梯。

2018 年，周尧和先生病逝于上海。周尧和不仅是一位严谨、学术精湛的科学家，更是一位伟大、思想深邃的教育家。周尧和不仅带领我国的铸造领域攀向高峰，他的教育思想更是我们珍贵的财富。周尧和严于律己，不慕名利，设身处地替学生着想的精神，将长存于每个人心中。周尧和不仅是顶尖的铸造学家，更是崇高的铸人学家！

（撰稿：吴紫露）

参考文献

[1] 叶取源. 上海交通大学校友院士风采录 [M]. 上海：上海交通大学出版社，2000.

[2] 中国航空工业史编修办公室. 中国航空工业人物传：专家篇 1[M]. 北京：航空工业出版社，2011.

[3] 藏鸣. 国际铸造舞台的"中国代表"周尧和院士去世，享年 92 岁 [EB/OL].（2018-07-30）[2020-11-24]. http://baijiahao.baidu.com/s?id=1607421794240633746&wfr=spider&for=pc.

[4] 王凡华. 周尧和院士：聚合团队力量 培育创新人才 [EB/OL].（2014-05-12）[2020-11-27]. http://z.nwpu.edu.cn/info/1179/5834.htm.

[5] 赵媛媛. 自强不息育人为本：周尧和院士谈"我的教师经历"[EB/OL].（2014-05-26）[2020-11-27]. https://news.nwpu.edu.cn/info/1002/26363.htm.

[6] 周尧和. 具有宽结晶温度范围铝合金的充填砂型能力 [J]. 西北工业大学学报，1964（2）：89-99.

[7] 周尧和. 指导研究生的三点体会 [J]. 中国电力教育，1988（Z1）：64-65.

[8] 周尧和，张延威，曲卫涛，等. 保温冒口研究 [J]. 西北工业大学学报，1979（2）：21-31.

童秉纲
教书育人是我毕生的追求

童秉纲（1927年9月—2020年7月），力学教育家、流体力学家，中国科学院院士。主要从事非定常流与涡运动、运动生物流体力学、空气动力学与气动热力学的研究。在非定常空气动力学领域，结合国家航天工程的需要率先开拓和发展了一套从低速直到高超声速的动导数计算方法，并发展了以有限元方法为主体的计算气动热力学，建立了模拟鱼类运动的三维波动板理论，对鱼类形态适应的内在机制作出了流体力学解释，在钝体尾迹的涡运动机制、可压缩性旋涡流动结构、二维涡方法等研究领域均取得重要进展。2002年获何梁何利基金科学与技术进步奖。

"我归根结底是一名教师，教书育人是我毕生的追求。"童秉纲曾如此动情地说。他大学毕业后，便开始承担教学工作，年近半百开启科研之路。从教学走向科研，培养学生一直是童秉纲最为倾注心血的事情。

童秉纲没有博士学位，却成为1981年国务院学位委员会批准的流体力学专业第一批博士生导师，1986年，童秉纲担任中国科学院研究生院（中国科学院大学前身）教授。30余年来，童秉纲探寻了一套独具一格的成熟治学方法，尽心竭力培养了22名合格的博士生，其中有教授，也有院士。他秉承钱学森"技术科学"的思想，选择自然界和航空航天领域中受关注的典型实际流动问题，拓展模型理论分析方法，提供新的理论答案及其流动物理，培养出一批理论功底扎实的研究人才。

如今，这些学生大多已成为国内流体力学领域的中坚力量或是在航天部门担任着重要角色。

合格博士生的"三金律"

"如何培养博士生才最为合适？"自担任博士生导师时起，这便成为童秉纲始终思考的问题。在他看来，博士生教育模式是独立研究型，目标是要培养学生独立从事科学研究的能力、做创新性研究的能力。经过多年探索，他发展了一套由导师、副导师和博士生组成科研团队，将博士生培养与科研融为一体的培养模式。

童秉纲认为，一名合格的博士生，在业务、知识水平和能力方面有3条要求，即在本门学科上掌握坚实宽广的基础理论和系统深入的专业知识；具备独立工作的能力；在科学或者在专门技术上做出创造性的成果。

童秉纲尤其强调独立、创新。"独立工作能力是对博士的基本要求，学生需要有丰富的想法和实在的能力。做前人没做过的成果，才是真正的创新性成果。"童秉纲说。基于此，他总是鼓励博士生去独立耕耘，闯出自己的新世界。

童秉纲作为导师，会给他们提供一个具备开拓性的完整题目，启发他们独立搭建一个崭新的研究框架,做前人没有发现和探究的事情,以充分培养学生的创新能力。在研究过程中,他和副导师们会及时适当地对他们进行指点把关,扶植他们难得的自主意识和创新努力,定期让学生们汇报自己的进展与心得,在讨论与交流中提升与完善他们的研究工作。

"博士论文应该有相当水平的创新性成果。"童秉纲在博士生入学时,就明确提出要求:博士论文至少要 3 章具备创新性,至少有 3 个创新点。

童秉纲的学生、现中国科学院大学工程科学学院教授王智慧的博士论文,研究的是近空间飞行器尖化前缘气动加热受稀薄气体效应和非平衡真实气体效应的工程理论,这被认为是一个很难的课题,它源于高超声速稀薄气体流动中气动热的解析表达式,利用数值模拟和经验公式的办法,无法得到规律性的结论。

经过研究讨论,他们决定采用求解近似解析解的办法,提出稀薄流动判据,构造出了预测热流的桥函数的解析式,而且率先给出了高温气体分子离解和复合反应的非平衡流对热通量影响的解析表达式。最后,论文答辩委员会认为该博士论文"给出了当前难得一遇的原创性解析理论成果"。

童秉纲常对博士生们说,这 3 个亮点既能证明自己的能力,也能说服专家,只有这样的严格要求,他们的博士论文才能在科学或专门技术上得到某些创造性的成果,他们才算得到了独立从事科研工作能力的锻炼,达到了博士学位的要求。

"我的博士生往往会延迟毕业"

"我这几年培养的都是硕博连读生,名义上是念 5 年,实际上往往要念到 6 年。"童秉纲说。

童秉纲 教书育人是我毕生的追求

延迟毕业,并非是因为学生完不成任务,而是童秉纲发现了一个规律,学生在进行博士论文工作时,早的话是第3年,晚的话是第5年,会突然"开窍",冒出新思想,这个题目究竟是怎样的做法,会越来越明朗,结果往往会发现前人没有考虑过的新的途径。

为什么脑子突然会"开窍"了?童秉纲说,这其实是学生在自我摸索中,实现了学习型向研究型的转变。而在这个时候,他往往会对学生的博士论文提出"拔高"的要求,让他们把这种研究型的状态多维持一两年,以促进他们学术能力的再次升华。"这种'拔高',就是在已有的基础上添加一章或两章,使他们的博士论文在理论上走得更远一些。尽管难度很大,但对学生更长远的学术研究能力培养又是必要的。只有这样,学生才能真正具有独立从事科学研究工作的能力。"

正是在这种激励之下,博士生们才能更好地发挥自己的学术研究潜能,在研究中达到豁然开朗的境界,学术能力也得到了更进一步的提升。也因此,童秉纲的博士生的毕业时间一般要延长1年,也多是因为"拔高"的需要。

童秉纲的博士生、中国科学技术大学教授孙德军在入学一开始便对延期毕业有了心理准备,他记得在毕业前一年,童秉纲到合肥检查他的论文进展情况时说,论文高度还不够,还要增加一章。

"增加一部分什么内容呢?我的论文一直做的是静态物体的流场分

析,但童老师希望这个物体能动起来,然后分析它的流场稳定性。"由于此前没有过调研,还要重新摸索技术路线,当时的孙德军心里完全没底,"我那时已经在延期期间了,心理压力也很大。后来我才明白了童老师的考虑,他就是要我们再上个台阶,迈过一个门槛。这个过程对我终生都有影响。"

孙德军如今已是国内流体力学的著名专家,事实上,童秉纲指导的博士生往往在"拔高"过程中有了更大的突破,短短的时间里就能做出可观的研究成果。

不只是思想高度,在具体的论文写作中,童秉纲从如何将材料组织起来对材料进行深化和凝练,到文章的框架布局,包括文章的中英文表述、逻辑思维方法等,也总是给予细致入微的指导。

王智慧写作博士论文期间,童秉纲已是84岁高龄。王智慧回忆说,"童老师原来是每天下午到实验室来,有半天时间和我们研究生交流。而那段时间,他上午8点多就到实验室,中午回去吃饭之后下午再来,一整天都在实验室跟我探讨。修改的过程中不单是大方向怎么修改,而且细致到标点符号。"

为了提高学生的论文写作能力,有时童秉纲还会把邀请他审读的文章先给学生看,让他们指出别人写文章的优劣,之后他再细看稿子提出意见,并让学生们比对评价意见,这样学生既能学习到别人写文章的优点,拓展视野,也能学学怎样去评价别人的文章。

除了论文写作,童秉纲还十分重视学生们的口头表达能力。他的课题组每周都要开小组会,每次他会让学生提前准备好,开会时轮流介绍近期研究的做法、想法或者是对今后的设想。

一开始,学生们并不知道如何讲报告,有人习惯把一句话拆成两半,让人听得"云里雾里";有人讲得很琐碎、逻辑不清,童秉纲总会循循善诱地指导他们,从明确报告主题,到该如何引入和展开,再到如何收束和提升,让他们慢慢熟悉汇报的流程和技巧,学会能够在短时间内清晰地表达意思。

"我要求他们在做报告的时候,除了表达能力要过关,报告内容深度的把握,以及表达策略也要特别注意,还要把提出问题、分析问题、解决问题、得到的结果,一个一个说清楚,他们制作的PPT也要简洁明朗。"童秉纲说。

这种"严格精细"的要求让学生们受益匪浅。"每次开小组会,童老师都会认真地评价,也经常指出我的表述问题。最后我答辩时,别的老师反映还不错,童老师也给了我一个很高的评价,说这是我讲得最好的一次。"童秉纲的最后一名博士生张薇回忆说。

不过,童秉纲也坦诚,有一些问题,他不可能完全帮助他们。但他会帮学生联系认识的相关专家,然后让学生直接去请教,"总之,导师要尽自己最大的努力为学生创造各种各样的学术研究条件。"

科研成果只是"副产品",人文素养才是第一位。

博士生培养与课题研究分不开,但童秉纲坚持的理念是,"博士生要做出优秀的研究成果,但科研成果并不是唯一追求,它只是将博士生培养成为优秀人才的一个副产品。"

他认为,博士生归根结底应该是社会高级人才库,很可能会逐渐成长为某一领域的领军人才,因而具备良好的人文素质尤为重要。

童秉纲始终把人文素养的培育放在第一位。他曾经总结了"Q-A-K"的育人方式,即培养学生通过学习、做事和做人的实践,使其在素质(Quality)、能力(Ability)和知识(Knowledge)3个方面得到综合提高。

他的学生、清华大学航空学院教授朱克勤就是一个典范,他不仅科研成果卓著,有着足够的学术地位和学术影响力,还先后获得清华大学研究生"良师益友"称号9次,被评为北京市优秀教师、"北京市师德先进个人"和"北京市高校育人标兵"。

童秉纲坚信，要帮助学生树立高尚的人格，老师应以身作则，首先用自己的表现来潜移默化地对学生有所启示。他把研究生当作自己的合作伙伴，充分尊重他们的意见，充分信任他们。

例如，他的实验室从不规定学生几点上班，几点下班。王智慧说，"童老师是信任你，而且尊重你，知道每个人确实有一些事情需要去完成。但是这些事情完成之后，你只要在这个实验室，有足够多的精力来把你的工作完成，他不会每天按时按点地盯着你。"

在童秉纲看来，科研要靠自觉性来完成，如果没有自觉性，即便把规则制定得再详细、再严格也没用。"给学生充分的自主性，让他们在一种比较宽松的氛围下去做科研。"

童秉纲常说，"学生的科研时间是很宝贵的，他们的工作不能在我手里耽误时间。"童秉纲从来不用一些私事去占用学生们的科研时间，而当学生们找他修改论文时，他都是尽可能快地给他们返回意见，不耽误他们的论文进度。

童秉纲很讲诚信，大公无私、淡泊名利。2015年，中国空气动力研究与发展中心国义军等要联合他们共同申请国防科学技术进步奖，童秉纲同意联合申请并让年轻人鲍麟、王智慧署名，而他不再署名。

对于学生们来说，童秉纲老师的实验室有着纯粹的学习环境，可以潜心踏实地做人、做事、做学问。此外，实验室每年还会固定在迎新时进行聚餐、举办圣诞聚会，这大大促进了师生之间的交流，提高了整个团队的凝聚力。

"把学生当成自己家孩子"

童秉纲不仅指导学生做人、做事、做学问，还会为学生创造潜心学习的环境和条件。他说，"我把学生都当成自己家的孩子。"

童秉纲　教书育人是我毕生的追求

童秉纲也是这么做的，他像父亲一样，无微不至地关心着学生日常生活、身心健康。他常常提醒学生出门在外要时刻注意交通安全、人身安全，叮嘱南方学生注意昼夜温差，适时增减衣服等，外地学生在北京看病时为其推荐医院医生、详细解释如何挂号。

童秉纲强调说，要读博士，一个强健的体魄特别重要。他的夫人晋晓林也时常操心学生们的身体健康，教他们如何注意养生等。

童秉纲十分关心家庭困难学生的成长，资助其完成学业。"学生如果太贫困，就没法安心念书，所以我们无论如何要资助他。"

王智慧对此有深刻感受。他来自一个贫困家庭，在他本科毕业那一年，家庭遭遇变故，那时他已保送到中国科学院研究生院读研究生。面对来自家庭和生活的压力，王智慧陷入了继续深造还是工作的矛盾当中。

童秉纲用借款的名义，给他连续发放 4 年补助，以缓解他最基本的经济压力，让他能够安心地学习科研。"童老师不希望我们因为生活的后顾之忧影响我们科研精力的投入。"王智慧说，"童老师给我借款，没有限定什么时候还，他只是说这个由你自己的情况来决定，刚毕业的时候，他说现在是你正需要花钱的时候，也不必这时候还，等你经济条件改善之后再还。"

王智慧没有辜负导师的帮助和期待，他在硕博期间专心致志做研究，最终的研究结果得到了诸多专家的认可，博士论文被评为"2013 年中国科学院百篇优秀博士论文"，还作为 *Springer Theses* 丛书出版，该丛书汇集了选自全球自然科学领域中最为优秀的博士论文。

童秉纲特别重视因材施教，他说，"不同的学生资质能力和性格不一样，作为导师，我也要有所区别地培养他们。"例如，有的研究生不适合读博士，他会与学生家长商量，建议他硕士毕业后可直接参加工作。对于资质充分但懒散的学生，他会适时敲打，提醒他要努力学习。

童秉纲始终坚持亲自指导博士研究生，在 89 岁高龄时依然如此。"春蚕到死丝方尽,蜡炬成灰泪始干。"这句经典的诗句便是对童秉纲教学育人事业最为真实的写照。

2020年7月,童秉纲因病在北京逝世。先生虽逝,但风范仍存,他的学生们和后继者们正承袭他的精神风骨和学术传统,开创新的历史征程。

(撰稿:中国科学院大学教育基金会　赵硕)

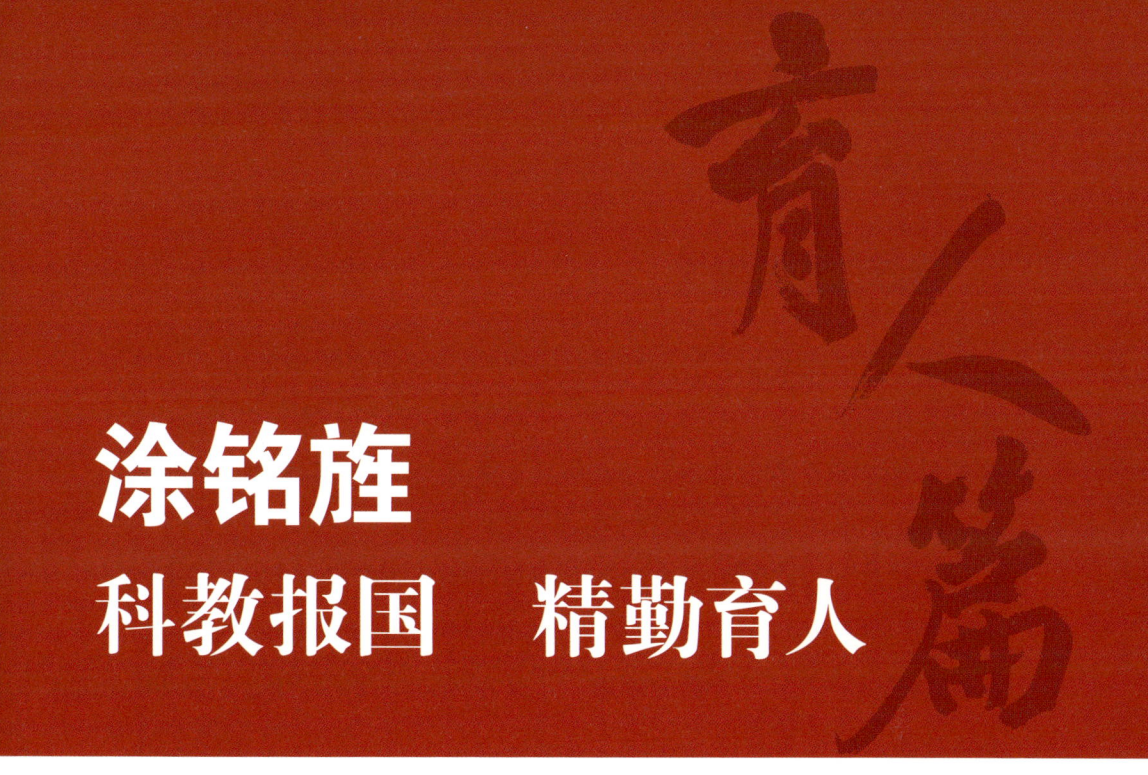

涂铭旌
科教报国　精勤育人

> 涂铭旌（1928年11月—2019年1月），材料科学家，中国工程院院士。长期致力于金属材料及强度和稀土、钒钛、纳米材料等方面的研究。执教六十载，培育了大批材料科学与工程方面的硕士研究生、博士研究生、博士后等优秀人才。曾获国家自然科学奖三等奖、国家科学技术进步奖三等奖各1项，国家科学技术进步奖二等奖1项。

在几十年的科教生涯中，涂铭旌院士以其对教育事业的无限忠诚，展现了教书育人、甘为人梯的高尚师德。自1984年以来，涂铭旌先后培养了近百名硕士研究生、47名博士研究生及8名博士后。如今，这些昔年弟子大都成长为材料科学与工程研究领域的学术和技术骨干。每每回忆起恩师的悉心指导与谆谆教诲，他们无不敬怀感恩之情，将如山师恩铭记于心。

做学问前先做人

做学问前先做人，这是涂铭旌在教导学生时常常挂在嘴边的一句话，也是他给历届学生上的第一堂课。他要求门下弟子一定要以身正为范，坚决杜绝学术作假。诚信之外，认真、负责……都是涂铭旌以身作则，引导学生们逐步培养起来的优良品质。

涂铭旌不仅在学术研究规范方面对学生严加管教，还在生活细节上对学生加以引导。也许是早年留学德国的经历，涂铭旌格外注重小细节，甚至包括日常着装等方面的要求。凡是在比较重要的场合，涂铭旌自己也非常留意规范着装。

在四川大学材料科学与工程学院院长刘颖的记忆中，有一件小事影响了他的一生。当年刚刚登上讲台的刘颖还是一名年轻教师，有一次天气炎热，刘颖没有多想就穿着短裤走上了讲台。下课后回到实验室时遇到导师涂铭旌。涂铭旌看到刘颖的穿着之后，就委婉地向他提出，身为教师，不能再像过去读书时那样随意，自己的一言一行都会给学生产生影响，以后不要再穿短裤去上课了。从那以后，刘颖也开始分外注意自己的言行，真正做到为人师表、身正为范。

认真做事，也是涂铭旌教导学生立身治学的一大重要品质。对于学生的论文，涂铭旌必会仔细阅读，不仅如此，他还要用多种颜色的彩笔在文章上做批注，如果第一遍用蓝色笔，修改的时

候就换成红色笔，如果还要再添加内容，则会用绿色再次标注。往往是一篇文章看下来，纸面变成了五颜六色。

  这种认真也体现在涂铭旌特有的"涂氏PPT"上。由于现代教学已经转用电化教学设备，年事已高的涂铭旌没有足够的精力制作PPT，便开创了独具风格的纸质PPT模板。他会事先在脑海中勾画好PPT的样式，然后把文字内容写在纸上，根据用途不同，分别用红色、蓝色、黑色等颜色表示，还细心地区分了字体粗细，中间不时出现三角形、星号等符号，这些都标志了文字在PPT中的位置和重要程度。再三检查之后，涂铭旌才会请助手依样画葫芦地转制成电子版的PPT。

  同样认真负责的态度也表现在涂铭旌授课的课堂上。82岁高龄时涂

涂铭旌彩笔手写《地方大学学科建设》PPT手稿第2页

科学家精神 育人篇

铭旌还面向本科生开设课程，考虑到他年事已高，学校教务处特意向老人家说明可以坐着授课，但涂铭旌坚持站着讲课，只有课间休息时才坐一会儿。看到年迈的院士如此认真授课，前来听课的同学们都深受感动。

学高为师，身正为范，涂铭旌以自己认真负责的处世态度、勤勉严谨的行事方法，真正为学生正身治学做出垂范，正如涂铭旌的老同事、四川大学教授陈家钊在向涂铭旌敬贺八十寿辰时的诗作中所言："敬业一生劳以瘁，事教六旬不辞难。思维创新育英才，满园桃李显春归。"

传道、授业、解惑

从教几十年来，涂铭旌深刻地认识到自己在学生成长过程中的重要性，所以他始终将"传道、授业、解惑"视为自己教学的不变宗旨。

传道。在涂铭旌看来，所谓"传道"，不仅是要教授学生相关知识，更是需要向学生传授做人做事的道理，在传授知识的同时循循善诱，帮助学生立身持正。涂铭旌用自己的言传身教影响了一批又一批的学生，引导他们开启了人生的大门。

授业。师傅引进门，修行靠本人，涂铭旌认为自己对于学生来说，起到引路人的作用。作为"师傅"，就是要向学生传授学科技术和创造性思维，引导学生独自创造发明，把理论切入和融入生产实际，引导学生进入社会的研究团体。

解惑。在涂铭旌看来，学生人生当中的思想心结，老师有责任和义务为他们解开，解开学生研究关键技术的难点和他们的思想包袱。虽然和学生谈心是件非常费心劳力的事情，但涂铭旌依然乐于倾听学生的诉说，帮助他们共同决策。而学生们也全心全意地信任老师，在人生的众多支路口上，他们往往选择听听涂老师的意见。

在涂铭旌看来，对待学生如果是授人以鱼，哪怕是大鲤鱼，也不如授人以渔，把捕鱼的网送人，可以再生产再增值再创造；授人以财，给人钱的话，不如授人以技。涂铭旌提倡训练工程硕士生要采取鹰式训练。老鹰在两百米以上的天空飞翔，可以看到地面奔跑的兔子，老鹰的视力比人强4倍以上。所谓鹰式训练，就是要训练一个学生的眼力，既要敏锐同时眼界又要宽，看得远看得深。

在学术研究上，涂铭旌强调做研究要尽量有应用的背景，并且要与国家的发展需求相契合，在做具体的方向和内容时他还鼓励学生去走"少人区"，甚至"沼泽"。涂铭旌曾告诉他的学生，现西安交大国家金属材料及强度重点实验室的主任孙军，"如果一个地方有很多人都去了，即使是一个很富有的矿，但是当你去了以后也未必能够挖出什么金子来。虽然'少人区'也不能说它肯定有金子，但至少'少人区'发现新东西的概率大一些。当然'少人区'你可以参考前人的东西就少一些，所以这个时候就需要勇气和冒险精神。"时至今日，老师的这段告诫依然是孙军治学的准则之一。

对待学生亦师亦父

古语云，一日为师，终身为父。涂铭旌对待学生也是如此，亦师亦父。他不仅在学业上给予学生指导，更在生活上对学生给予了极大的关怀和帮助。很多初次见到涂铭旌的年轻学生，总会对这位德高望重的名家心生敬畏，但接触时间一长，大家都会被涂老师的和蔼宽厚所折服。许多学生后来不仅成为涂铭旌的同事，更成为他的朋友，有时候甚至"几代同堂"。但他从不论资排辈、倚老卖老，而是一视同仁地将大家看作同事、朋友。"在学术上一丝不苟，在生活上平易近人"，这是多年交往中学生吴朝玲对老师做出的评价。而在涂铭旌看来，学生永远是"长江后浪推前浪，青出于蓝胜于蓝"，他不仅为学生的成长而欣喜，更是不断鼓励、帮助

科学家精神 育人篇

学生超越自己。

三尺讲台上，涂铭旌为学生认真讲授知识和技能，传播智慧；课后生活中，涂铭旌不忘与同学聊天、传承责任与使命，甘做关心学生成长的引路人。平时，涂铭旌除了向学生们传授专业知识和工作技能外，还特别注重培养学生们的创造发明思维、科技辩证思维和科技竞争谋略。

涂铭旌对学生的关心不仅局限在科研上，也包括他们的各项人生大事。而学生们也对老师敞开心扉，每每遇到人生的重大抉择时，他们总会与涂铭旌商议，听取他的建议。

1998年，涂铭旌的硕士生陈远富即将毕业准备工作。但在涂铭旌看来，富有科研天分的陈远富一直对做科研充满热情，这么好的苗子不继续深造，实在可惜。面对老师的关心，陈远富吐露了实情，原来他之所以急于毕业找工作是因为家庭经济的原因。涂铭旌听完学生的解释后，一边鼓励陈远富备考博士研究生，一边替他思考如何解决生活费用的问题。没了后顾之忧的陈远富非常高兴，考上了博士专心科研。其间，涂铭旌还主动给陈远富介绍对象，最终促成一对佳偶。

陈远富并不是个例。2003年6月，涂铭旌的博士研究生吴朝玲毕业前陷入了就业选择的彷徨中，面对政府、研究所和高校的几条路子，吴朝玲不知应该何去何从，从内心来讲，当时学校待遇不太理想，3种选择中，吴朝玲把留校任教排在了最后一位。涂铭旌为此和吴朝玲讨论过多次，他从科研发展、个人未来发展几个方面帮助吴朝玲分析利弊，认为吴朝玲在项目研究上驾轻就熟，留在学校发展快，而且作为女生，高校的工作相对稳定和单纯。听了老师的分析，吴朝玲又重新做了一番思索，最终决定留校任教。对于这件事情，如今已是副教授的吴朝玲总是笑称"所以呢，这个为什么我会当老师，涂老师做主的"。

正是在涂铭旌的关心和指引下，一批又一批的稚嫩学子羽翼丰满，走上了不同的工作岗位，为国家发展、民族富强作出了积极贡献。

在涂铭旌 78 岁生日时，四川大学 2001 级全体博士生寄来的贺词中这样写道：

> 涂老师您的一生，视名利淡如水，看事业重如山。为振兴中华，在教坛上、在科海中，您度过了 55 个春秋，真是呕心沥血，忘掉自我。尊敬的老师，您教我们怎样做人，如何做科研、如何创新。您亲切教诲，恰如一股清清的泉水，在我们心灵的河床里，潺潺流动，并将伴随和受益于我们终生。

充分尊重学生自主权

在人才培养中，涂铭旌还充分尊重学生在学术研究上的自主选择权。

1986 年，孙军考入涂铭旌门下从事金属材料延性断裂的研究，当年他的指导方向并没有孙军想读的方向，但最终涂铭旌还是答应孙军为他再开一个方向，但告诉他要"自带粮票"，"自带粮票"的意思就是方向要自己把握好，做的内容自己做主，充分发挥主观能动性，而当时涂铭旌就是在大的方向和研究脉络上给予孙军一些建设性的指导意见。

学生黄婉霞在选择博士研究方向选题时，也充分感受到了涂铭旌尊重学生自主选择的治学特点。她记得当时涂铭旌给她提供了 3 个方向以供选择。第 1 个是延续她在硕士研究阶段的课题继续深入研究，第 2 个是微波隐身领域的相关研究，第 3 个则是电磁屏蔽相关课题。涂铭旌虽然尊重学生的选择，但也并不是一味撒手不管，而是从旁协助黄婉霞进行选择。他首先给黄婉霞列了一张表格，纵向是以上 3 个研究方向，横向则分别罗列了该项课题的先进性、科学性、可行性、可能遇到的困难等一系列评判指标。一直以来习惯了"老师指哪学生打哪"学习模式的黄婉霞，拿到这张表的第一个感受就是困惑。面对黄婉霞的困惑，涂铭旌帮她联系了相关研究所和高校，让她自己去查阅相关资料，了解各个项目的情况，从而最终决定研究方向。通过查阅大量资料，黄婉霞心里对这3个项目有了初步的对比，她又拿着表格去找涂老师，汇报这段时间以来了解的情况和初步判断，听听老师的意见，最终选定了以电磁屏蔽方面的研究作为自己的博士研究选题。

不仅在确定选题方面，在对于学生科研项目的指导中，涂铭旌也采用宏观控制的办法。对于学生的指导，涂铭旌更多地将关注点放在研究方向的引领和交流平台的搭建上，而对于研究过程中的具体细节，他则完全尊重学生的自主权。他对学生的这种尊重，他的学生、后又担任其科研秘书的李军很有感受：

"他不会一步步盯着学生做研究，因为他觉得让学生有更多自主权的话效果会更好。给学生指导方向后，让学生自由地去发挥想象，不要太拘泥于固定的形式，去约束学生。也就是说在他把方向指定后，他不会经常过问学生的研究进展，但会定期询问，也就是说，到了一定时间，你按照他的要求，你一定要达到什么目标。"

为学，涂铭旌追求卓越，取得了丰硕成果；为师，他呕心育人，培育大批人才。涂铭旌曾深情地总结了自己认为最幸福的6个时刻：当学生知错改正之时；当学生品德凸显之时；当学生从失败走向成功之时；当学生事业取得成就之时；当得病，学生来看望之时；每逢佳节，学生来电问候之时。涂铭旌回顾自己60余年执教之路时认为："人生如歌，学生们取得的每个成就，都是我人生中最珍贵的财富，更是我人生谢幕乐章中最为动听的主旋律，是最为悦耳的一个个萦绕于空中的美丽音符，让我久久难以忘怀。"

（撰稿：涂铭旌院士学术成长资料采集小组）

参考文献

[1] 摘自《涂铭旌院士·人生集锦》,资料存于老科学家学术成长资料采集工程数据库。

[2] 孙军访谈,2014 年 3 月 13 日,西安。资料存于老科学家学术成长资料采集工程数据库。

[3] 吴朝玲访谈,2014 年 9 月 24 日,成都。资料存于老科学家学术成长资料采集工程数据库。

[4] 吴朝玲访谈,2014 年 9 月 24 日,成都。资料存于老科学家学术成长资料采集工程数据库。

[5] 李军访谈,2014 年 10 月 21 日,成都。资料存于老科学家学术成长资料采集工程数据库。

[6] 刘晓东. 师韵:北科大走出的院士[M]. 北京:冶金工业出版社,2012.

[7] 摘自《涂铭旌院士·科研教学活动集锦》,资料存于老科学家学术成长资料采集工程数据库。

金国藩
清华一甲子
桃李天下芳

> 金国藩（1929年1月—），光学仪器与光学信息处理专家，中国工程院院士。长期从事光信息处理及应用光学技术研究。在国内较早地开展了计算全息、光计算、二元光学（衍射光学）及体全息存储等课题研究。主持研制了我国第一台三坐标光栅测量机，获全国科学大会奖。获得国家科学技术进步奖三等奖、国家技术发明奖二等奖等奖项。写有《二元光学》《计算机制全息图》专著。

2013年的一天，早上8点多，金国藩像往常一样来到他位于9003大楼3层的办公室，今天系里有一场学术报告，他要趁报告开始前与报告人做个交流。这是他又一个忙碌一天的开始。

年逾八十的金国藩，不仅身体硬朗、精神矍铄，更是保持着旺盛的好奇心和求知欲，带领着年轻的教师和学生们始终探索在科学研究的最前沿。

金国藩　清华一甲子　桃李天下芳

服从需要　结缘光学

"革命战士一块砖，哪里需要哪里搬"是金国藩形容自己前十几年的工作时常说的一句话。

毕业于北京大学机械系的金国藩自幼就对机械非常喜好，经常将自行车拆了又装，装了又拆，还自行装制矿石收音机、收发报系统。1950年毕业时，成绩优异的金国藩留校任教了。1952年随着全国院系调整，金国藩来到清华大学机械系，从此开始了与清华园的不解之缘。

初到清华园，适逢国家建设急需大量工程建设人才，学校大量招收学生，需要更多的教师承担全校性基础课的教学任务，金国藩被分配教"画法几何"与"工程制图"，由于使用苏联教材，讲前面部分的时候竟不知后面部分的内容，金国藩只能边学边教。两年之后，随着学生们技术基础课程学习的需要，金国藩又被分配讲授"金属切削原理"，他只得前往哈尔滨工业大学进修了半年，回来后便开设了这门课程，一讲就是5年。这期间，金国藩还被任命为金属切削实验室副主任，他尽全力开设了金属切削原理的实验，以及切削力、切削热、刀具磨损等实验，并研制出我国第一台三向切削力测力仪。此后，金国藩又被调往新成立的陀螺仪器专业讲授"航空仪表与传感器"。

1965年，金国藩再次服从需要，从陀螺仪器教研组调往光学仪器教研组，任国防工办下达的"劈锥测量机"研制任务的课题

负责人。这次调动,让金国藩从此与光学结缘,在这个领域里孜孜不倦地探索了近 50 年。

每次转变,金国藩都面临着巨大的压力。至今想起来,他仍会摇着头说:"压力大极了。"但他并不畏惧,而是团结组里的其他教师一块儿迎难而上。在我国第一台"三坐标光栅劈锥测量机"的研制过程中,对光学一窍不通的金国藩从零学起,带领青年教师们查阅资料,向工人和技术人员请教,自己动手改造和研制试验设备,到工厂亲自加工……1969 年国庆前夕,他们终于突破了国外的技术封锁,实现试制成功,精度和自动化程度都达到了当时的国际先进水平,研制成本也远低于从国外购买 1 台测量机的价格,这项成果于 1978 年获全国科技大会奖。

"我搞光学是逼着上,憋着气干,干中学,靠集体发展提高。"回顾自己走上光学研究的道路,金国藩这样说。

严格要求　倾心育人

"金老师对学生培养的要求很严格。"这大概是金国藩的学生们的一点共识。在金国藩的学生中,有因不努力不能达到要求被劝导退学的,有预答辩不合格被延期的,有书面或口头报告达不到要求开题报告不予通过的。从研究选题到实验设计,从发表论文到学位论文答辩,金国藩都亲自指导,毫不放松要求,数值模拟结果需尽量经实验验证,实验结果必须可靠并能重复,发表论文需冲击高影响因子……

"我不想培养书呆子,我希望培养出来的人能够为社会作出更多贡献。"金国藩说。他认为对研究生来说,能力的培养是最重要的,不仅包括自学能力、分析解决问题的能力、创新能力,也包括写作能力、表达能力和社交能力。"因为人都是生活在社会中的,任何人都不能离开别人。"金国藩说。

金国藩　清华一甲子　桃李天下芳

在课题组的讨论会上，金国藩要求学生们都要做PPT，并进行演讲，还鼓励大家用英文交流，锻炼英文听说能力，对每位学生的报告，他则仔细记录，一一点评。"这种交互式的讨论会提高了我们的交流表达能力"，金国藩的学生王文陆说，"金老师对我这方面能力的培养对我的工作有很大的帮助。"

金国藩的学生郑学哲还记得，在读博士的初期，自己想去开发测棉花色度的仪器，又担心导师要求自己专注于博士课题。没想到的是，金国藩却鼓励他去做自己认为有意义的工作，并告诉他博士课题固然重要，但实际的研发工作也是能力培养的重要一环。"对这样一位开明宽厚的师长，我想很多学生都是像我一样心存感激的，因为是他给了我们可以高飞的翅膀。"郑学哲说。

无论工作有多繁忙，金国藩从未离开过教书育人的第一线。他培养了我国光学仪器第一名博士生，有多名研究生获得清华大学优秀学位论文的荣誉，先后有两名博士生的论文被评选为"全国百篇优秀博士论文"。在担任机械学院院长期间，金国藩更是努力为师生创造条件提高教学水平，他凭借自己的威望从国外的公司募集来资金，资助教师学术交流和学生科技活动。

瞄准前沿　敢为人先

"金先生常常教育我们'要有所为，有所不为'，但如果'有所为，就要为人先'。他把研究目标定位在世界先进水平，要'敢为人先'。"曾接替金国藩先后担任过清华大学光电工程研究所所长（教研室主任）的李达成、张书练、李岩回忆道，"他凭借敏锐的学术洞察力，扶持新思想、新动态的发展，有些在刚出现时显得很弱的新芽现在已发展成为学科的重要研究方向。"

科学家精神 育人篇

金国藩是我国光学仪器和光学信息处理、二元光学的奠基人之一，他编写了国内唯一的《计算机制全息图》和《二元光学》专著，发表文章300余篇，专利100多项，获得国家发明奖二等奖两次及国家科学技术进步奖三等奖、教育部科学技术进步奖一等奖、北京市科学技术奖一等奖、教育部科技进步奖二等奖、中国工程科技奖、全国优秀科技图书奖二等奖等诸多奖项。

金国藩总是对新的东西很有兴趣，他经常到美国光学学会网站上下载最新发表的论文阅读，还把一些相关的论文推荐给课题组的师生，每学期大家基本都能收到他推荐的几篇文章。每次参加学术会议归来，金国藩也会把最新的学术动态、应该留意的科研方向等向课题组的师生们转达。有一次，郑学哲从国外回来，向金国藩汇报了自己正在国外从事的研究，他惊讶地发现，金国藩对他从事的研究方向非常了解，"我可以像跟同行交流一样跟他轻松地交流"，郑学哲说，"他还向我介绍了他的团队在纳米光学器件方面的研究和全息存储方面的突破性进展，我看到了一个永远向前探索的学者。"

金国藩自己是这样做的，也是这样要求青年教师和学生的。他鼓励青年教师多参与学术交流，有的教师出国交流期间，所负责的项目和指导的学生都由他亲自代劳，消除了青年教师出国交流的后顾之忧。有的教师遇到项目经费和人员的困难，他不仅提供自己的经费作为支持，还让自己的学生参与研究提供人力支持。对于这种种支持，张书练曾说："金老师的态度鼓励我坚持课题研究，这对在茫茫大海中寻找科研突破口的年轻人是多么重要！"

金国藩最关心的莫过于带动和帮助年轻人成长。他一方面积极拓展研究方向，多方寻求合作，建成了数个实验平台，为年轻教师的成长创造了很好的条件；另一方面给年轻人压担子、委以重任，让他们担任课题的具体负责人,给他们以充足的平台和空间。他说:"趁现在还跑得动,我还想多做几件事,为系里多争取几个项目,为年轻人多创造些条件。"

"生命不息,战斗不止!"金国藩铿锵的话语彰显着他的壮心不已。

(撰稿:清华大学 刘蔚如;本文写于2013年)

宁津生
大地之星　育才不倦

> 宁津生（1932年10月—2020年3月），大地测量学家、教育家，中国工程院院士。长期从事大地测量学研究，在全球和局部重力场逼近理论及我国大地水准面等方面作出了重大贡献。曾先后荣获湖北省优秀教师、全国测绘行业先进工作者、全国优秀教育工作者、湖北省五一劳动奖章、感动测绘人物等荣誉称号，并获测绘地理信息杰出成就奖、卫星导航定位科学技术终身成就奖等奖项。

以往每年秋天，当武汉大学校园内桂子飘香时，宁津生院士会和他的几位"院士搭档"相约，从繁忙的科研工作和会议中抽离，回到武汉大学同一门课程的讲台上。

这是一门叫作"测绘学概论"的课程，由武汉大学6位院士、多位教授共同讲授，课上不点名、不签到，阶梯教室后排却站满了人。课后，找院士签名的学生排成长队。

宁津生　大地之星　育才不倦

这样的坚持，已持续 20 多年。院士们的执着坚守打动了一届又一届的学子，成为学子最为美好的大学回忆之一。

而 2020 年刚入学的测绘学科学子，却再也不能在这堂课上领略到宁津生院士的风采了。2020 年 3 月 15 日，被后辈誉为"大地之星"的宁津生院士悄然陨落。而他培养出来的学生，也踏上了接力之路，踏上了这门课程的讲台。

武大学子的"最奢侈基础课"

宁津生的生日是在秋天，这正是他给本科生上"测绘学概论"的时候。在这个他熟悉与热爱的课堂上，宁津生与莘莘学子一起，度过了一个又一个快乐而充满意义的生日，这一坚持就是 20 多个年头。

在讲台上，宁津生以精心准备的课件和教案，结合渊博的学识与丰富的阅历，娓娓道来，引导新生步入测绘科学的殿堂。宁津生是这种上课形式的倡导者，也是第一堂课的主讲人。

在宁津生担任武汉测绘科技大学（后并入武汉大学）校长期间，虽然当时那所学校的测绘专业在全国排名第一，但每年录取的新生里，十个中有七八个第一志愿不是测绘，两三个强烈要求转专业。这一直让宁津生忧心忡忡。

1996 年，宁津生提出了"院士为本科新生同上一门专业基础课"的建议，得到了李德仁、陈俊勇等院士的积极响应，1997 年 9 月课程正式亮相。其后，刘经南、张祖勋、龚健雅、陶本藻、张正禄、何宗宜、赵建虎等测绘学界的知名教授陆续加入，形成了一支齐聚我国测绘工程专业顶尖师资的教学团队。

"我们一直都很重视本科生特别是大一新生的专业前教育。开这门课，目的是让他们对自己的专业有一个清楚的认识，了解测绘专业的高

科学家精神 育人篇

新科技和社会地位,增强对专业的认识和热爱。"宁津生在谈到开设这门课的初衷时说。

每年开学,宁津生都会重新备课,在讲义中添加学科的最新发展和社会新思潮。他讲课语言通俗,循循善诱,风趣幽默,不时引来阵阵掌声。整个大教室都挤满了学生,连走道上也坐满了学生。

其他任课老师也结合各自专长,每人主讲一个章节,共同为学生描绘测绘专业的全貌。他们以治学育人为己任,为了中国的测绘科学事业后继有人,倾注了满腔心血。每一次讲课的过程,都充满了老一辈学者对学生的殷切期望。

20年间,这门课程不仅走进了武汉大学的通识课堂,还走进了千里外的同济大学,听过课的学生上万人次。这门课程也被学生们称为"最奢侈基础课"。最初,院士们仍需亲自拿着笔尺,将课件画在薄薄的透明胶片上。如今,带有动图的多媒体课件取代了胶片。时间也改变了几位科学家,他们变成了平均年龄近80岁的老人,师生年龄相隔半个多世纪。

"20多年来,宁院士带领我们不断调整教学内容,更新教材,建设慕课。他多次带着我们封闭讨论和修改教材,这些都历历在目。"中国科学院院士、武汉大学教授龚健雅说。1997年在这门课开始时他就参与授课,当时的龚健雅既不是长江学者,更不是院士,宁津生却让他挑起"地理信息系统"课部分讲解的重担。

"记得 2015 年测绘学概论第一次课，是宁院士的生日当天，老人家当时捧着助教送的鲜花，班长组织大家一起喊'宁爷爷生日快乐'。我永远记得院士那句'每当看到你们，我总觉得中国的测绘事业又注入了新鲜的血液，我这把年纪仍然感到热血沸腾'。"一位武汉大学测绘学院 2019 届毕业生回忆说。

2018 年 12 月 27 日，80 多岁高龄的宁津生还出现在武汉大学 MOOC 项目考核会上，为"测绘学概论"进行答辩。

"将'测绘学概论'录制成 MOOC 推向全社会，希望更多的莘莘学子对测绘学感兴趣，进而投身测绘事业，为祖国测绘事业作出贡献。"宁津生的一番话多次被台下的掌声打断，"我已经 80 多岁了，如果国家需要，我还是会发挥我的余热。"

培养后学从不懈怠

"宁老师从 1956 年大学毕业开始便从事教学工作，不管有多忙，给学生上课这件事，他从来没有丝毫放松和怠慢过。即使是很熟悉的讲稿，他在每次上课前也要重写，及时更新内容。学生们都喜欢听他的课，称他是'课讲得好，人长得帅'的好老师。"宁津生的第 2 个博士生、中国工程院院士、武汉大学副校长李建成回忆说。

诚然，自 1956 年从同济大学毕业那一刻，宁津生就开始了自己的执教生涯。从助教到讲师，从副教授，到教授再到博士生导师，直至 2018 年 12 月名义上退休，在中国测绘专业的执教生涯中，他度过了 60 余个春秋，教过的学生也是数不胜数。

在宁津生的指导之下，一大批学生都在遥感领域取得了重要成就，除了于 2011 年当选中国工程院院士的李建成，还有为数字地球的发展进步提供了关键理论依据的陈军，有制作了指导 21 次南极考察航线示意图的郝晓光，也有获得第三届夏坚白院士测绘事业优秀学生奖的王华……宁津生为祖国输送了一大批专业领域人才。

早在李建成读博期间，宁津生就带着他参与国家"八五"攻关项目，并且成功建立了当时我国阶次和精度最高的地球重力场模型及我国首个 5'×5' 重力似大地水准面。"现在回想起来，这是我第一次参与大型的科研项目，从中学到的很多东西对我后来的成长起到了至关重要的作用。在宁老师的指导下，我还参与了'攀登计划'等国家项目，为自身学术研究能力奠定了良好基础。"李建成说，宁津生一生以教书为乐，对学生要求严格。1993 年，在李建成博士论文答辩前夕，宁津生正在加拿大访问。为了参加李建成的答辩，他费尽周折调整行程，在百忙之中专程赶回，这令李建成十分感动。

为了培养李建成在教学上有所建树，进一步开阔视野，从 2005 年起，宁津生还让他参与教育部测绘学科教学指导委员会和中国测绘学会教育工作委员会的工作，并于 2012 年把测绘学会教育委员会的工作交给他负责。

宁津生总是尽量为年轻人的成长创造条件。1988 年，中国科协出资组团参加国际大地测量与地球物理联合会第 19 届大会，指定的人选中就有宁津生。但他从培养科研后备军的目的出发，将名额慷慨相让。于是，他当时的学生，年仅 24 岁的邱卫根便成为代表团中最年轻的一位。3 年后，邱卫根凭借自己的实力晋升为彼时武汉测绘科技大学最年轻的副教授。

不仅是他的学生，在担任武汉测绘科技大学校长时，宁津生总是想方设法地为全校的年轻人创造条件，解决他们的后顾之忧，为他们提供更好的科研环境，为的就是中国的测绘科研及教育事业后继有人。

在没成为宁津生的学生之前，李彬觉得宁津生就像"遥远的一颗星"。在一个高端学术交流会上，李彬远远望见这位院士、前校长坐在主席台的正中央。成了他的博士生之后，两人经常隔着一张小桌子，从科研聊到细碎的日常生活。每次离开老师家的小客厅，李彬包里总会被师母塞得满满当当，里面有豇豆、花生米、辣椒酱等各色"宝贝"。这位博士结婚时，宁津生穿着衬衫西裤出现了，做了他的主婚人。

还没等他毕业，老师突然"老了"。他的腰折了下去，走路久了便心慌腿软。来参加李彬的论文答辩时，老人在秘书的搀扶下走来。在场的评委都劝宁津生回去等消息，但他坚持听完3个多小时的答辩。

给本科生讲课时，宁津生也很难再站着上课，但他仍一直为这门课忙碌着。直到生命尽头，他都从未离开过讲台。有一次，中国工程院领导来到武汉大学，征求院士们对70岁退休制度的意见。宁津生在会上平静地说，他对退休没有意见，只有一件事，还望商榷。

这位老科学家顿了顿说，他想继续给大学新生上课。"我们6个院士有5个过了70岁，要是因为退休，断了这门课很可惜。"宁津生记得，开了这门课之后，转专业的学生少了很多。到了第3年，头一遭有外专业的转进来。

"好多人叫我宁校长、宁院士，我还是更喜欢大家叫我宁老师。我觉得，教师是一个非常神圣的称号。不论是研究型大学，还是教学型大学，既然是高校教师，主要任务就是教学，就是培养人才，这才是我们的本职工作。"宁津生说。

永不退休的"两委"主任

作为一名优秀的教育者，宁津生的工作不仅体现在讲台上，还体现在他对测绘学科的贡献上。

1984年，改革的大潮将宁津生这位一心一意从事教学和科研工作的学者推上了武汉测绘科技大学副校长的岗位。从此，他牺牲了很多从事业务工作的时间，将相当多的精力投入学校的改革与发展中。1988年担任武汉测绘科技大学校长后，他更是呕心沥血，殚精竭虑，为学校的发展、为祖国的测绘事业和测绘教育事业追赶和超越世界先进水平倾注了所有的心血。

1988年，宁津生举全校之力，向世界银行贷款数百万美元，建立了测绘遥感信息工程国家重点实验室。

据李建成回忆，申请贷款时，国家测绘局向宁津生提出明确要求，"保证以后这笔钱学校还70%，国家测绘局还30%"。当时办学经费严重不足，学校如何顶住压力偿还贷款的70%？再加上每年的利息，压力确实很大。"但宁老师还是毫不犹豫地签下保证书。"李建成在回忆宁津生的文章中写道，"可以说，他为我国第一个测绘类国家重点实验室的申请建立倾注了大量心血，为学校持续发展抓住了难得的机遇，奠定了良好的基础。"

为加强测绘领军人才的培养，宁津生还给中国工程院领导建言，建议在土木工程学部下设测绘工程学科。随后，测绘学科的学者申报院士就有了明确的学科分类。在他的带动、培养和支持下，测绘界领军人才迅速成长起来。

自1984年起，宁津生担任中国测绘学会教育工作委员会主任委员，同时在国家测绘局测绘教材委员会担任副主任委员。1990年，他开始担任国家测绘局测绘教材委员会主任委员。直至2012年，由于年龄的原因不再担任"两委会"的主任委员，但他仍是名誉主任委员和顾问。"两委会"主任的岗位，他一干就是30多年，是一位名副其实的"超龄主任"。

在此期间，他带领"两委会"一直致力于测绘教育教学质量的提升，在引领中国测绘教育的改革方面做出了大量开创性工作。测绘专业从目录调整后测绘类下设1个专业，到现在测绘类下设6个专业；从原来的全国30多个测绘类本科专业建设点，发展到现在的200多个本科专业建设点，以及200余个高职高专测绘专业点。他还大力推进高校测绘教材建设，使测绘教材完成了从无到有、从引进到自编、从单一品种到多品种配套的转变，形成了具有我国特色的高质量测绘教材建设体系。

在测绘学科教学指导委员会成立后，教学指导委员会的工作由原来以教材编审为主要内容，转向对学科的教学工作进行全面的研究、咨询和指导。宁津生敏锐地觉察到现代科技飞速发展对测绘学科专业带来的强烈冲击及难得的发展机会，他带领"两委会"每年组织2次以上高等测绘教育改革的研讨会或院长论坛，在专业建设、师资队伍建设、学生创新与工程实践能力的提升、测绘学科发展方向探索等方面做了大量卓有成效的工作，极大地推进了我国测绘教育与测绘地理信息事业的发展。

此外，宁津生还创办了"全国高等学校测绘类青年教师讲课竞赛"与"全国大学生测绘技能竞赛"，既规范了教师的教学过程，也增强了学生的实操能力。同时，他开创的"全国高等学校大学生测绘科技论文竞赛"，既激发了学生的创新精神，提高了其科研能力，也为我国测绘科技创新事业培养积蓄了人才。

在学生们眼中，宁津生永远是"宁静致远、津津乐道、生生不息"的睿智儒雅之师，是"大地之星"，更是一座巍峨的高山。而由宁津生领衔的"测绘学概论"课程，也将由其他院士和后学者们接过接力棒，继续生发，影响一代又一代学子。

（撰稿：武汉大学　陈丽霞）

张一伟
呕心沥血育英才
兴油报国终无悔

张一伟（1933年1月—2009年5月），教育家、地质学家。在国内率先开展油藏描述攻关，并提出"以地质为主体，多学科一体化研究"的新思路。推动和组织了油气成藏基础理论研究，在"脉动式和突发式油气运移及成藏"认识等方面取得了重大突破。这一系列成果获国家科技进步奖等多项国家级、省部级奖励。长期在教学第一线潜心工作，为开拓学校的新局面、探索社会主义大学的办学规律付出了艰辛的努力，为中国石油行业的振兴发展作出了重要贡献。

热爱祖国、追求真理，牢记周总理殷切期望

张一伟自幼深得其伯父——我国著名爱国将领张治中将军的培养和教育，他一直把张将军所倡导的"热爱祖国，追求真理"的宝贵精神财富作为人生的座右铭。

张一伟　呕心沥血育英才　兴油报国终无悔

张一伟的童年时代受共和国领袖及教育家的指点，热爱大自然，对山川中的矿石感兴趣，这指引他走向了探索地质的道路。

1949年，16岁的张一伟随伯父张治中在北京见到了周恩来总理。在六国饭店，周恩来总理走到他与兄妹的饭桌旁说："小朋友们，欢迎你们！你们要好好学习，将来建设新中国！"此后，周恩来安排相送列宁装和一些新书，如《半夜鸡叫》《钢铁是怎样炼成的》等。

1949年，张一伟结识中国著名的教育家何思源先生及小他一岁的何先生之女何鲁丽。何先生送他的中译本《人和山》，书中许许多多奇异的图案和文章，深深地吸引他不停地探寻着究竟。其间，何思源开始给张一伟指点书中那些新鲜的名词和图案，讲解哪些石头中蕴藏着哪些矿物，哪些石头记载着自然界的变迁。

1950年12月9日，张一伟向周恩来总理谈了自己的理想。他说："初中时看了《人和山》等书，想学地质，探索大自然，寻找矿藏，建设祖国，增强国防。"周恩来总理欣然命笔为他题字："为加强国防力量而努力！"

牢记周恩来总理的殷切希望，19岁的张一伟以第一志愿考入北京地质学院石油地质专业学习。在校期间，张一伟聆听李四光、孙云铸、谢家荣、尹赞勋、袁复礼、汤中立、冯景兰等学者的演讲和教诲，他们献身地质科学的精神，以及在地质实践中所表现出的科学态度，成为张一伟的人生榜样。

大学期间，张一伟赴川东巴县和青海柴达木盆地等开展野外实习。实习工作中，他起早贪黑地赶填地质图，不断地与沙漠、荒野的地质油气勘探、油藏分析等问题打交道。结合石油地质系教授认为的"中生代第三纪，中国西北部有许多大小不等的内陆盆地，其中沉积了湖相、沼泽相及河流相的沉积物，产油丰富"的石油观点，为论证"陆相不仅能生油，而且是大量的"这一重要结论，几个月里，张一伟几乎没有洗过几次脸。

科学家精神 育人篇

在大漠深处或贫瘠野外，时常遇到补给跟不上、缺粮断水的情况，但是，为祖国找石油、找矿藏的强烈责任感，让张一伟和同学们面对这些艰苦全然不顾。他开始领悟到，学校讲授各类课程的重要性和野外地质实践的实际意义。

风餐露宿、言传身教，把育人实践写在祖国山川上

1956年秋天，张一伟从北京地质学院毕业后留校任教。后来，那届老同学被称为"地质黄埔"一期毕业生。

这一时期，油气资源正是国家建设的重点，亟须地质工作者为国家提供各种矿产资源地，张一伟就带领学生实地教学，这为他实现地质理想提供了广阔的天地。

那个时期，全国范围内开展了战略性的石油普查勘探工作，张一伟加入了祖国的石油普查勘探队伍中。当时，根据地质力学的理论，石油普查勘探队在一些辽阔的中、新生代沉积盆地中，勘探队在200多万平方公里的面积内进行了程度不同的石油普查。从张一伟参与的石油普查勘探队所取得的大量地质资料看，他们不仅初步摸清了中国石油地质的基本特征，而且证实了中国有着丰富的天然石油资源。

张一伟带领学生到野外进行实地教学，他的足迹遍及鄂西渝东，同时，他与陈发景老师在野外做"四川盆地南温泉构造与石油沟气田构造裂缝对比"研究。也是这一年，在大量的数据资料面前，江汉油田开始启动油气勘探工作。他主讲的石油地质专业方面的课程，以严谨的治学作风赢得了学生和石油勘探职工的尊重。

1958年，为开发国家矿产资源，加强国防和经济建设，国家选拔了数批优秀学生前往莫斯科石油学院和莫斯科地质勘探学院学习。张一伟被国家选派到莫斯科石油学院学习，在这里攻读副博士。1962年，张一

张一伟 呕心沥血育英才 兴油报国终无悔

伟获得地质学、矿物学副博士学位回国。

1965年，全国勘探找油遍地开花。北京石油学院和北京地质学院派出大批找油勘探师生，深入石油勘探生产第一线。张一伟深入华北油田，他的妻子熊琦华则带领实习生到了玉门油田的采油三队。尔后，在张一伟和熊琦华夫妻的信中，更多地留下了这样的对话：张一伟说，在强烈的波状运动挤压或拉伸作用下，一些大型盆地的基底会发生断裂，形成一些"断陷盆地"，通过几年来的华北渤海湾、西南地区的横断山区来看，地壳波状活动剧烈的地区，这类盆地就更多见。熊琦华说，油气通常形成并赋存在沉积岩中，相对独立连片分布的沉积岩，才构成"含油气盆地"。我们只有在盆地中拿出令人信服的数据和资料，然后按构造单元，各个击破，才可能讨论生油、储油和含油气远景。张一伟坚信，渤海湾不仅有胜利油田，还将有新的发现。熊琦华则对他说："大西北的盆地，如果你去了，会有更大的发现。"他们从太古界、中上元古界、古生界、中生界到新生界，讨论到辽河盆地发现的含油层系，油藏埋深。多种沉积、多种储层岩性影响，造成油品类型多，原油物性变化大。得出盆地纵向含油层系多，油藏埋深跨度大的特点……这是张一伟积累的波状运动思想和熊琦华研究油藏理论的初期形成，在夫妻的书信交往和日记中，这些理论探讨和思想交流时常显现。

张一伟总能及时抓住学科发展和生产所需要解决的关键问题，推动和发展了相关的理论和前沿科学。在他的教学和研究生涯

中，多次组织大型野外及油区的教学、生产、科研相结合的石油地质综合研究，多次深入川鄂地区、胜利油田、大港油田、辽河油田、塔里木盆地、柴达木盆地等进行实地考察研究，为我国寻找更多的油气资源，足迹遍及大江南北，风餐露宿、孜孜不倦，他把教学育人的实践写在了祖国的壮丽山川上。

春风化雨、总揽全局，为国家培养大批石油人才

长期在教学第一线潜心工作，张一伟总结并确立了先进的教育思想和办学理念。他曾3次组织进行石油勘探类教材的编写，发表了多篇研究论文并出版多部专著，为石油勘探教学作出了突出贡献。他重视生产实践与教学科研相结合、传授知识与创新知识相结合、知识教育与素质教育相结合，坚持并倡导培养全面发展的创新型人才、复合型人才。

张一伟先后任华东石油学院勘探系主任、华东石油学院副院长、石油大学校长，为开拓学校的新局面、探索社会主义大学的办学规律付出了艰辛的努力，为我国石油行业的振兴发展作出了重要贡献。

张一伟担任学校主要领导职务后，认真贯彻落实中国石油天然气总公司党组关于石油高等教育的发展战略和指示精神，抢抓机遇，使学校首批跻身于国家"211工程"建设行列，为石油大学明确了办学方向，夯实了发展基础，学校办学条件有了明显改善，学科建设水平、人才培养质量显著提高。

自担任校长之后，张一伟的主要精力放在了把石油大学办成世界一流大学上。即使被石油学会全票通过推荐申请中国科学院院士，但他放弃了机会，理由是："我当院士就当不好校长了，当好校长就当不好院士。我的任务是当好校长，把石油大学建成世界一流大学！"

他积极推进学校管理体制改革，努力使学校建设成为新科学、新思想

的发源地、传播地。他组织成立了具有较高水平的研究实体——盆地与油藏研究中心、油藏描述与预测研究所等，吸引聚集了众多国内外优秀人才，成为国内有较大影响力和较强竞争力的科学研究和人才培养基地。

他凭借在石油地质学界新颖的学术观点和广泛的影响，1997年被俄罗斯国立古勃金石油天然气科技大学授予荣誉博士学位，1999年获中国地质界最高荣誉奖——李四光地质科学奖，2002年当选为俄罗斯科学院外籍院士，2005年当选为国际欧亚科学院院士。

张一伟把自己的毕生精力和心血全部奉献给了我国的科技事业，把自己全部的聪明才智献给了我国的石油高等教育事业。他集教育家、地质学家、社会活动家于一身，建立了卓著业绩。作为著名教育家，张一伟多次强调"唯有人的素质是不能引进的"，在国内备受推崇。他用辩证唯物论指导人才培养，提出"不断完善人类"应是教育的本质和基本问题，强调培养学生应该德、智、体、美全面发展，尤其注重综合素质。他教书育人，桃李满天下，为中国的石油工业培育了一批能攻坚能吃苦的高层次人才。作为地质学家，他严谨治学、注重实践，善于吸收新思想并在实践中发展创新，科研成果取得了显著的社会效益和经济效益。作为学校卓有创见的领导者，他知人善任，爱护人才，尤其对青年学生、专家教授、归国留学人员、统一战线成员等各界人士，满腔热情，关怀备至，特别注意发挥他们的优势和特长，为学校建设贡献力量。

张一伟率先明确了石油大学产学研结合不是一个方式方法的问题，而是工科院校的办学道路和方向。在教学科研工作中，在加强课堂启发性教学的同时，重视石油地质野外及油田综合勘探研究工作，足迹遍及大江南北。他带领年轻教师深入条件艰苦的塔里木盆地、柴达木盆地进行教学与科研相结合的综合研究，带领师生共同参与国家重点项目的生产和基础科研实践。并不断推动科研成果向现实生产力转化，石油大学通过产学研结合培养学生艰苦奋斗的作风，能适应石油工业的需要，不仅造就了一大批国家的栋梁之材，而且使石油大学能随着石油工业的发展较快地发展。

2008年11月，已经病入膏肓的张一伟，仍然坚持参加了博士研究生毕业论文最后答辩，并在答辩现场做了20分钟讲话，畅谈了南海石油开发的项目研究远景。2009年1月，张一伟在病榻上写了一篇致校务委员会的书面讲话：面对《国家中长期教育改革和发展规划纲要》，告诫一场新的深入的高教改革正在酝酿。对中国石油大学来讲，进一步深化产学研相结合的办学体制是一件大事。特别是当前办学思想和体制上发生了变化，我们怎么去应对，才能站在这场教育革命的前面等问题。2009年4月，张一伟在病榻上完成论文《教育改革应从解决基本的宏观问题入手》，并在《石油教育》发表。

2009年5月24日，张一伟因病医治无效在北京逝世，享年76岁。张一伟德高望重，为人师表。在学生眼里，他慈祥智慧、雍容豁达，以独有的人格魅力，言传身教，为学生的成长倾注了毕生的心血；在亲人眼里，他春风化雨，骨肉相附；在处事方面，他诚信宽厚，淡泊名利，举重若轻，宽容大度；在人与人的关系方面，他推己及人，将心比心，严于律己，宽以待人；在日常工作中，他兢兢业业，兼容并蓄，总揽全局；在日常生活中，他厚德载物，忠厚讷行，终身俭朴。在他身染重病弥留之际，还十分关心当前我国高等教育的改革，关心中国石油大学的发展。他为党和人民的事业，为中国石油大学鞠躬尽瘁、不懈奋斗的崇高精神，值得后辈学习和发扬光大。

（撰稿：中国石油大学　刘积舜）

参考文献

[1] 呕心沥血育英才　兴油报国终无悔：张一伟先生生平[N]. 中国石油大学报，2009-05-27.

[2] 孟庆繁. 一伟人生[M]// 王铁，孟庆繁. 中国教育脊梁：张一伟. 北京：人民出版社，2013.

朱英国
"水稻院士"的农田课堂

> 朱英国(1939年11月—2017年8月),遗传学家,中国工程院院士,杂交水稻研究先驱者和杂交水稻事业重要奠基人之一。坚持水稻雄性不育与杂交优势利用研究,20世纪70年代初利用华南普通野生稻与栽培杂交合作育成红莲型水稻不育系及红莲型杂交稻,80年代中期利用农家品种马尾粘中发现的败育株与协青早选杂交选育出马协不育系和马协型杂交稻。克隆了红莲型不育基因,发现并定位了红莲型恢复基因 $Rf5$ 和 $Rf6$;在水稻雄性不育的基础生物学方面形成了自己的特色。曾荣获全国科学大会奖、国家科学技术进步奖特等奖、全国先进工作者、全国师德先进个人、全国优秀教师等荣誉。

2017年8月9日凌晨,中国工程院院士朱英国在武汉逝世,享年78岁。8月13日,朱英国遗体告别仪式在武昌举行,武汉大学师生代表,朱英国的亲属、生前好友等 500 多人前往送别。

这个种了 50 年水稻、一生心系国家粮食安全的"泥腿子院士",直到去世前的最后一个晚上,病床上的他还在辅导学生。

朱英国院士是著名遗传学家和水稻生物学家、我国杂交水稻研究的先驱、我国杂交水稻事业的重要奠基人之一,为我国粮食安全、杂交水稻种质创新、生命科学和生物技术人才培养作出了巨大贡献。

病床前嘱托学生:"你们要以国家的粮食安全为己任"

朱英国的博士生罗肖陨,陪伴恩师走过了人生最后一程。2017 年 8 月 9 日凌晨,病房外,朱英国抢救无效辞世的噩耗袭来时,罗肖陨难以置信:每餐把大部分饭菜留给他、总是慈爱地笑着、喜欢和他聊实验、晚上睡前跟他说"辛苦了"的老师,永远地走了。

罗肖陨的眼泪无声地滴下来。东方未白,他坐车去了鄂州实验基地,继续观察水稻生长情况,测量表型性状的数据。这是内心中他和恩师的告别,也是约定。

从 8 月 6 日起,罗肖陨一直陪护在朱英国身边。那天一进病房,朱英国就热情地招呼他坐下,问他实验进展情况,有没有遇到困难。跟往常一样,罗肖陨一五一十地汇报了实验情况,老师给他很多建议。

"你们这一代年轻人是国家的栋梁,要以国家的粮食安全为己任。"只要聊到实验,朱英国都会以这句话结尾。

每次吃饭,朱英国会打开电视看中央一台播放的新闻,并把大部分的饭菜留给罗肖陨。"我撑着肚子吃完后,老师总问我吃饱了没,我赶忙说吃饱了。看着恩师一如既往慈祥的微笑,我心里想,恩师不仅关心国家粮食安全,还心系着学生的温饱。"

科学家精神 育人篇

罗肖陨在日记中写道：晚上恩师睡觉的时候，亲切地对我说了声"辛苦了"。看着恩师微笑着闭上眼睛进入梦乡，我才发现恩师如父亲般亲近，至此我才深刻地理解"一日为师，终身为父"的含义。

博士生肖海军也是主动陪护朱英国的学生之一。"老师生病住院的这段日子，是我们交流最多的时光。他总是很关切地问我工作的事、生活的事，我提到的困难，他会立马帮我想办法。"在和导师朝夕相伴的日子里，肖海军更深切地感受到他对国家、对农村、对农民那种深入骨髓、融于血脉的爱。

"老师跟我说得最多的一句话是，年轻人要以事业为重，要有一种百折不挠的精神。"肖海军清楚，导师放不下他的红莲型杂交水稻事业，担心事业后继无人。导师的微信昵称"红莲"，简简单单两个字，力如千钧地压在团队成员的肩上。

"老师走了，我丢了魂。"得知导师去世的消息，博士后高峰难过得双手捂面，眼泪从指缝里漏出。他从 2008 年跟着朱英国硕博连读，2015 年年底毕业。那时，朱英国已查出患有骨髓再生方面罕见的疾病。

高峰介绍，导师在与疾病斗争的两年多时间里，依然坚持到实验室工作，为杂交水稻重点实验室建设、2011 协同创新中心建设、鄂州基地建设及研究生培养呕心沥血，常使人忘了他是个患者。

"恩师以身作则，把粮食安全看得比什么都重要。作为弟子，我们要继承恩师的衣钵，把这种精神发扬光大，薪火传递下去，完成恩师的心愿。"罗肖陨在实验间隙给记者发来的这条短信，是他内心对老师的承诺。

不忘习总书记的嘱托："科技兴农，粮食安全要靠自己"

鄂州市杜山镇东港村，131 亩水稻实验田绿波荡漾，这里是杂交水稻

朱英国 "水稻院士"的农田课堂

国家重点实验室武汉大学鄂州实验基地。以朱英国为首的研究团队,在此进行水稻杂种优势机制、杂交水稻种质创新与基因发掘等多项研究。

时间回溯到2013年。

2013年7月22日下午,习近平总书记考察湖北期间,专程前往鄂州水稻基地视察,看望朱英国。

朱英国将基地培育的杂交水稻种子展示给总书记。这些种子中有'珞优8号''珞优10号''两优234'等多个优良水稻品种。

"抛秧用不用秧盘?农民喜不喜欢抛秧?机械化程度怎么样?"在田间地头,习近平总书记向朱英国提出了一个个细致的问题,这些都是农民关心的问题,也是生产环节中的重要问题。这让朱英国看到了总书记对我国粮食安全的关心、对广大农民的悉心关切、对农业高新技术创新的期待。

当听说朱英国培育的杂交稻良种推广种植面积已在亿亩以上,尤其是'珞优8号'水稻,已连续7年被湖北省列为水稻主导品种、连续4年被农业部评为长江中下游主导品种,累计推广2000多万亩时,习近平总书记十分高兴地说:"您辛苦了!感谢你们作出的贡献,希望各位继续努力,科技兴农,粮食安全要靠自己。"

习近平总书记的话让朱英国深受鼓舞,既感到振奋,也感到沉甸甸的责任。他说:"我们首先要创新育种,农业上的核心技术,我们要自己创造。一定要加快杂交水稻种植创新的步伐,保证我国杂交水稻走在国际前列。"

科学家精神 育人篇
SPIRIT OF SCIENTISTS

中国水稻种子不管是科研水平，还是种植能力都居世界前列，一直是稻种出口大国。但中国稻种市场过于广阔，使得国际大公司都想来占领。在此形势下，朱英国认为我们唯有自主创新，要始终走在世界水稻品种选育的最前列，培育高产、优质、抗性好的品种。

在国际公认的三系杂交水稻类型中，主要有袁隆平的"野败型"、朱英国的"红莲型"和日本的"包台型"，只有中国人培育的"野败型"和"红莲型"在生产中大面积推广种植。朱英国和袁隆平等通过努力，使得中国的杂交水稻育种从品种间杂交向亚种间杂交等领域拓展。更大的意义在于，从遗传多样性上讲，"红莲型"起到了隔离带和防火墙的作用。

用一生履行心底的承诺：让天下苍生不再挨饿

朱英国 1939 年出生在罗田县河铺镇的贫寒农家，少年时代刻骨铭心的挨饿经历，目睹因粮食引发的悲剧，让他立下志向：让天下苍生不再挨饿。

1959 年，朱英国填写高考志愿时，3 个志愿全部填着"武大生物系"。如愿录取后，他选择了植物遗传专业。5 年后，朱英国毕业留校，专注于水稻科研工作。

幼时志向的种子，在大学的土壤里长成理性的科学精神。大学里，他常听高尚荫、孙祥钟、余先觉、何定杰、公立华、杨弘远、周嫦、汪向明等老师的课程和讲座。除了习得专业知识，还继承了一种朴实而坚韧的精神。这种精神是科学之光，照耀和指引着朱英国和他的后辈弟子们。

1964 年，朱英国参加了汪向明教授领导的水稻生育期遗传教育部重点科研组，开始水稻遗传研究。

当时，培育杂交水稻主要是在田野里做试验。要培育出稳定、成熟且能大面积推广种植的水稻新品种，必须反复做育种试验，而育种只能在春天进行。为了追赶农作物生长所依赖的季节，加快水稻育种科研的进度，朱英国把目光投向了海南岛。

1971年11月，朱英国和同事用1000多个套袋带上全部种子材料奔赴海南。1972年4月，上千个组合收割分类后，他们摘下一粒粒稻谷，剥去谷壳，带回湖北转育，秋后又继续转战广西南宁。

秋风乍起，奔赴广西南宁；寒冬来临，又转战海南岛；直到次年春天，才揣着希望的种子返回湖北。一年年，马不停蹄地追逐田野的春天，朱英国调侃自己是"水稻候鸟"，一年过3个春天。

追逐春天的脚步，听起来充满"诗意与远方"，但团队中人无不深知其苦。毒辣的太阳烤着后背，汗水糊满了脸，朱英国和助手们蹲在稻丛间，小心翼翼地把住穗头，剪颖、去雄、套袋、授粉、封口，每个细节都得一丝不苟，直到又饿又乏才收工。

白天在田里劳作，收工后自己捡柴做饭。禾苗的天敌是田鼠，为了保护禾苗，他们把铺盖搬到田埂上，每天晚上拉电网、撒鼠药、放夹子，彻夜与田鼠激战……一个春天，这样的日子有两个月；一年中，这样的日子有6个月。

两年后，他们利用红芒野生稻与莲塘早杂交，培育出中国新的细胞质类型——"红莲型"不育系。这项成果获得1978年全国科学大会奖。

1973年，湖北省成立了水稻三系协作组，朱英国被任命为组长。不到40岁的朱英国，成为湖北省杂交水稻育种研究的领军人物。

1984年3月，经过大海捞针般的寻觅，农家品种马尾粘中一棵不育株被他和助手发现。又经过3年繁复的杂交试验，马尾粘细胞质雄性不育系终于成功培育出来，它就是'马协A'。

"马协A"的问世，拓宽了当时杂交育种的理论视野，2002年获国家技术发明奖二等奖。同年，朱英国团队选育出'红莲优6号'，获湖北省科学技术进步奖一等奖，以后又培育了'珞优8号'等，均通过国家、

科学家精神 育人篇
SPIRIT OF SCIENTISTS

湖北等省市品种审定。

2007年9月17日，在湖北省农业科技创新中心试验示范现场的实测中，'珞优8号'创造出亩产823.4公斤的纪录，跨入了超级稻行列，成为朱英国奉献的又一硕果。

马协型和红莲型杂交水稻，作为朱英国的两大科研硕果，有效地防止了单一细胞质来源给我国粮食生产可能带来的潜在风险，为保障我国的粮食安全作出了不可低估的贡献。

目前，红莲型杂交稻累计推广已经超过1亿亩，湖北省农业厅已将'珞优8号'列入全省水稻主推新品种，还在湖南、河南、江西、安徽、浙江、福建、广西等地推广种植，红莲型杂交稻成功走向全国、走进世界。

在"一带一路"沿线很多国家，如菲律宾、越南、斯里兰卡、孟加拉国、莫桑比克、印度尼西亚、马来西亚、巴基斯坦等，红莲型杂交稻比当地品种增产20%～50%，认可度越来越高，种植面积增幅很大。

中国杂交水稻走向世界，具有重大意义。目前中国的杂交水稻技术处于世界领先地位，而且中国是全球第二大经济体，这是中国的大国责任和义务。"楚国种，天下用。"对朱英国团队来说，帮助"一带一路"沿线国家提高水稻产量，也是在为维护世界粮食安全贡献中国力量。

谈到为什么痴迷于水稻科研工作，朱英国说："水稻作为主要粮食作物，养活了我国60%的人口，是我国经济命脉之一。我是农民的儿子，深知农村生产力的落后及农民生产与生活的疾苦，我要为改变农村落后面貌尽到自己的力量。"

要让水稻事业后继有人：像培育稻种那样搞好传帮带

肖海军说，朱老师有两件事放不下：水稻事业、科研团队。

认识朱英国的人，都说他平易近人，脸上总带着笑意。他选择弟子没有条条框框，学生有求学的诚意、能吃苦，他就一心一意带在身边培养。朱门弟子中，大师兄、生命科学学院教授杨代常的故事很有代表性。

1975年，在湖北省沔阳县杂交水稻的培训与推广中，朱英国发现当时不到20岁、连初中都没毕业的杨代常非常执着地钻研技术，很有自己当年的那种拼劲，是个难得的好苗子。1985年，武汉大学招收首届插班生，在朱英国的极力帮助和鼓励下，杨代常考入武大，一路成为朱英国的第一个硕士生、第一个博士生。毕业后在美国、新加坡和菲律宾等国学习工作，成为美国加州一家生物技术公司的首席科学家和实验室主任。

2005年，朱英国电话催促他回国发展，杨代常毅然放弃美国的一切，回到母校武汉大学，"我深知，我要回去，要用我学到的知识去回报我的祖国，回报我的老师，尤其是要回报朱老师这么多年一直以来对我的培养。"杨代常说。

杨代常办公室的大演示板上经常会留下诸多实验数据，大部分时间他都是在实验室度过，然后回到办公室，继续与研究团队做技术研讨。这样的习惯正是朱英国在他的成长之路上留下的深刻烙印之一。

2014年年初，朱英国凭借"两系法杂交水稻技术研究与应用"获得国家科学技术进步奖特等奖，杨代常也同时获得国家技术发明奖二等奖。

胡骏，2001年进入朱英国实验室读博士，在导师的指导下，对红莲型杂交水稻的基因进行了逐一检测。2011年12月，胡骏以第一作者身份，在国际植物学界顶级期刊《植物细胞》上发表论文《红莲型杂交水稻育性恢复基因的分子机理》，揭示了红莲型杂交稻的育性恢复机理，并提出恢复基因分子复合体模型，推进了育性恢复机理的认知。

胡骏这一重要论文的发表意味着，朱英国团队在红莲型杂交水稻育性分子机理方面的研究，继续走在世界前列。

2007年，以朱英国为学术带头人的遗传学科被评为国家重点学科，

科学家精神 育人篇

武汉大学生物学成为国家一级重点学科。朱英国非常重视队伍和基地建设，多年来他教书育人、言传身教，努力培养和引进高层次人才，为生命科学学院引进了多名高层次人才，建立起一支结构合理的研究队伍。

目前，朱英国一手带出的红莲型杂交稻研发队伍形成了3支力量：以他的学生何光存、杨代常、胡骏为代表的基础研究队伍，以朱仁山、余金洪为代表的应用研究队伍，以及由深圳一家民营企业为主要代表的市场推广队伍。

同时，朱英国还常去农村，给农民做栽培技术培训。他认为，目前对于"80后""90后"新农民来说，农村仍然是"广阔天地，大有可为"，前提是不能满足于祖辈传下来的有限经验和常识，必须学习最先进的农业科学知识。

"'三农问题'要得到根本改善，应该从农业院校做起，从我们这些为农民服务的科学工作者做起。"基于这一出发点，他积极为农业发展献计献策，通过科技讲座培训，培养了一大批农业科技骨干；在湖北、云南、江西、海南、福建、安徽等地建立了15个院士工作站，为当地农业科技创新和经济发展作出了重要贡献。

全国先进工作者、国家级有突出贡献的专家、国家"973"计划先进个人、全国师德先进个人、湖北省劳动模范、袁隆平农业科技奖、改革开放30年影响湖北30人……

这位老先生的履历表上，闪光的荣誉何其多；但除去这些闪耀的光环，人们在一日三餐、一粥一饭之间，早已默默地记住了他。

（撰稿：武汉大学　肖珊）

参考文献

[1] 肖珊. 奋斗到最后一息的朱英国院士[EB/OL].(2017-08-13)[2020-11-29].https://news.whu.edu.cn/info/1002/49257.htm.